公安院校图书馆建设研究

姜南 韩瑜 著

南京师范大学出版社

图书在版编目(CIP)数据

公安院校图书馆建设研究 / 姜南,韩瑜著. —南京：南京师范大学出版社，2024.3
ISBN 978-7-5651-6191-9

Ⅰ.①公… Ⅱ.①姜…②韩… Ⅲ.①公安-院校图书馆-图书馆管理-研究 Ⅳ.①G258.6

中国国家版本馆CIP数据核字(2024)第032184号

书　　名	公安院校图书馆建设研究
作　　者	姜　南　韩　瑜
责任编辑	魏　艳
出版发行	南京师范大学出版社
地　　址	江苏省南京市玄武区后宰门西村9号(邮编:210016)
电　　话	(025)83598919(总编办)　83598319(营销部)　83598332(读者服务部)
网　　址	http://press.njnu.edu.cn
电子信箱	nspzbb@njnu.edu.cn
印　　刷	江苏凤凰数码印务有限公司
开　　本	710毫米×1000毫米　1/16
印　　张	15.5
字　　数	269千
版　　次	2024年3月第1版
印　　次	2024年3月第1次印刷
书　　号	ISBN 978-7-5651-6191-9
定　　价	68.00元

出 版 人　张　鹏

南京师大版图书若有印装问题请与销售商调换
版权所有　侵犯必究

前　言

公安院校图书馆是公安院校的一道风景线。由于工作的原因,我曾经去过不少公安院校。每到一处公安院校,我都喜欢深入造访公安院校的校园,尤其是图书馆。我曾被中国人民公安大学图书馆的古朴建筑风格深深吸引,福建警察学院图书馆具有地域风格的建筑外形也给我留下了深刻的印象。风格迥异的图书馆建筑,不仅是公安院校最具标志性的建筑物,烘托出公安院校的书香氛围,同时也是众多公安院校图书馆工作人员常年辛勤工作的场所,是众多警院学子魂牵梦绕的学习圣地。

各地公安院校的建设实践,为公安院校图书馆建设研究提供了宝贵经验。公安院校图书馆建设研究就是以公安院校建设图书馆的相关工作为研究对象,探索公安院校图书馆的发展、管理、服务与技术应用的基本原理和方法,致力于提高公安院校图书馆的效率和服务质量。近年来,在公安部党委、各级教育行政主管部门的关心与支持下,各地公安院校图书馆建设取得了长足的进步。

首先,各地公安院校图书馆的馆舍与阅读环境得到了持续改善,尤其是一些新晋公安本科院校图书馆的馆舍及相关硬件都实现了历史性的突破。其次,各地公安院校图书馆的馆藏纸质文献数量快速增加,生均纸质图书数量持续攀升;电子书、电子期刊、电子学位论文、在线课程等馆藏数字文献信息资源的种类与内容日趋丰富,尤其是许多公安院校图书馆的自建特色馆藏资源影响力逐渐显现。最后,各地公安院校图书馆的管理服务能力与水平持续提升,不但从早期的全手工操作转型到数字化与手工相结合,而且越来越先进的智能设备、图书馆管理软件在公安院校图书馆业务工作中得到全面应用,进一步推动了公安院校图书馆向智慧型图书馆快速迈进。

与此同时,公安院校图书馆的图书流通量、电子资源访问量、电子资源下载量持续攀升。这些都显示出公安院校图书馆对公安院校的学科建设、人才培养、科学研究和社会服务等支持功能日益突出。公安院校图书馆不仅为公安院校的人才培养、科学研究和社会服务提供文献信息支持,而且通过自身的制度文化、读书节等校园活动,繁荣校园文化、助力公安文化建设。各地公安院校图书馆结合各自的校情馆情,以精彩纷呈的校园文化活动引导公安院校的师生在阅读中增长知识,启迪思想智慧,努力弘扬中华优秀传统文化;同时以学铸魂,寻找理论的滋养、精神的支柱,培养在阅读中坚定从警的理想信念。

公安院校图书馆建设研究具有跨学科的特点。由于公安院校图书馆的服务对象和研究对象涉及多个领域,如教育行政管理、网络信息技术、公安学科建设、公安文化建设等,因此需要综合运用多学科的理论和方法来解决实际问题。本书对公安院校图书馆建设现状进行研究,主要探讨了公安院校图书馆在提供知识服务、辅助教学科研、传播校园文化等方面的责任和使命,还介绍了公安院校图书馆在数字化转型和服务创新方面所取得的成绩,以及在文献资源建设和特色资源建设方面的现状与发展趋势。此外,本书还探讨了公安院校图书馆在校园文化建设中的重要作用和评估问题。

随着社会的发展,尤其是信息技术的发展,公安院校图书馆面临着前所未有的机遇和挑战,需要持续而深入地研究公安院校图书馆建设的规律和方法。

本书引进多学科研究方法,结合公安院校图书馆的实际情况,对公安院校图书馆建设中的文献资源建设、馆藏特色资源(数据库)建设、图书馆文化建设等相关理论与实践问题进行探索,以期达到抛砖引玉的效果。本书的主要目的是既帮助读者了解公安院校图书馆发展状况,又强调公安院校图书馆在公安高等院校教育中的重要性及面临的挑战。本书还提出了一些具体的建议和措施,以推动公安院校图书馆的进一步发展和完善。

本书对公安院校图书馆建设的研究,有助于帮助读者深入了解公安院校图书馆的发展状况和未来趋势,并为相关领域的学者和管理者提供有益的参考和启示。由于作者水平有限,书中难免存在不妥之处,敬请读者批评指正。

目 录

绪 论 ·· 001
第一节 公安院校图书馆建设的研究意义与研究现状 ············ 001
第二节 公安院校图书馆建设的研究方法与技术路线 ············ 009
第三节 主要内容及创新之处 ··· 010

第一章 当代公安院校图书馆的责任与使命 ························· 013
第一节 我国警察院校图书馆的发展萌芽 ···························· 014
第二节 当代公安院校图书馆发展的简要历程 ····················· 022
第三节 当代公安院校图书馆的责任与使命 ························ 032

第二章 公安院校图书馆转型发展 ·· 040
第一节 图书馆转型概述 ·· 041
第二节 我国公安院校数字化图书馆的建设成绩 ·················· 046
第三节 公安院校智慧图书馆的理论探索与建设实践 ··········· 054

第三章 公安院校图书馆服务创新研究 ································· 066
第一节 公安院校图书馆服务创新研究概述 ························ 067
第二节 公安院校图书馆的读者服务 ··································· 075
第三节 公安院校图书馆的学科服务 ··································· 079
第四节 公安院校图书馆的参考咨询服务 ···························· 083
第五节 公安院校图书馆智库服务能力建设 ························ 087

第四章 公安院校图书馆文献资源建设 ································· 093
第一节 公安院校图书馆文献资源建设概述 ························ 093

第二节　公安院校图书馆文献信息资源采集的类型、原则与策略 …… 104
　　第三节　数字文献资源的组织与知识图谱………………………… 115

第五章　公安院校图书馆特色资源建设……………………………… 123
　　第一节　公安院校图书馆特色资源建设概述……………………… 124
　　第二节　公安院校图书馆特色资源建设的意义与原则…………… 131
　　第三节　公安院校图书馆特色资源建设的战略…………………… 137

第六章　公安院校图书馆文化建设…………………………………… 161
　　第一节　公安院校图书馆文化建设概述…………………………… 161
　　第二节　公安院校图书馆助力校园文化建设的原则与内容……… 167
　　第三节　公安院校图书馆与校园文化建设实践…………………… 172

第七章　公安院校图书馆建设评估…………………………………… 181
　　第一节　高校图书馆评估体系……………………………………… 182
　　第二节　公安院校图书馆评估体系………………………………… 191
　　第三节　公安院校图书馆评估方式………………………………… 202

附　录……………………………………………………………………… 206
　　1. 中华人民共和国公共图书馆法 ………………………………… 206
　　2. 教育部关于印发《普通高等学校图书馆规程》的通知 ………… 213
　　3. 《普通高等学校图书馆评估指标》及评估办法 ………………… 219
　　4. 普通高等学校图书馆文献采选原则与标准编制指南 ………… 228

主要参考文献……………………………………………………………… 235

绪 论

公安院校图书馆是公安院校重要的学术机构和文化窗口，为公安院校人才培养、科学研究、文化传承等功能的发挥提供了重要支撑。近年来，在公安部党委、地方教育行政主管部门的领导下，公安院校图书馆建设取得了长足的发展。从最初的建立，到不断的扩建与升级，公安院校图书馆的管理与服务也从早期的全手工操作转型为数字化与手工相结合，并继续向智慧型图书馆的管理与服务阶段迈进。公安院校图书馆见证了我国公安教育的发展和进步。

与此同时，公安院校图书馆建设也面临着前所未有的机遇与严峻的挑战。有鉴于此，本书坚持以习近平新时代中国特色社会主义思想为指导，深入学习贯彻习近平法治思想和习近平总书记关于新时代公安工作、教育工作的重要论述，全面贯彻新时代党的建警治警方针和教育方针，以推动新形势下公安院校图书馆建设为目标，全面梳理和分析公安院校图书馆建设的经验和不足，探索新时代公安院校图书馆建设的理论体系，提出新时代公安院校图书馆建设的思路和对策。

第一节 公安院校图书馆建设的研究意义与研究现状

公安院校担负着"为公安育人、为公安献策"的重要职责与使命。公安院校图书馆是为公安院校人才培养和科学研究等提供文献信息支持的高校图书馆，是公安院校的文献情报中心、校园文化建设的主要阵地。公安院校图书馆还为公安院校开展实战化教学改革，为公安学与公安技术等学科建设提供文献资源保障，进而为实现公安院校的使命与职责提供有力支撑。随着社会的发展，尤其是信息技术的持续快速发展，公安院校图书馆面临着前所未有的机遇与挑战。

一、研究意义

1. 为推动新形势下公安院校办学条件改善提供支持

2023 年 2 月，中共中央办公厅、国务院办公厅在联合印发的《关于加强新时代法学教育和法学理论研究的意见》（以下简称《意见》）中指出，"法学教育和法学理论研究承担着为法治中国建设培养高素质法治人才、提供科学理论支撑的光荣使命，在推进全面依法治国中具有重要地位和作用"。作为我国法学教育体系的重要组成部分，全国公安院校均担负着培养高素质公安法治人才、提供社会治理科学理论支撑的重要职责与使命。党的十八大以来，全国公安院校坚持贯彻总体国家安全观，聚焦公安行业重大问题，立足公安行业办学优势，在公安学、安全学等相关领域法学教育与法学研究方面取得了一大批成果。

作为公安院校办学条件的重要内容，公安院校图书馆的馆舍建设、文献信息中心建设、数字化建设等都是考查公安院校办学条件的关键指标。近年来，各地公安院校图书馆建设取得了丰硕成果，不仅在文献资源建设、馆舍建设等方面取得了重大进步，而且在特色资源、公安文化等方面取得了长足进展，为公安院校培养高层次公安人才，开展学科建设、科学研究和社会服务提供了文献信息保障。但与普通高校相比，公安院校图书馆在建设中面临着规模小、经费投入不足等发展中的瓶颈，并由此引发了一系列问题，制约了公安院校图书馆功能的进一步发挥。《意见》中强调要"完善法学教育准入制度，健全法学相关学科专业办学质量预警机制，对办学条件不足、师资水平持续低下、教育质量较差的院校畅通有序退出机制"。因而，开展公安院校图书馆建设研究，是贯彻中共中央办公厅、国务院办公厅《意见》的重要内容。公安院校图书馆要抓住这个机遇，争取更多的资源，以加强公安行业文献资源建设、公安院校特色资源建设，为公安院校人才培养、开展社会治理相关研究提供支持。

本书以总体国家安全观和习近平法治思想为指导，探索新形势下公安院校图书馆传统馆藏文献资源建设、特色馆藏数字文献资源建设路径，为进一步完善公安院校办学条件，提升公安院校人才培养能力、学科建设能力、科学研究能力提供支持。

2. 探索公安院校图书馆从数字化向智慧化转型的途径

2021年7月，国家文化和旅游部发布了《"十四五"公共文化服务体系建设规划》，全面部署包括智慧图书馆体系建设在内的各项公共文化服务体系建设，并要求优化公共图书馆环境和功能，拓展与深化公共图书馆服务创新，以推动高校图书馆等文化设施向社会开放。2023年2月，公安部、科技部联合印发通知，部署推进科技兴警三年行动计划（2023—2025年）。该行动计划要求充分发挥科技创新对公安工作的引领支撑作用，并提出"构建公安战略科技力量体系，优化公安科技创新平台布局，增强公安重大业务需求科技支撑能力，完善公安科技人才梯队培育体系"的目标。公安院校是公安科技人才培育体系的重要组成部分，在公安科技人才培养培育、公安科技创新方面取得了一系列重大成果，并持续推动了公安科技成果更好地服务于国家大局和社会大众，其中就包括图书馆建设。

公安院校图书馆是公安院校的文献信息中心，面临着向建设智慧图书馆转型的历史机遇。随着信息社会的发展，文献信息对于科技人才培育、科技创新的重要程度持续提升，信息技术、人工智能技术等日益丰富了智慧图书馆建设的内涵。先进且有效的文献资料与信息组织，高效率的检索与特定信息的主动推送，将助力公安院校科技人才培育、公安科技创新。目前，公安院校图书馆所拥有的大量基础性文献数据资源，以及学术期刊、数据库等，对于公安院校的公安科技创新具有积极的促进作用。一旦公安院校图书馆完成了向智慧图书馆转型的相关工作，公安院校不但可以实现信息选择服务、专利信息的检索与分析服务、专题案例的检索与分析服务、公安科技成果查新服务等，直接为公安院校科技创新提供支持，而且可以切入到以资源智慧化为基础、设备智慧化为支撑、教学智慧化为纽带、环境智慧化为保障、管理智慧化为导向、服务智慧化为核心的"六位一体"智慧图书馆管理与服务新模式。因此，公安院校图书馆要抓住科技兴警三年行动计划这个机遇，加快从数字图书馆向智慧图书馆建设转型，为公安院校学科建设服务，为培养公安高素质人才服务，为推动形成公安领域体系化梯次化战略科技力量布局服务，为建设更高水平的平安中国、实现国家安全体系和治理能力现代化提供有力的科技支撑。

公安院校图书馆建设有着不同于普通大学图书馆的特殊规律与特点，如在文献资源建设方面需要结合公安院校实战化教学需求，大力建设案例库（执法实训平台）等特色资源；在人才培养上，不仅需要培养公安院校本科生大学文化，还要培养其公安文化。这都需要公安院校图书馆人潜心研究，持续探索。

本书以贯彻落实科技兴警三年行动计划为目标，研究公安院校图书馆服务创新的路径，以期在推动公安院校图书馆建设从数字图书馆向智慧图书馆转型的同时，通过建设特色馆藏资源来提升公安院校的学科建设能力、科学研究能力和公安科技人才培育能力。

3. 丰富国内公安院校图书馆建设的研究成果

高校图书馆建设是我国图书馆事业的重要组成部分，而公安院校图书馆建设是高校图书馆建设的重要组成部分。近年来，众多公安院校图书馆人围绕公安院校图书馆建设与发展付出了持续努力，我国公安院校图书馆建设的相关研究领域出现了一批重要成果。但相较于国内外高校图书馆研究，我国公安院校图书馆建设的研究成果仍显不足，不能满足公安高等教育事业发展的需求。

作为公安院校的文献信息中心和第二课堂，公安院校图书馆不但要发挥公安院校文献信息中心的功能，而且可以利用其设施与服务、校园文化活动等，坚持立德树人、德法兼修的理念，努力培养并造就更多具有坚定理想信念、强烈家国情怀、扎实法学根底的公安人才，为建设公安文化、传承大学精神及公安精神做出贡献。

二、研究现状

在中国知网数据库，以"公安院校图书馆"为查询信息，检索结果显示共有 261 条文献（截至 2022 年）。经对检索结果进行整理，我们得到了近年来关于公安院校图书馆研究的情况。

1. 研究公安院校图书馆的文献数量呈现先增后减的趋势

通过对公安院校图书馆研究文献的发表年代进行分析，可以发现公安院校图书馆建设研究总体上呈现先增后减的大趋势。经查询中国知网数据库，检索出在 1987—2022 年间发表的 261 篇有关公安院校图书馆研究的文献。进一步对数据进行整理，我们发现 1987—1991 年间有 5 篇文献；1992—1996 年间有 13 篇文献；1997—2001 年间有 41 篇文献；2002—2006 年间有 82 篇文献，达到文献数量的高峰。2007—2011 年间有 55 篇文献，2012—2016 年间有 33 篇文献，2017—2022 年间有 32 篇文献。（见表 0-1）

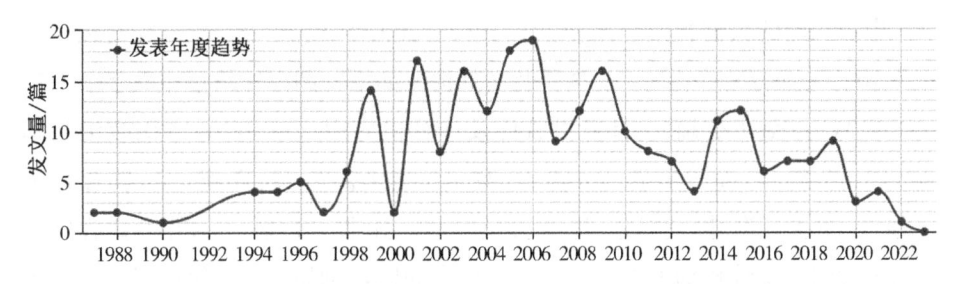

表 0-1　公安院校图书馆研究文献（1987—2022 年）趋势表

发表年份	文献数量/篇
1987—1991	5
1992—1996	13
1997—2001	41
2002—2006	82
2007—2011	55
2012—2016	33
2017—2022	32

从文献的发表高峰年度看，20 世纪 90 年代的文献发表高峰是 1999 年（14 篇）；21 世纪头 10 年的文献发表高峰是 2006 年（19 篇），也是近年的文献发表高峰；第二个 10 年的文献发表高峰是 2015 年（12 篇）。但总体上看，关于公安院校图书馆建设研究的文献数量，呈递减趋势（见图 0-1）。图书馆学理论是指导图书馆实践的重要基础。因此，公安院校图书馆人需要加强对公安院校图书馆建设的理论研究，并努力将图书馆学理论与公安教育体制、公安学科建设、公安院校人才培养、公安院校科学研究等方面的实际相结合，从而探索适合公安院校图书馆的理论和实践模式，以满足公安院校学科建设、人才培养、科学研究和社会服务的需求。

图 0-1　公安院校图书馆研究文献（1987—2022 年）趋势图

2. 关于公安院校图书馆建设研究文献的研究主题较为集中

在公安院校图书馆研究文献中，一个文献至少有一个主要研究主题，有时也体现为两个或多个研究主题。文献研究主题能够体现出文献的主要研究内容，并反映出作者的核心观点以及一个特定时间区间内研究者所关注的热点问题。因此，通过公安院校图书馆研究的文献主题分析，可以窥见公安院校图书馆研究的脉络。

在 1987—2006 年的公安院校图书馆研究文献中，排名前三的主要研究主题分别是"公安院校图书馆""公安院校""图书馆",其中以"公安院校图书馆"为主要研究主题的文献有81篇、以"公安院校"为主要研究主题的文献有44篇、以"图书馆"为主要研究主题的有32篇,其他主要研究主题还包括"公安文献"(8篇)、"素质教育"(7篇)、"网络环境"(5篇)、"图书馆馆员"(5篇)、"文献资源"(4篇)、"信息素质教育"(4篇)等。在2007—2022年间的128篇公安院校图书馆研究文献中,排名前三的主要研究主题仍然是"公安院校图书馆""公安院校""图书馆",其中以"公安院校图书馆"为主要研究主题的文献有89篇、以"公安院校"为主要研究主题的文献有68篇、以"图书馆"为主要研究主题的有58篇,其他主要研究主题还包括"大数据"(6篇)、"智慧图书馆"(4篇)、"数字资源"(4篇)、"云计算环境"(3篇)、"服务创新"(3篇)、"学科馆员服务"(2篇)等。

通过分析1987—2022年间的261篇研究文献,我们发现:首先,公安院校图书馆研究文献的主要研究主题多集中于"公安院校图书馆""公安院校""图书馆"方面,这充分体现出公安院校图书馆研究中的聚焦程度;其次,1987—2006年、2007—2022年间公安院校图书馆研究的主要研究主题的变化情况,在一定程度上体现出公安院校图书馆研究的发展历程。

3. 关于公安院校图书馆建设研究文献所涉及的学科分析

中国知网的数据检索结果显示,1987—2022年间的261篇研究文献,共涉及10个主要学科。这10个学科及文献情况如下:图书馆情报与数字图书馆(218篇),公安(52篇),计算机软件及计算机应用(31篇),中国政治与国际政治(2篇),高等教育(2篇),政治学(1篇),教育理论与教育管理(1篇),新闻与传媒(1篇),民商法(1篇),出版(1篇)。这在一定程度上反映出我国公安院校图书馆建设的研究热点问题,例如,图书馆情报与数字图书馆建设的相关研究文献占全部文献数量的84.16%。

4. 关于公安院校图书馆建设研究文献所涉及的研究层次分析

关于公安院校图书馆建设研究文献的研究层次,依据中国知网的数据检索结果,在1987—2022年间的261篇研究文献中,涉及应用研究的有6篇,涉及开发研究—管理研究的有3篇,关于开发研究—政策研究的有2篇,涉及开发研究的有2篇、技术研究的有1篇。这说明公安院校图书馆学者在研究图书馆建设过程中,有关技术开发、技术应用等领域没有形成研究热点。究其原因，可能与公安院校图书馆工作人员队伍中直接从事技术开发、技术应用的专业人员数量少有一定关联。

5. 关于公安院校图书馆研究的作者及作者单位分析

依据中国知网的数据检索结果，在1987—2022年间的261篇研究文献中，涉及20所公安院校。其中江苏警官学院（含江苏公安专科学校）发表关于公安院校图书馆建设研究的文献数量最多，共31篇，涉及作者10人；广东警官学院发表关于公安院校图书馆建设研究的文献共17篇，涉及作者13人；吉林警察学院（含吉林公安专科学校）发表关于公安院校图书馆建设研究的文献共17篇，涉及作者9人；山东警察学院（含山东公安专科学校）发表关于公安院校图书馆建设研究的文献共16篇，涉及作者13人；湖北警官学院发表关于公安院校图书馆建设研究的文献16篇，涉及作者9人；南京森林警察学院（含南京森林公安高等专科学校）发表关于公安院校图书馆建设研究的文献13篇，涉及作者7人；中国人民公安大学发表关于公安院校图书馆建设研究的文献12篇，涉及作者9人；浙江警察学院（含浙江公安高等专科学校）发表关于公安院校图书馆建设研究的文献12篇，涉及作者11人。

在研究公安院校图书馆建设的公安院校图书馆人群体中，广东警官学院、山东警察学院（含山东公安专科学校）分别有13人，浙江警察学院（含浙江公安高等专科学校）涉及作者11人，江苏警官学院（含江苏公安专科学校）有作者10人，中国人民公安大学、湖北警官学院、吉林警察学院（含吉林公安专科学校）分别有作者9人，南京森林警察学院（含南京森林公安高等专科学校）有作者7人。

综上所述，近年来，全国共有多所公安院校在公安院校图书馆建设领域进行了持续探索，其中发表文章较多的地方公安院校有江苏警官学院、广东警官学院、湖北警官学院、山东警察学院、吉林警察学院等；全国出现了一批研究公安院校图书馆建设的专家学者队伍，多年来，他们潜心研究，运用多学科的研究方法，围绕公安院校图书馆实体、公安院校图书馆现象、公安院校图书馆建设活动等进行了探索，并从不同角度聚焦公安院校图书馆建设中存在的问题，为公安院校图书馆建设做出了贡献。

但是，中国知网的相关数据也暴露出公安院校图书馆建设研究中存在的不足。一是研究力量不均衡。地方公安院校对公安院校图书馆建设研究的重视程度明显比部属院校要高，如江苏省、湖北省、广东省等地方公安院校关于公安院校图书馆建设的研究成果无论是在数量上还是质量上都很突出。二是研究层次不高。根据中国知网的统计数据，261 篇文献中归属于应用研究的只有 6 篇、技术研究的只有 1 篇，归属于开发研究的只有 7 篇（其中包括管理研究的 3 篇、政策研究的 2 篇、开发研究的 2 篇）。就文献来源的数据而言（见图 0-2），261 篇文献主要刊载在各个公安院校学院期刊上，而刊载在有影响力的重点期刊上的较少。根据中国知网的数据，《图书馆学研究》刊载了 4 篇文献，《情报探索》刊载了 4 篇，《图书情报导刊》刊载了 11 篇，《新世纪图书馆》刊载了 3 篇。三是从研究的趋势看，公安院校图书馆建设的研究呈现出递减趋势。这折射出公安院校图书馆建设从理论到实践等角度都遭遇了瓶颈与制约：一方面，当前信息技术，尤其是大数据、人工智能等快速发展，给图书馆事业带来全新的挑战与机遇，这就需要公安院校图书馆人持续探索与创新，以加强文献信息资源建设，尤其是公安行业资源的数字化建设和管理服务大数据建设，从而有力推动公安院校图书馆向智慧图书馆的转型；另一方面，公安院校图书馆建设研究，无论是在研究方法、研究内容还是在选题等方面都需要公安院校图书馆人围绕中心、服务大局，以全面提升面向公安教育事业与公安院校学科建设的知识服务能力，并加强服务创新研究，助力校园文化建设研究，促进公安院校图书馆的读者服务、学科服务、智库服务等，从而为公安院校的人才培养、科学研究、社会服务提供文献信息保障。

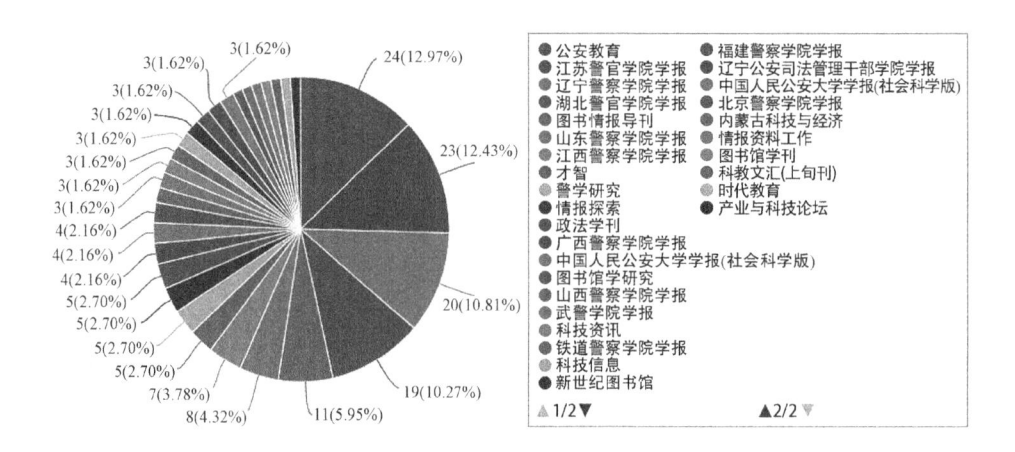

图 0-2　公安院校图书馆建设研究文献（1987—2022 年）来源分析

有鉴于此，本书以促进国内公安院校图书馆的研究成果转化为目标，拟进一步拓展图书馆学研究内容，从而探索公安院校图书馆建设成果的转化路径。

第二节 公安院校图书馆建设的研究方法与技术路线

一、研究方法

1. 文献整理方法

搜集、整理并分析大量的文献资料，是开展科学研究的基础。本书在研究公安院校图书馆建设及相关领域议题时，通过检索、整理文献资料，来拓宽研究视野，凝聚研究问题，丰富研究内容。因而，本书作者在研究与撰写过程中，检索并整理了大量的中国知网、超星等大型文献资料库中的专著，包括期刊论文、学生论文、会议论文等。这些文献的检索与整理，为本书的撰写及相关观点的论证提供了理论基础。

2. 实证研究方法

公安院校图书馆建设不能空穴来风，应该紧紧依附于公安院校建设的实践。本书在研究公安院校图书馆建设现状的过程中，需要获得各地公安院校建设的相关数据。因此，作者在研究与撰写过程中，检索并整理了各公安院校的网站新闻、公安院校图书馆网页新闻，以及信息公开栏目中的公安院校本科教学质量报告。其中，本科教学质量报告反映了各公安院校图书馆的馆藏文献资源数量、数据库数量等重要数据，体现了各公安院校图书馆在文献资源建设方面的不懈努力。公安院校官网中有关图书馆的招投标公告，能够折射出该公安院校在智慧图书馆建设的思路与成效；其他图书馆网页新闻提供了公安院校图书馆建设的动向信息，尤其是公安院校队伍建设、校园文化建设的信息。整理相关数据，为本书的实证研究提供了帮助。

3. 比较研究方法

本书在研究公安院校图书馆建设及相关领域议题时，关注到公安院校图书馆是高校图书馆的重要组成部分，因而高校图书馆建设的成果对公安院校图书馆建设具有重要的借鉴价值，高校图书馆建设的规律可以用来指导公安院校图书馆建设。在具体研究过程中，我们需要区分高校图书馆与公安院校图书馆的一般共性，并关注到公安院校图书馆自身的特点，探索公安院校图书馆建设的特色路径。因此，比较研究是本书的一个重要研究方法。

4. 案例研究方法

案例研究方法对于公安院校图书馆建设具有重要价值。本书在研究公安院校图书馆特色资源（数据库）建设及助力校园文化建设等相关领域或议题时，采用了案例研究方法，即通过对相关公安院校图书馆成功经验的剖析来探索公安院校图书馆建设的对策与路径。

二、技术路线

首先，本书通过文献检索与整理的方法，通过查阅大量文献资料，了解公安院校图书馆建设的现状与发展历程，同时在此基础上考察各地公安院校图书馆发展的理论与实践，并探索在新的起点上继续推进公安院校图书馆建设，助力公安院校的学科建设与科技发展以及公安院校的文化建设。

其次，本书在文献检索与整理基础上，应用图书馆管理和服务理论，通过案例研究方法，展示不同公安院校在图书馆文献资源建设、特色馆藏文献建设、数字化图书馆建设、公安文化建设领域的成绩，并探索公安院校图书馆如何有效地组织和管理图书馆的资源与服务，以提供高质量的服务并满足公安院校读者的需求；同时关注公安院校图书馆人担当使命、奋发有为背后的相关因素，为公安院校图书馆在新形势下共同创造公安院校智慧图书馆、为新时代的公安院校文化发展提供支持。

最后，本书在咨询专家、问卷调查的基础上，探讨如何应用现代信息技术和手段，提高公安院校图书馆的管理和服务水平，尤其是以南京警察学院图书馆开发濒危野生物种犯罪情报分析平台、野生物种保护执法实训平台等为实例，探索公安院校图书馆的数字化技术、网络技术等方面的理论，以及如何将这些技术应用到公安院校图书馆的各个领域，以丰富图书馆技术应用理论。

第三节 主要内容及创新之处

一、主要内容

本书共有七章。

绪论主要阐述了公安院校图书馆建设的研究意义与国内研究现状、公安院校图书馆建设的研究方法和技术路线以及本书的创新之处。

第一章开篇介绍我国当代公安院校图书馆建设的责任与使命，内容包括我国警察院校图书馆的萌芽、我国公安院校图书馆的发展历程，以及新形势下我国公安院校图书馆建设的责任与使命。

第二章阐述公安院校图书馆的发展与转型，包括图书馆转型概述、我国高校的智慧图书馆建设以及公安院校智慧图书馆建设。图书馆创新直接关系着图书馆的发展前景，因此必须采用多元化的创新举措，对图书馆的未来发展形势进行推测，制定新型发展战略，从而推动公安院校图书馆顺利转型，进入新的发展阶段。

第三章阐述公安院校图书馆服务创新，包括学科服务创新、参考咨询服务创新、智库服务创新。随着信息社会和公安事业的发展，公安院校图书馆需要拓宽服务内容并创新服务方式，为公安院校学科建设、智库功能发挥提供优质服务，为公安院校的在校本科生、研究生和教师等读者群体学习及科研等提供可靠的文献保障。

第四章阐述公安院校图书馆文献资源建设，包括公安院校图书馆文献资源建设的原则、公安院校图书馆文献资源采集的重点以及公安院校图书馆文献资源建设的规划。

第五章主要阐述公安院校图书馆特色资源建设，先通过文献整理方法分析公安院校图书馆特色资源现状与趋势，再介绍公安院校图书馆特色资源建设要点。

第六章主要阐述公安院校图书馆助力公安文化建设的途径，包括公安院校文化建设概述、公安院校图书馆在校园文化建设中的作用以及公安院校图书馆助力校园文化建设的途径。

第七章主要阐述公安院校图书馆建设评估。对公安院校图书馆的建设状况与成效，采用定性与定量相结合的方法进行评价与测度，有助于改进公安院校图书馆工作，提升公安院校图书馆的服务水平，促进公安院校图书馆的发展。公安院校图书馆评估的内容，包括评估的指标体系、评估的原则、评估的程序以及评估方式等。

二、创新之处

1. 研究范式的创新

在研究范式上,本书在图书馆学基本框架内,尝试引入历史学、社会学、公安学、信息技术学科的研究方法与成果,进行跨学科综合研究。特别是在公安院校图书馆发展的简要历程、公安院校图书馆转型发展等章节中,本书运用了大量历史学、社会学、公安学的相关研究方法,结合文献中的史料进行补充阐明,发挥各学科的优势。在阐述公安院校特色馆藏数据库建设等议题中,本书充分运用社会学、信息技术等知识,通过整合资源,将理论知识与公安院校图书馆发展史料相结合,为公安院校图书馆建设的研究体系构建提供新的研究内容。

2. 研究视角的创新

作为公安院校学科建设的文献资源中心、公安科技发展的智慧保障中心、公安文化建设的第二课堂,公安院校图书馆建设的研究不能只停留在文献资源采编与提供等方面,除了传统文献资源的采购、编目,公安院校图书馆人还应当拓宽视野,遵循图书馆发展规律与公安教育发展规律,立足公安院校学科建设需求、公安科技发展需求、公安文化建设需求,坚持问题导向,坚持守正创新,积极推动公安院校图书馆从数字图书馆向智慧图书馆转型。因此,本书紧贴信息时代的社会大背景,坚持总体国家安全观,从公安院校发展的需求出发,探索公安院校图书馆建设的研究体系,具有一定的创新性。

3. 研究内容的创新

本书通过对公安院校图书馆发展历程的回顾,紧跟新一轮科技革命和公安行业发展新趋势,将图书馆学与情报科学的相关理论应用到公安院校图书馆建设的研究分析中。首先,在对文献资源建设的基本概念的外延方面,将公安院校学科建设与科学研究急需的公安行业资源(如濒危野生物种犯罪情报分析平台数据库、野生物种保护执法实训平台数据库等)纳入特色馆藏文献资源建设体系与智慧图书馆建设内容中,拓宽了高校图书馆文献资源建设的外延。其次,在图书馆文化功能的内涵方面,将公安文化建设融入公安院校图书馆的校园文化建设当中,加强了公安院校图书馆的校园文化建设内涵。

第一章　当代公安院校图书馆的责任与使命

　　图书馆发展理论是指关于图书馆发展过程中一系列问题和挑战的综合性理论体系。该理论旨在为图书馆的未来发展提供指导，以适应社会变革和用户需求的变化。美国图书馆学学者罗伯特·泰勒认为，图书馆应该适应社会变革和用户需求的变化，并不断调整功能和定位，以保持持续发展。回顾我国公安院校图书馆建设的历程，不能脱离我国公安教育的发展历史。

　　当前我国公安高等教育事业的发展已经进入一个全新的阶段，其主要标志为：一是在2023年2月，中共中央办公厅、国务院办公厅在联合印发的《关于加强新时代法学教育和法学理论研究的意见》中要求加强新时代法学教育和法学理论研究，牢记为法治中国建设培养高素质法治人才、提供科学理论支撑的光荣使命，为推进全面依法治国做贡献。二是在2023年2月，公安部、科技部联合印发通知，部署推进科技兴警三年行动计划（2023—2025年），旨在构建公安战略科技力量体系，优化公安科技创新平台布局，增强公安重大业务需求科技支撑能力，完善公安科技人才梯队培育体系，形成科技兴警协同工作格局，提升科技创新支撑平安中国建设的水平。三是在2018年9月，教育部、工业和信息化部、中国工程院联合印发的《关于加快建设发展新工科实施卓越工程师教育培养计划2.0的意见》中要求为适应新一轮科技革命和产业变革的新趋势，要紧紧围绕国家战略和区域发展需要，加快建设发展新工科，以探索形成中国特色、世界水平的工程教育体系，从而促进我国从工程教育大国走向工程教育强国。

　　公安院校担负着"为公安育人、为公安献策"的职责与使命，在贯彻落实《关于加强新时代法学教育和法学理论研究的意见》、科技兴警三年行动计划（2023—2025年）和《关于加快建设发展新工科实施卓越工程师教育培养计划2.0的意见》过程中，需要进一步完善和优化包括图书馆在内的办学条件，加强学科建设、人才培养、科学研究和社会服务。而公安院校图书馆作为公安院校的文献信息中心,是为公安高等院校教学、科研和公安实践服务的学术性机构,同时也是公安高等院校信息化及公安警务信息化的重要基地和公安文化建设机构,为公安院校履行职责提供重要支持。

第一节　我国警察院校图书馆的发展萌芽

记录记载人类活动与思想的图书文献出现后,人类社会也就开始了从记载文字信息的图书文献中学习知识与经验并不断进步的历史,从这个角度来看,书籍就是人类进步的阶梯。当古代人有意识地将收集的众多文献有序地存放在一起,以便更多的人使用时,世界上最早的图书馆便产生了。① 古代图书馆是人类历史上图书馆发展的最早阶段。有学者认为,古代图书馆的主要功能是收藏典籍与整理文献,其服务微乎其微。②

一、古代图书馆的萌芽

(一) 图书馆的历史

根据现有文献,图书馆的历史可以上溯到公元前 3000 年。早期的图书馆,其功能主要是存储文献,供特定主体学习或辅助决策。在公元前 3000 年早期,两河流域的巴比伦地区尼普尔镇的一座神庙里存储了大量的泥板文书。这表明该寺庙拥有丰富的藏书,目的是供寺庙内的宗教人员学习。有资料表明,亚述王朝的阿舒尔巴尼帕(公元前 668 年—公元前 627 年在位)拥有约 25 000 块泥板的文献资料档案,这些文献包括了从各地的寺庙中系统收集的抄本等,供王国决策者参考。③ 公元前 3 世纪古埃及时期的亚历山大图书馆,保存了亚历山大大帝征战过程中所收藏的各地文化瑰宝,既为更多人接触、学习知识与文化提供了便利,也是当时社会知识传播与保存状况的重要标志。④

---

① 毛赣鸣. 图书馆起源及上古文献传承[J]. 河南科技学院学报,2016(11):30-37.
② 杨勇. 图书馆转型的思考——云南大学图书馆学术论文集[M]. 昆明:云南大学出版社,2000:212.
③ 尚海永. 公共图书馆的转型与社会责任研究[M]. 延吉:延边大学出版社,2017:15.
④ 汪世超. 世界历史上最早的图书馆　亚历山大图书馆[J]. 大众考古,2021(7):84-89.

古代中国的图书馆萌芽，可以追溯到公元前13世纪。《周易·系辞》里记载："上古结绳而治，后世圣人易之以书契。"说的是远古时，人们用绳索打结来记录事情，后来人类创造了文字，用文字来表达思想和感情，把文字记载在特定的物质载体上，这就是早期的"书"。1928年，中国考古人员在发掘商代都城遗址殷墟时，发现了数据惊人的甲骨文物，它们大多刻有文字。这些甲骨文物的内容涉及祭祀、狩猎、军事、天文、农业等方面，并且是被人有意识地收藏和保管在专门地点。因而，殷墟的甲骨文收藏地点通常被认为是古代中国最早的图书馆。《周易》《周礼》等文献的形成与传播，反映了我国古代图书馆的哲学思想。①

中国汉朝时期，将统治者藏书的场所称为"秘府"。《汉书·艺文志》有言："于是建藏书之策，置写书之官，下及诸子传说，皆充秘府。"② 因此，秘府就是古代中国官方收藏图书的专门场所，也即早期的国家图书馆。

（二）古代的高校图书馆

图书馆是收集、整理和保存文献并提供给读者使用的科学机构、文化机构、教育机构。依据图书馆的所属部门和读者对象不同来划分，目前图书馆的类型主要有国家图书馆、公共图书馆、科学图书馆、学校图书馆等。

我国的高校图书馆起源于古代的官学图书馆。古代的官学图书馆是宫廷藏书、修书的地方。太学是中国古代最高学府，始于西周，盛于东汉。太学不仅汇集了天下读书之士，也汇集了大量的图书。如我国东汉的太学记载了"汉光武帝起营太学，访雅儒，采求经典阙文，四方学士云会京师洛阳"③。其中的"采求经典阙文"揭示古代的太学不但有收藏图书文献的功能，而且有搜集图书文献的职责。而关于王莽时天下散乱"礼乐分崩，典文残落"的记载，则进一步反映了当时太学汇集大量图书文献的事实。太学的"图书馆"，促进了我国古代文化教育的发展。其时我国古代社会已经出现了一些有关诉讼、证据及证明制度的文献。如《周礼·秋官·小司寇》所记载的"五听"制度（辞听、

---

① 高传章.《周礼》的图书馆学思想[J].图书馆学研究,1988(6):105-111,129.
② 丛文俊."秘书中外三阁"考辨[J].古籍整理研究学刊,1986(4):63-65.
③ 范正娥.论两汉时期太学与辟雍、明堂的关系[J].文史博览(理论),2007(6):7-9.

色听、气听、耳听、目听），就是中国古代司法官吏在审理案件时观察当事人心理活动的5种方法。随着该类文献被馆藏以及被后人阅读，这些文献对于后世中国的司法办案以及诉讼制度完善具有重要的价值。①

西方国家的高校图书馆，最早出现在12世纪的欧洲。巴黎大学在1150年前后建立，1257年前后神学家索邦捐款建立了巴黎大学索邦学院，并捐献了自己的藏书。此后，德国、意大利、英国、西班牙等国学者也纷纷捐款捐书，使索邦大学图书馆成为巴黎大学最重要的图书馆。② 到了14世纪，牛津大学、剑桥大学和圣安德鲁大学陆续建立图书馆。③ 其中牛津大学图书馆正式建立于1602年，剑桥大学图书馆始建于1416年。这些大学图书馆不仅保存、传播了人类的文化成果，而且成为大学发挥其功能的重要支撑。

（三）我国古代的书院

书院是我国封建社会后期出现的一种特有的文化教育制度，同时也是我国封建社会一种实质上的图书馆——因为各个书院都收藏了大量的图书文献，"书院之所以称名者，盖实为藏书之所"。

我国古代的书院制度，从唐末五代至清末，其间存在了一千多年。各书院积聚了大量图书。北宋时期，白鹿洞书院、岳麓书院、应天府书院、嵩阳书院和石鼓书院都建设了藏书楼、御书阁等收藏文献资料的场所，并收藏了大量图书文献。其中，岳麓书院的藏书楼，在清代中期拥有藏书14 130卷，④ 也有学者考证后认为岳麓书院藏书为3 271册、10 054卷。⑤ 白鹿洞书院的御书阁是为收藏御赐《十三经注疏》《二十一史》《古文渊鉴》《朱子全书》等而建的专门书库。有记载，白鹿洞书院拥有各类藏书3 000多册。这些书院收藏的图书文献，为书院培养人才、传承文化提供了有力的支持，促进了我国传统社会文化教育的发展和繁荣。我国古代图书馆对于图书的分类比较简单，主要是将图书文献按内容不同，划分为经（主要指儒家经典著作）、史（指史书，即正史）、子（指

---

① 程政举.《周礼》所确立的诉讼证明制度考论[J].中外法学,2017(5):1180-1192.
② 胡赛.高校图书馆管理与创新实践[M].沈阳:万卷出版公司,2022:2.
③ 于晶晶.高校图书馆管理创新研究[D].北京:对外经济贸易大学,2007:3.
④ 刘平.从千年学府岳麓书院看中国书院藏书特点[J].高校图书馆工作,2010(4):57-60.
⑤ 邓洪波.湖南书院藏书目录辑略[J].图书馆,1998(4):76-77.

先秦百家的言论与著作，包括宗教文献等）、集（文集，主要是汇集了一个作者或几个作者的诗词文集）四个种类；目录编制也比较简单，以白鹿洞书院的藏书目录为类，"每种书为一个款目，每个条目只记录套数、本数"①。

古代图书馆建设的主要任务是汇集、收藏图书文献，只给特定的读者群体（如宗教教职人员、政府官员等）使用，即谢灼华先生所论述的"古代社会图书馆工作的内容是以保藏为主"②，对于图书的分类则较为简单。古代图书馆不仅汇集了众多的宝贵文献，而且在传承古代文化发展方面发挥了重要作用。

二、近代史上的警察教育与警察院校图书馆

（一）现代意义上的警察制度与早期的警察院校教育

中国数千年来本无警察之名，近代警察制度产生于欧洲，19世纪40年代传入中国。19世纪90年代起，一批改良主义思想家对西方警察制度做了较为详细的介绍，③ 促进了我国现代警察制度、警察培训制度的兴起。

我国现代意义上的警察院校图书馆首先出现于清末。1897年，黄遵宪辅佐陈宝箴推行新政时，仿效日本和西方国家的警察局建立了保卫局，从而出现了我国现代意义上警察制度的萌芽。④ 1901年7月，清政府开办善后协巡总局，并发布上谕，创办警政。随后，袁世凯在河北保定创设了警务总局，同时责令赵秉钧在保定开办巡警学堂，聘请洋人充当教习。一些洋人教习在授课的同时收集各国警政资料，翻译并编写了诸如《北京警务学堂初等科警察法讲义录》等相关讲义；其收集的相关警政资料、编写的不同科目的讲义则成为巡警学堂的重要文献资料。当时的其他地方警务学堂，不仅收藏了京师警务学堂所编印的相关警政科目的讲义，甚至还收藏翻印了京师警务学堂的《警务学堂章程》等图书文献资料⑤。这些资料不仅成为我国近代最早的警察教育专门教

---

① 李勤合.白鹿洞书院藏书目录研究[C]//宁波市天一阁博物馆.天一阁文丛 第9辑.杭州：浙江古籍出版社,2011:5.
② 谢灼华.中国图书和图书馆史[M].武汉：武汉大学出版社,2011.
③ 肖朗,施峥.日本教习与京师警务学堂[J].近代史研究,2004(5):31-71,315.
④ 袁小红.黄遵宪警政思想述略[J].公安大学学报（社会科学版）,1999(1):95-96,110.
⑤ 参见武汉警察博物馆微信公众号关于中国近代最早的警察教育专门教材的介绍。2023-01-06.

材，而且也反映了当时警察教育院校的图书馆建设情况。保定巡警学堂可以说是中国第一所警察专业学校。1905年，清代民政部设京师高等巡警学堂，并令各省城及府厅县分别设立。有资料记载，当时仅奉天、山西等省就设有20余所巡警学堂，各省或称警务学堂、警察学堂。1901年，清廷还诏令各省城书院改为高等学堂，各府厅书院改设中学堂，州县书院改设小学堂。书院藏书成为各地中小学校图书馆藏书的重要来源。① 各地高等学堂图书馆的建设，为当时的巡警学堂图书馆建设提供了良好的氛围。

清末警察教育虽然形成了相当的规模，为中国近代警政发展奠定了基础，但终究未能脱离失败的结局。究其原因，固然有清末政府权力运行机制不畅、经费短缺等因素，而警政人才缺乏、警察教育的落后与不足是其失败的关键。② 清末警察教育的落后与不足，也体现在有关警察业务的书籍数量少、警察教育研究欠缺等方面。清末时期，政府虽然指定了一些警察教育规章、编译出版了有关警察业务的书籍，但总体来看，研究多粗浅，缺少结合我国实际的研究，③ 更别说建设大规模的警察院校图书馆。

(二) 民国时期的警察院校图书馆

19世纪末20世纪初，清政府为了应"创办警察之急需"，决定创办京师警务学堂，这是我国近代警察高等教育的开端。1903年，京师警务学堂开设高等科，专门培养警官；1906年，清政府将京师警务学堂改造为高等巡警学堂，高等巡警学堂聘用了部分外籍教员，并开设了警察学、行政警察法、司法警察法、刑事诉讼法、民法、商法、行政法、国际公法、国际司法等课程，推动了警察培训讲义、教材及参考图书文献的发展。

民国时期，我国的警察教育得到了快速发展，出现了一批警察院校。北洋政府在民国六年（1917年）设立的警官高等学校是一所名气较大的警察院校。1932年5月，民国内政部公布的《警官高等学校规程》中，规定了警官高等学校的人员编制，其中就有图书室管理员的专门编制。"本校设校长一人，综

---

① 谷春燕,李萧,阿曼古丽·艾则孜.图书馆读者服务与管理[M].银川:宁夏人民出版社,2021:7.
② 孟庆超.清末建警失败原因分析[J].公安大学学报,2002(5):124-127.
③ 刘崇奎.略论清末的警察教育[J].江苏警官学院学报,2014(6):121-128.

理校务；教务长、总务长各一人，秉承校长之命分掌教务；主任教授四至六人，教授六至十四人，讲师十二至二十人；总队长一人，队长每班一人，分队长每班二至四人，秉承校长、教务长之命担任术科教练事宜；训育主任、管理主任各一人，秉承校长、教务长之命分任训育、指导及管理学员风纪等事宜；课程科主任、文书科主任、会计科主任、庶务科主任、斋务科主任、图书室管理员，医务室医官各一人，秉承校长、总务长之命办理所属事务；酌设事务员八至十四人，书记十二至十六人，由总务长商承校长委用。"①

根据《警官高等学校规程》，作为警察院校的图书馆工作者，需要秉承校长、总务长的命令，负责办理图书文献资料的采集、收藏与管理工作。《警官高等学校规程》不但反映了当时警察院校设有图书室，而且折射出图书室的规模不大，因为警察院校只设有一名图书室管理员。从某种意义上看，警察院校图书馆的规模、馆藏文献数量与警察科学研究水平、警察执法能力等之间存在着密切的正相关关系。

（三）解放战争时期成立的公安干部学校及公安干部学校资料室

1. 解放战争时期我党成立的公安干部学校

抗日战争胜利后，东北地区的哈尔滨市成立了公安干部学校（黑龙江公安职业学院前身），当时的黑龙江、嫩江、松江、合江、绥宁（牡丹江）五省也分别举办了公安人员训练班和除奸保卫训练班。② 1946年5月，华东军区保卫部和山东公安总局在山东省临沂市城西梨杭村创办山东省警官学校；1948年9月，山东省警官学校更名为华东警官学校，校址迁至山东省济南市府东大街79号，并成为山东警察学院的前身，③ 专门培养公安干部与保卫干部。1948年3月，内蒙古公安部直属训练科④（内蒙古警察职业学院前身）成立。这些早期的公安保卫干部培训班或学校，通过培训公安干部或保卫干部，为当时的解放战争做出了重大贡献。

1948年7月，为适应华北地区大中城市组建公安机关的需要，中共华北

---

① 黄进,何稼男.中国近代警察教育法规选编(1901—1949)[M].北京:中国人民公安大学出版社,2021.
② 参见黑龙江公安警官职业学院官网的学院简介。
③ 参见山东警察学院官网的学校概况-历史沿革。
④ 参见内蒙古警察职业学院官网的学院简介。

局社会部在河北省平山县东冶村创办了华北保卫干部训练班；1949年1月，为适应革命形势发展，经中共中央华北局批准，华北保卫干部训练班扩建为华北公安干部学校。这就是中国人民公安大学的前身。华北保卫干部训练班是新中国公安教育的拓荒者，培训出一批具有城市公安保卫工作业务知识的干部，他们在接管新解放城市、建立人民公安机构以及肃清匪特、维护治安、巩固政权的斗争中发挥了重要作用。

解放战争时期中国共产党成立的公安干部学校，还包括1948年5月在哈尔滨创办的东北公安训练队。1949年1月，伴随着东北全境的解放，东北行政委员会发布通令，在原有东北公安训练队的基础上，在沈阳成立东北公安干部学校。东北公安干部学校在1954年扩建为中央人民警察干部学校，也即后来的中国刑事警察学院的前身。

解放战争中，随着人民解放军在各省区的战场取得胜利，为了维护解放区秩序，各地需要大批公安保卫干部，因而各地解放区政府在成立公安机关的同时，纷纷举办公安干部培训班及公安干部学校（见表1-1）。例如，1949年1月，天津市成立了公安学校；1949年2月，河南地区开办了中共豫西区委保卫干部训练班；1949年4月，北平市人民政府公安局成立了公安学校；1949年5月，浙江公安干部学校成立；1949年6月，上海市人民政府公安局警务学校成立；1949年7月，湖北省人民政府公安厅举办了公安干部训练班；1949年8月，福建省成立了警务干部学校；1949年9月，甘肃人民公安学校成立；1949年11月，广东省公安干部学校成立。1949年，吉林省公安干部学校、皖北皖南公安干部学校和湖南临时省政府公安厅公安学校相继成立。

表1-1　中华人民共和国成立前中国共产党创建的公安干部学校一览表

成立年份	公安院校名称	当前公安院校名称
1946年	哈尔滨市公安干部学校	黑龙江公安警官职业学院
1946年	山东省警官学校	山东警察学院
1948年	内蒙古公安部直属训练科	内蒙古警察职业学院
1948年	东北公安干部学校	中国刑事警察学院
1948年	华北保卫干部训练班	中国人民公安大学
1949年	天津市公安学校	天津公安警官职业学院

(续表)

成立年份	公安院校名称	当前公安院校名称
1949 年	中共豫西区委保卫干部训练班	河南警察学院
1949 年	北平市人民政府公安局公安学校	北京警察学院
1949 年	浙江公安干部学校	浙江警察学院
1949 年	上海市人民政府公安局警务学校	上海公安学院
1949 年	湖北省人民政府公安厅干部训练班	湖北警官学院
1949 年	福建省警务干部学校	福建警察学院
1949 年	甘肃人民公安学校	甘肃警察职业学院
1949 年	广东省公安干部学校	广东警官学院
1949 年	吉林省公安干部学校	吉林警察学院
1949 年	皖北皖南公安干部学校	安徽公安职业学院
1949 年	湖南临时省政府公安厅公安学校	湖南警察学院

2. 解放战争时期的公安干部学校资料室

在各地建立公安干部学校或开办公安保卫干部训练班的过程中，许多公安干部学校或保卫干部培训班都成立了资料室或图书室。这些资料室、图书室就是特殊时期我国公安院校图书馆的特殊形态。如当时的华北保卫干部培训班就设有图书室，也即中国人民公安大学图书馆的前身。解放战争时期的公安干部学校或保卫干部培训班，不但培训了一大批公安保卫干部，而且为后来我国发展公安教育系统培养了一批优秀人才。在这一过程中，我国现代的警察院校图书室（资料室）不但发挥了收藏警察行业相关文献资料，为学习与研究警察业务提供支持的功能，而且保存了当时警察培训与教育的事实、知识与成就，传承了现代警察文化。如广东省公安干部学校图书室就收藏了第一任校长谭政文在延安时期编写的《审讯学》（1944 年红色边区版）。这是中国共产党历史上第一部研究审讯学的红色边区文献。①

近代以来我国警察制度、警察教育培训制度的建立与发展历程显示，近现代警察制度、警察教育培训与警察院校图书馆之间有着密切的联系。近现代警察制度的发展水平与警察教育培训的发展水平之间存在一种正相关的关系。警

---

① 陈瑛,陈真.浅析谭政文的审讯思路[J].兰台世界,2014(25):48-49.

察院校图书馆的建设状况在一定程度上是警察教育培训制度的标志。警察院校图书馆建设取得长足发展,标志着警察教育培训工作取得了重大进展;而警察教育培训制度的完善,也将促进现代警察制度的进一步完善。

第二节 当代公安院校图书馆发展的简要历程

一、中华人民共和国成立初期的公安院校图书馆建设

中华人民共和国成立后,公安教育事业得到了进一步发展,公安警察学校的教育与培训也经历了从不正规教育向正规化教育的转轨阶段。1949年10月,第一次全国公安会议提出"各大(行政)区搞公安学校";随后,全国第二次民警治安工作会议明确指出,中央、大区设警察干校,省设警察学校(见表1-2)。1952年全国公安干部学校有35所,到1956年发展到52所。[①] 新中国成立初期至20世纪60年代初,我国公安院校的管理水平得到了进一步提升,表现为一批公安警察教育培训教材编写完成[②],丰富了公安干部学校的馆藏。与此同时,公安院校图书馆建设也迎来了全新的发展阶段。

表1-2 20世纪50年代全国创建的部分公安干部学校一览表

成立年份	公安院校名称	当前公安院校名称
1950年	中共广西省委社会部政训队	广西警察学院
1950年	贵州省人民政府公安干部学校	贵州警察学院
1950年	中国人民解放军昆明市军管会公安部公安学校	云南警官学院
1950年	南京市农业学校	南京警察学院
1950年	铁道部公安干部学校	铁道警察学院
1950年	川西人民行政公署公安厅公安学校	四川警察学院
1950年	新疆省人民公安学校	新疆警察学院

---

① 金川.警察教育有效性实证研究——以警校教育与毕业生职业成就关系为视角[M].北京:中国政法大学出版社,2013:27.
② 刘祁宪.公安教育学[M].北京:警官教育出版社,1998:35-36.

(续表)

成立年份	公安院校名称	当前公安院校名称
1950 年	重庆市人民政府公安局公安学校	重庆警察学院
1951 年	江西省公安学校	江西警察学院
1953 年	陕西省司法干部训练班	陕西警察学院
1956 年	西藏干部学校附设公安学校	西藏警官专科

(一) 中央人民公安学院及其图书馆

1948 年 7 月，华北人民政府公安部（中共中央华北局社会部）在西柏坡旁的东冶村、西冶村举办华北保卫干部训练班，这就是中国人民公安大学的肇始前身。1949 年 1 月，训练班扩建为华北公安干部学校，2 月迁入北京。中央人民政府成立后，1950 年 1 月学校更名为中央公安干部学校，也成为面向全国专门培训公安保卫干部的基地。随着形势的变化和公安机关补充干部的任务基本完成，加强公安队伍正规化建设日益迫切，1953 年 1 月，学校进行改组扩建，命名为中央人民公安学院。1955 年 1 月，公安部决定在上海、武汉、重庆和西安组建中央人民公安学院分院，以加强公安领导干部和业务骨干培训。1959 年 3 月，中央人民公安学院和中央政法干部学校合并，沿用中央政法干部学校的校名，负责培训县（市）公安局局长、法院院长和检察院检察长。1982 年 1 月，在中央政法干部学校基础上，恢复中央人民公安学院的称呼。

中国人民公安大学图书馆创办于 1949 年 1 月，历经华北公安干部学校资料室、中央公安干部学校资料室、中央人民公安学院图书馆、中央政法干部学校图书馆等时期。[1] 不同时期的资料室或图书馆以其馆藏为公安学院人才培养与科学研究提供支持。

(二) 全国各地公安干部学校的资料室或图书馆

中华人民共和国成立后，公安教育事业进入新的发展阶段。各省公安机关在当地党委、政府支持下，建立了公安学校或公安干部学校。

---

[1] 参见中国人民公安大学官网的图书馆部门简介。

公安干部学校的资料室或图书室设置也有了进一步发展，为培养公安干部提供了有力支持。如北京警察学院图书馆的官网显示，"北京警察学院图书馆始建于1950年，经过70多年的建设和发展，已成为馆藏丰富、特色明显、开放文明、与学校发展目标相适应的大学图书馆"。① 这个时期公安干部学校的图书资料室，不仅为教员备课、学员学习提供相关文献资料，而且推动了公安学校的建设与发展。但在这个时期，公安干部学校图书资料室的规模较小，藏书量有限。

二、20世纪80年代的公安院校（人民警察学校）图书馆（资料室）建设

中共中央于1979年9月9日发布《关于坚决保证刑法、刑事诉讼法切实实施的指示》，倡导"努力建设一支坚强的司法工作队伍"，规定"各、省、市、自治区可根据需要，逐步新建各类政法院校和司法、公安干警学校"。② 1980年6月，当时的国家计委、教育部、粮食部、财政部、公安部为贯彻落实中共中央的指示精神，联合印发《关于设立各省、市、自治区人民警察学校的联合通知》。该通知规定"人民警察学校是半军事化的学校，培养具有社会主义觉悟，拥护党的路线、且懂得公安工作任务方针政策和纪律作风，掌握法律基础知识的公安干警"；并明确了人民警察学校的领导体制，"人民警察学校由所在省、市、自治区公安厅（局）领导，公安部在教学业务方面予以指导，在贯彻教育方针、政策、教学行政和教学研究等方面，各地教育部门给予指导"。自此，公安院校迎来正规化发展的大好机遇。1980年，四川省、新疆维吾尔自治区、湖南省、河南省等都成立了人民警察学校；1981年，北京市、山西省等也成立了人民警察学校。随着人民警察学校的正规化建设，一批人民警察学校建立了图书馆或资料室。

1981年11月和1984年1月，经批准，将原"公安部人民警察干部学校"和"中央人民公安学院"分别改建为"中国刑事警察学院"和"中国人民公安大学"（以下简称"公安大学"）。③ 1984年，中国人民公安大学成立，标志着

---

① 参见北京警察学院图书馆官网的图书馆简介。
② 李雅云.中国法治建设里程碑式的党的文件——纪念中共中央发布《关于坚决保证刑法、刑事诉讼法切实实施的指示》25周年[J].法学,2004(9):7-11.
③ 王龙.公安高等教育发展历史回顾与新时代展望[J].公安学研究,2019(5):1-28,123.

我国公安教育跨入学校学历教育的新阶段。中国人民公安大学图书馆的成功改建，也意味着我国公安院校图书馆的建设与发展进入一轮新的机遇期。

随着各地人民警察学院组建工作的推进，各地公安院校图书馆建设进入加速期。1981年8月，福建省公安厅决定筹建福建省人民警察学校；1984年2月，福建省公安厅党组批准，学校设立校长办公室、政治处、教务处、总务处等处室，其中教务处下设理论教研室、文化教研室、业务教研室、法律教研室、军体教研室和图书资料教研室。到1992年底，福建省人民警察学校的图书馆馆藏图书达到3.5万册。

三、20世纪八九十年代的公安高等专科学校图书馆建设及发展

20世纪90年代，我国公安高等教育取得了长足的发展。中国人民公安大学图书馆和中国刑事警察学院图书馆以其规范化建设起步早而成为各地公安院校图书馆建设的先行者与示范者。在这个时期，我国出现了一大批公安专科学校（见表1-3）。同时，山东省在1983年就建设了山东公安专科学校，江苏省在1982年建设了江苏省公安专科学校，湖北、福建、云南等省份也在1984年建立了公安专科学校。各地公安专科学校在建设中，纷纷加大了对图书馆建设的投入，江西公安高等专科学校、福建公安高等专科学校就是其中的代表。各地公安院校图书馆的建设，同时也促进了公安院校人才培养质量的提升。随着公安教育事业的发展，公安院校图书馆事业迎来了第一个快速发展的建设机遇期（1986—1999年）。

表1-3　1980—2000年间的全国公安专科学校一览表

建立年份	学校名称	改名年份	学校新名称
1950年	重庆市人民政府公安局公安学校	2001年	重庆警官职业学院
1950年4月	新疆省人民公安学校	2001年	新疆警官高等专科学校
1980年	铁道部公安学校	2000年	铁道警官高等专科学校
1981年	山西省人民警察学校	2000年	山西警官高等专科学校
1982年	江苏公安专科学校	1992年	江西公安高等专科学校
1983年	山东公安专科学校	1992年	山东公安高等专科学校

(续表)

建立年份	学校名称	改名年份	学校新名称
1983年	上海公安专科学校	1992年	上海公安高等专科学校
1983年	广东省政法干部学院	1992年	广东公安高等专科学校
1984年	湖南公安专科学校	1993年	湖南公安高等专科学校
1984年	湖北省公安专科学校	1993年	湖北公安高等专科学校
1984年	福建公安专科学校	1994年	福建公安高等专科学校
1984年	云南公安专科学校	1992年	云南公安高等专科学校
1984年	江西公安专科学校	1992年	江西公安高等专科学校
1984年10月	广西公安管理干部学院	2003年	广西警官高等专科学校
1984年10月	四川省公安管理干部学院	2000年	四川公安高等专科
1985年	贵州省公安干部学院	2000年	贵州警官职业学院
1985年	吉林公安专科学校	1993年	吉林公安高等专科学校
1985年	辽宁警官专科学校	1993年	辽宁警官高等专科学校
1985年	浙江公安专科学校	1994年	浙江公安高等专科学校
1988年	河南公安专科学校	1991年	河南公安高等专科学校
1994年9月	林业部南京人民警察学校	2000年	南京森林公安高等专科学校

1984年9月，江西省人民政府批准江西公安干部学校改为江西公安高等专科学校，与江西省人民警察学校一起办学；同时规定"江西公安专科学校由省公安厅和省教育委员会双重领导，以公安厅领导为主"。1986年9月1日，江西省教育委员会复函江西省公安厅，同意江西公安专科学校教学机构设侦查学系、公安管理学系、治安管理学系以及马列主义教研室、军体教研室、法律教研室和图书馆。这是现有的文献中关于公安专科学校成立图书馆较为重要的一份。1987年1月8日，江西省编委、教委、公安厅批复江西公安专科学校内设的12个副处级单位中，除了政治部、办公室、教务处、总务处等4个党政管理部门，还有8个教学教辅部门，分别为侦查学系、公安管理学系、治安管理学系、马列主义教研室、军体教研室、法律教研室、基础部和图书馆。图书馆作为重要的教辅部门，在各地公安高等专科学校的人才培养中发挥了重要支撑。

1984年10月23日，福建省人民政府发文同意福建省公安厅在福建省公安干校的基础上创办福建公安专科学校，学校列入福建省公安厅序列，受福建省公安厅、高教厅双重领导。这进一步促进了福建省公安教育的现代化建设与正规化建设。福建公安专科学校创办之初，校址设在仓山区复园里4号原公安干校内，当时该校图书馆的馆藏图书不到10万册。1989年，因校园面积、校舍不足、师资力量不足、图书不足等办学条件被国家教委列为"黄牌警告学校"，限期充实整顿。福建省委研究决定由福建省公安厅副厅长杨安之兼任福建公安专科学校校长、党委书记。福建省公安专科学校将"黄牌警告"的压力化作建设图书馆的动力，在坚持教学的同时，抓紧整改，力争尽快脱掉"黄牌"帽子。到1989年底，福建省公安专科学校不仅相继建成了教学楼、实验楼，而且增加了教职工人数，图书馆的馆藏图书也增加到4万多册。1994年，福建公安专科学校更名为福建公安高等专科学校，图书馆馆藏图书达到7.9万册。2000年4月，福建公安高等专科学校与福建省人民警察学校合并，成立新的福建公安高等专科学校，图书馆的馆藏图书达到15万册。

1996年，全国29所公安院校中，已经有19所公安院校建设有独立的图书馆舍；在447名图书馆工作人员中，其中大学本科以上学历为114人，大专为170人，中专以下学历的为163人。然而，大部分公安院校的图书馆都是利用原有的旧房，略加修整改建而成的。这些馆舍大都破旧不堪，通风、采光、防尘、防潮、防火等都达不到图书馆藏书和阅览的要求，只能勉强应付传统手工的图书借还。同一时期，在学者王东的一份公安院校图书馆调查的研究文献显示，1996年，公安院校图书馆平均藏书为15.27万册，较1989年同期增加13.27%。

1997年1月，中央宣传部、文化部、国家教委、国家科委等部门联合印发的《关于在全国实施"知识工程"的通知》中提出，"图书馆是一种社会公益性的文化教育机构，在思想道德建设和文化建设中发挥着不可替代的作用，也是科学普及、社会教育和信息传播的重要工具"；要求各地在1997年到2010年间贯彻落实全国知识工程实施方案，并完善图书馆布点及条件建设，从而推进图书馆网点遍及城乡各地。全国知识工程实施方案不仅提高了各级各类型图书馆的服务质量、服务水平与服务能力，也为各地公安院校图书馆的进一步建设与发展创造了良好的社会氛围。

四、2000—2022 年的公安院校图书馆建设进入黄金发展期

（一）公安院校图书馆建设快速发展

2003 年，《中共中央关于进一步加强和改进公安工作的决定》要求积极推进公安队伍正规化建设和全面实施科技强警战略。公安教育工作迎来了新的战略机遇期。2002 年，江苏公安高等专科学校、湖北公安高等专科学校等先后升为本科院校，拉开了公安院校图书馆建设黄金周期的序幕。2003 年，云南公安专科学校升为云南警官学院；2004 年，广东、山东两所公安专科学校升为本科。在升为公安本科院校后，各新晋警官学院或警察学院都为图书馆建设投入大量资金，各地公安院校图书馆的馆藏图书文献数量快速增加，公安院校图书馆建设也进入一个历史发展最快的阶段，不仅图书馆建筑面积快速增长、馆藏文献数量持续增长，而且公安院校图书馆管理水平快速提升，服务内容日益丰富。

随着各地公安院校图书馆的硬件设备建设上了一个新的台阶，如何将工作重点转向提升服务质量与服务水平，成为公安院校图书馆建设的新课题。2004 年，公安院校图书情报工作委员会第一届常务理事会第一次工作会议在北京召开，公安大学、刑警学院、湖北警官学院、北京人民警察学院、江苏警官学院等第一届常务理事会成员参加了会议。会议提出，要依据国家图书馆事业发展和科教强警战略需要，充分发挥公安院校图书馆的整体优势，利用先进的信息技术，缩小各图书馆间的差距；紧跟数字图书馆的发展趋势，配合金盾工程，开发和提供有公安特色的信息资源，面向公安教育、科研和实战，主动开拓多层次、全方位的信息服务；逐步建立适用、可靠、高效的公安文献信息保障系统。

2004 年，我国多所公安院校图书馆建筑面积、文献累积总量、图书馆总经费等指标在全国高校图书馆排行中达到了较好的名次（见表 1-4）。例如，根据教育部高等学校图书情报工作指导委员会秘书处《2004 年普通高等学校图书馆统计数据报告》，福建公安高等专科学校图书馆面积为 9 200 平方米，在接受调查的全国 462 所高校图书馆中排行第 234 位。中国人民公安大学图书馆在 2004 年的建筑面积为 8 500 平方米，排行第 249 位；2014 年时，该校图

书馆建筑面积为 44 000 平方米,在全国高校的排名进一步上升到第 89 位。中国人民公安大学图书馆在 2004 年时累积的文献总量达到 61.93 万册,在全国排名为第 203 位;浙江公安高等专科学校的当年购进中文图书为 80 897 册,在全国排名为第 101 位。

表 1-4　2004 年全国部分公安院校统计数据

图书馆名称	图书馆建筑面积/平方米	全国高校排行榜	文献累积总量/万册	全国高校排行榜	图书馆总经费/万	全国高校排行榜
中国人民公安大学图书馆	8 500	249	61.93	203	200	210
福建公安高等专科学校图书馆	9 200	234	32.4	320	128.6	272
浙江公安高等专科学校图书馆	5 000	338	34.62	313	96	308
河北公安警察职业学院图书馆	1 761	444	—	—	40	374

资料来源:教育部高等学校图书情报工作指导委员会秘书处《2004 年普通高等学校图书馆统计数据报告》。

注:"—"处表示未查到的数据。

广西警察学院也是这个阶段快速发展的公安院校图书馆典型样本。广西警察学院是广西壮族自治区公安厅主管的一所公安本科院校,其前身为 1950 年 1 月成立的中共广西省委社会部政训队,先后经历广西省公安学校、广西公安干部学校、广西政法公安学校、广西政法干部学校、广西人民警察学校和广西公安管理干部学院等时期,2003 年改为广西警官高等专科学校,2015 年升格为广西警察学院,学校有仙葫、五合、长湖 3 个校区。广西警察学院图书馆由仙葫图书馆和五合图书馆两个部分构成,总面积为 2.86 万平方米(在全国公安院校图书馆中排第二,仅次于中国人民公安大学),其中仙葫图书馆面积为 1.35 万平方米,五合校区图书馆面积为 1.51 万平方米。广西警察学院图书馆设有公安法律书库、政治理论书库、社会科学书库、自然科学书库、外文书库、文学书库、工具书库、密集书库、综合书库、公安阅览室、电子阅览室、报刊阅览室、特藏室。截至 2023 年 9 月,馆藏纸质图书为 144.58 万册;中外文纸质期刊为 753 种、报纸为 103 种;各类数据库文献为 18 种;电子图书为 67.22 万册。广西警察学院图书馆馆藏文献的数量与增长速度,超出同期很多公安院校图书馆。

2002年以来，多所公安院校实现升本（见表1-5），进一步提升建校水平与办学规模，同时加大对相关图书馆的建设，从而为学校教育、学科发展与人才培养提供更丰富的文献信息资源。

表1-5 2002年以来升本公安院校一览表

序号	升本前	升本后	升本年份
1	江苏公安高等专科学校	江苏警官学院	2002年
2	湖北公安高等专科学校	湖北警官学院	2002年
3	云南公安专科学校	云南警官学院	2003年
4	广东公安高等专科学校	广东警官学院	2004年
5	山东公安专科学校	山东警察学院	2004年
6	北京人民警察学院	北京警察学院	2006年
7	四川警官高等专科学校	四川警察学院	2006年
8	浙江公安高等专科学校	浙江警察学院	2007年
9	南京森林公安高等专科学校	南京警察学院	2010年
10	吉林公安高等专科学校	吉林警察学院	2010年
11	湖南公安高等专科学校	湖南警察学院	2010年
12	河南公安高等专科学校	河南警察学院	2010年
13	福建高等公安专科学校	福建警察学院	2010年
14	江西高等公安专科学校	江西警察学院	2010年
15	新疆警官高等专科学校	新疆警察学院	2012年
16	重庆警官职业学院	重庆警察学院	2012年
17	铁道公安高等专科学校	铁道警察学院	2013年
18	辽宁警官高等专科学校	辽宁警察学院	2014年
19	广西警官高等专科学校	广西警察学院	2015年
20	山西警官高等专科学校	山西警察学院	2016年
21	贵州警官职业学院	贵州警察学院	2017年
22	上海公安高等专科学校	上海公安学院	2017年

(二) 公安学相关学科建设与公安院校图书馆建设相互促进

学科及学科层次，是衡量一个领域科学、教学和社会服务水平的标志。2011年3月8日，国务院学位委员会和教育部印发的《学位授予和人才培养学科目录（2011年）》中将公安学、公安技术列为国家一级学科，分别列入法学、工学门类。这进一步推动了我国公安高等教育整体水平的提高，也促进了公安院校人才培养质量、科研创新水平以及社会服务和文化传承等创新能力的提升。[①]

早在2009年，公安部党委就出台了《关于加强和改进公安教育训练工作的意见》《全国公安机关2010—2012年民警培训规划》等重要文件，要求各级公安机关、各部门和各警种把教育训练工作置于公安事业的大局中来规划，置于优先发展的战略地位来把握，置于促进公安队伍全面发展的关键环节来建设，从而进一步加强和改进公安教育训练工作，全面提高公安教育训练工作的整体水平，全面提高公安队伍的整体素质和战斗力。公安一级学科的设立，为公安院校图书馆建设提供了难得机遇和有利条件。各地公安院校图书馆开始在读者服务、参考咨询服务的基础上为公安院校的学科建设服务。

在新的社会背景下，各地公安院校图书馆建设都取得重大进展，不仅体现在图书馆馆舍等硬件设施上，同时也体现在文献资源的数量上。2014年全国公安院校图书馆年度总经费平均为132.35万元，为普通高校图书馆年度同类平均值的22.79%；公安院校图书馆文献资源购置费平均为122.26万元/年，其中纸质资源购置费约为83.65万元/年；公安院校图书馆年度馆舍面积平均约为10 583.90平方米。[②]

公安院校图书馆建设为公安学科建设提供了坚实的文献信息保障。各地公安院校依托图书馆的文献信息资源，扎实推进了公安学建设工作。各地公安院校的相关教学团队不断强化学科的意识和理念，进一步增强了学科积淀，不断拓展学科视野；各地公安院校的教学部门充分发挥学科在教学科研中的牵引作

---

① 程琳.抢抓机遇 迎接挑战 全面推进公安一级学科国家重点学科建设[J].公安教育，2012(12):4-8.
② 马建刚.关于公安院校图书馆服务工作的思考[J].四川警察学院学报，2017(5):125-129.

用与资源统筹功能，依托公安院校的文献信息资源，推动了公安学学科方向的交叉融合；部分公安院校还强化了学科建设与研究生教育共生互动的意识和理念，进一步统筹推进公安学学科建设与研究生教育。公安学科建设与公安院校图书馆建设同频共振、相向而行。

第三节　当代公安院校图书馆的责任与使命

一、公安院校图书馆在公安高等教育中的重要责任

公安院校担负着为公安育人、为公安献策的重要使命，而公安院校图书馆则为公安院校履行这一使命提供具体支持。

（一）图书馆建设是公安院校办学条件的重要内容

2004年2月，教育部以通知的形式，印发了《普通高校基本办学条件指标（施行）》。该指标体系将图书馆工作纳入其中，规定政法院校"生均图书"的数量达到100册才为合格、"生均年进书量"达到3册以上才为合格，而电子类图书不包括在内。2023年2月26日，中共中央办公厅、国务院办公厅印发的《关于加强新时代法学教育和法学理论研究的意见》中强调，完善法学教育准入制度，健全法学相关学科专业办学质量预警机制，对办学条件不足、师资水平持续低下、教育质量较差的院校实行畅通有序退出机制。因此，作为高校的教学、科研信息资料保障中心，高校图书馆是高校办学条件的重要组成部分，图书馆建设状况直接关乎高校的教学质量。

（二）图书馆建设是公安院校学科建设的重要支撑

2020年11月3日，由教育部新文科建设工作组主办的新文科建设工作会议在山东大学（威海）召开。会议研究了新时代中国高等文科教育创新发展举措，发布了《新文科建设宣言》，对新文科建设做出全面部署。宣言紧扣国家软实力建设和文化繁荣发展新需求，紧跟新一轮科技革命和产业变革新趋势，积极推动人工智能、大数据等现代信息技术与文科专业深入融合，积极发展文科类新兴专业，推动原有文科专业改造升级，实现文科与理工农

医学科的深度交叉融合，打造文科"金专"，不断优化文科专业结构，引领并带动文科专业建设整体水平提升。新的社会背景下，各地公安院校图书馆建设持续取得丰硕成果。表 1-6 中展示了各校图书馆建筑面积、阅览座位的发展状况。

表 1-6　公安院校图书馆建筑面积及阅览座位统计一览表

序号	公安院校	年度	面积/m²	阅览座位/个	备注
1	中国人民公安大学	2021	44 000	3 200	部属本科
2	中国人民警察大学	2021	14 193	1 706	部属本科
3	中国刑事警察学院	2022	18 360	2 000	部属本科
4	南京警察学院	2022	15 018	1 535	部属本科
5	铁道警察学院	2021	26 413	1 402	部属本科
6	北京警察学院	2022	9 840	742	本科
7	天津公安警官职业学院	2021	7 774	902	专科
8	山西警察学院	2021	14 356	1 100	专科
9	辽宁警察学院	2022	14 972	1 658	本科
10	吉林警察学院	2021	5 696	1 500	本科
11	江苏警官学院	2021	7 200	932	本科
12	浙江警察学院	2021	7 000	812	本科
13	福建警察学院	2021	11 246	938	本科
14	江西警察学院	2020	21 799	2 236	本科
15	山东警察学院	2021	8 431	754	本科
16	河南警察学院	2021	27 400	1 900	本科
17	湖北警官学院	2021	17 488	1 812	本科
18	湖南警察学院	2021	14 323	1 533	本科
19	广东警官学院	2021	23 565	1 444	本科
20	广西警察学院	2022	26 900	2 700	本科
21	重庆警察学院	2021	9 335	950	本科
22	四川警察学院	2021	12 000	1 700	本科
23	贵州警察学院	2021	16 544	1 500	本科

(续表)

序号	公安院校	年度	面积/m²	阅览座位/个	备注
24	云南警官学院	2022	5 800	942	本科
25	宁夏警官职业学院	2021	1 856	—	专科
26	新疆警察学院	2022	3 949	550	本科

(三) 图书馆建设是推进公安院校实战化教学改革的重要举措

2022年，公安部部长王小洪向全国公安教育训练工作者致教师节慰问信，在信中他指出，全国公安机关坚持以习近平新时代中国特色社会主义思想为指导，深入学习贯彻习近平法治思想和习近平总书记关于新时代公安工作、教育工作的重要论述，全面贯彻新时代党的建警治警方针和教育方针，坚持政治建校、从严治校，积极推进人民警察招录培养机制改革、公安院校实战化教学改革，深入开展全警实战大练兵，大力加强公安高等教育和民警职业能力建设。

二、公安院校图书馆建设面临的挑战

近年来，许多高校图书馆每年购置数字资源的比例有不同程度上升，纸质图书的利用率有所下降。部分公安院校图书馆出现读者到馆率高但借阅率下降的情况，每年新到的纸质图书、期刊数量甚至高于读者借阅量。这些现象表明，公安院校图书馆建设正面临着严峻的挑战。

(一) 一些公安院校图书馆不适应公安学科建设的需要

2015年12月，教育部制定了《普通高等学校图书馆规程》，作为指导和规范高校图书馆建设和发展的专门文件，并明确规定高校图书馆"是学校的文献信息资源中心，是为人才培养和科学研究服务的学术性机构，是学校信息化建设的重要组成部分，是校园文化和社会文化建设的重要基地"，其主要职能是教育职能和信息服务职能，其主要任务是建设全校的文献信息资源体系，为教学、科研和学科建设提供文献信息保障；建立健全全校的文献信息服务体系，方便全校师生获取各类信息；不断拓展和深化服务，积极参与学校人才培养、信息化建设和校园文化建设；积极参与各种资源共建共享，发挥信息资源优势和专业服务优势，为社会服务。文件还规定普通高校图书馆文献信息资源建设应根据学校人才培养、科学研究和学科建设的需要，以及馆藏基础和资源共建共享的要求，统筹纸质资源、数字资源和其他载体资源建设，高等学校应保证图书馆正常运行和持续发展所必需的经费和物质条件，其经费包括文献信息资源购置费、运行费和专项建设费。其中文献信息资源购置费应与学校教学和科学研究的需要相适应，馆藏文献信息资源总量和纸质文献信息资源的年购置量应不低于国家有关规定。同时，图书馆应重视自动化、网络化、数字化等现代信息基础设施建设，应注重建设数字信息资源管理和服务系统，积极拓展信息服务领域，提供数字信息服务，嵌入教学和科研过程，开展学科化服务，采用现代化技术改进服务方式，不断提高文献服务水平。上述相关规定，不仅指明了高校图书馆在高等教育中的重要地位和作用，而且提出了高校图书馆建设发展的努力方向。这理应成为促进公安院校图书馆建设发展的重要依据。虽然各地公安院校在图书馆总经费、文献资源购置费方面保持了较大力度的投入，但在全国高校中的排名持续下降（见表1-7）。这表明公安院校在图书馆建设方面仍需要进一步提高认识，并在图书馆年度总经费、文献资源购置费、纸质资源购置费、电子资源购置费等方面加大保障力度。

表 1-7 部分公安院校图书馆年度总经费全国排名表

机构名称	年份	年度排名	机构名称	年份	年度排名
中国人民公安大学图书馆	2004	210	中国人民公安大学图书馆	2022	311
浙江警察学院图书馆	2004	308	浙江警察学院图书馆	2022	522
四川警察学院图书馆	2012	205	四川警察学院图书馆	2022	540
南京森林警察学院图书馆	2004	—	南京森林警察学院图书馆	2022	622
山东警察学院图书馆	2016	533	山东警察学院图书馆	2022	672
上海公安学院图书馆	2012	384	上海公安学院图书馆	2022	771
江苏警官学院图书馆	2012	436	江苏警官学院图书馆	2022	843
福建警察学院图书馆	2004	272	福建警察学院图书馆	2022	914
辽宁警察学院图书馆	2012	315	辽宁警察学院图书馆	2022	1 028
广东警官学院图书馆	2012	351	广东警官学院图书馆	2022	1 186
武汉警官职业学院图书馆	2012	521	武汉警官职业学院图书馆	2022	1 196

公安院校图书馆作为文献信息资源中心，承担着为教学、科研和学科建设提供文献信息服务的任务，但随着现代信息技术和公安高等教育的迅速发展，其越来越难以满足公安教学、科研和学科建设发展的需要。[①] 与地方高校相比，大部分公安院校的发展历史较短，因而无法形成具有历史文化底蕴的馆藏。与此同时，随着公安事业的发展，公安院校的在校本科生、研究生和教师等读者群体对信息的时效性要求也日益增高，但部分公安院校图书馆的图书文献资料更新速度慢，很多图书的版本较旧，很难及时跟踪、采编相关学科前沿领域的文献资料。

图书馆信息化硬件设施相对比较落后，学校图书馆原有的信息化软件使用的年限较长，未能及时进行更新。同时，相关的信息技术也存在明显的落后现象，如有的公安院校图书馆，虽然藏书非常丰富，也具备良好的计算机硬件设施，但是数字化网络技术的缺失，致使在该校图书馆中无法实现资源共享，严重制约了图书馆的利用价值。

个别公安院校图书馆盲目进行信息化硬件建设，虽然借助现代信息技术对工作流程进行改善，更新了图书馆管理手段等，却形成了信息孤岛的现象。还有部分公安院校图书馆虽然建立了网站、微信公众号、电子阅览室等，开展了信息检索、推送服务，但是在具体应用时，存在明显的利用率低下、使用效果不佳的现状。另外，公安院校图书馆在信息化建设、数据资源库建设、服务理念等方面，依然存在一定的差距，制约了自身的服务效果。

随着网络科技的发展和移动手机端功能的不断创新，学生的娱乐活动种类呈多元化趋势发展，学生不愿意花费时间和精力去参加各类经典阅读活动。相较于浅显易懂的小说、散文以及娱乐新闻，经典阅读作品内容极具深度，要想实现透彻理解不仅需要具备一定程度的文学素养，还要假以时日反复研究，因此很难成为公安院校学生的首选。部分公安院校忽略了图书馆内基础设施的建设，导致图书馆内设施陈旧、桌椅老化，部分区域甚至存在严重异味，这些都会影响学生的阅读体验。

（二）公安院校图书馆尚不适应公安实战的需求

公安院校承担着公安学历教育和民警培训教育的任务。2015年12月，人

[①] 马建刚.关于公安院校图书馆服务工作的思考[J].四川警察学院学报,2017(5):125-129.

社部等部门颁发的《关于加强公安机关人民警察招录工作的意见》和《关于公安院校公安专业人才招录培养制度改革的意见》中指出，"公安院校要以提高人才培养质量为核心任务，进一步调整办学理念，深化教学改革，提高教学质量，为公安机关培养政治坚定、作风过硬、业务精通、素质优良的公安专业人才"。

公安院校图书馆资源建设特色明显，要逐步建立以公安专业文献为主的资源体系，并结合学校和学科特色自建数据库。但是特色资源整合不足且院校发展不均衡，特别是随着资源的增多，缺少资源的系统加工和汇编整理，服务特色学科发展的文献资源保障体系尚不够完善。随着公安院校招生与公安机关招警协调机制的建立，这对公安院校提出了更高的人才培养质量要求。公安院校要在原有的公安专业的基础上，积极探索和筹划新专业建设，并根据各公安院校办学特色和优势评建一批重点专业，而对达不到办学标准的专业，给予限期整改、暂停招生或撤销。今后公安院校将根据办学资质，着力培养具有一定研究能力的高层次警务人才（研究生层面）、高素质应用型警务人才（本科生层面）以及实战型警务人才（专科生层次）。这对为教学、科研和学科建设提供文献信息服务和保障的图书馆来说，既可赢得建设发展的机会，又可促进发挥人才培养的作用。公安院校图书馆要紧紧围绕公安学、公安技术一级学科建设，突出治安学、侦查学、国内安全保卫、刑事科学技术、公安视听技术、经济犯罪侦查、警犬技术、公安管理学、涉外警务、安全防范工程、交通管理工程、警务指挥与战术、禁毒学、犯罪学、公安情报学、网络安全与执法、消防指挥、消防工程等专业的文献信息资源建设，使公安文献更专更精更全，为公安教学、科研和学科专业建设提供更具成效的服务。

公安院校图书馆对从业人员提出了更高的要求，他们不仅要懂得情报专业知识，还要懂得相关公安和法律业务，并需要具有较强的计算机信息技术能力等，但是目前公安院校图书馆普遍存在工作人员数量不足，以及现有的工作人员专业能力不足的问题。这在很大程度上制约了公安院校图书馆的服务水平。[①]

三、当代公安院校图书馆的建设要求

党的十八大提出建设学习型、服务型、创新型马克思主义执政党的重大任

---

① 高婧,张蕾华.大数据时代公安院校图书馆信息化建设研究[J].兰台内外,2020(34):64-66.

务，2015年7月，公安部在《关于深入推进公安队伍正规化建设的意见》中指出：大力提升公安队伍正规化建设水平，关键是要建设学习型公安队伍，建设学习型公安队伍是确保公安队伍"政治过硬、业务过硬、责任过硬、纪律过硬、作风过硬"的客观要求，是提高公安队伍综合素质的重要举措，是提高公安队伍依法履行职责的有效途径。作为公安院校的图书馆应为建设学习型公安队伍主动服务。在大数据背景下，公安院校图书馆要充分发挥自身优势，通过网络平台、移动图书馆、数字化等手段，让大量文献信息资源，特别是公安文献信息资源，为建设学习型公安队伍贡献力量。

(一) 进一步重构图书馆建设理念，主动融入公安院校和公安行业

公安院校图书馆是为公安院校教学和科研服务的高等学校图书馆，因此公安院校图书馆要主动进行智慧校园建设，在教学和科研中发挥积极作用。随着公安院校教学实践中越来越多的大型应用系统（如毕业论文管理系统、智慧警务学堂系统、执法实训系统、濒危野生物种犯罪情报分析平台系统等）投入应用，公安院校图书馆的建设和发展也需要及时调整业务工作机制，主动融入网络化学习和网络化研究环境。同时，公安院校图书馆要主动融入公安行业的公安大数据战略。公安院校图书馆不仅是公安院校的信息文献中心，同时也是公安行业的信息文献中心，因而公安院校图书馆要加强与公安行业之间的联系，了解公安行业的信息需求，及时对自己服务公安行业、服务公安科技的效果进行评价，并在此基础上提升管理能力和服务水平。

(二) 进一步加强图书馆的文献资源建设，持续提升公安院校图书馆管理能力

图书馆文献资源的数量和质量是影响图书馆服务能力的基础。公安院校图书馆可以在充分调研公安院校学科建设、科学研究需求的基础上，进一步优化图书文献的采购机制，加大教授、专家、学者荐书在图书采购中的比重；持续引进和采用人工智能和信息技术领域的新成果，统一各类馆藏资源的信息数据管理，提升文献信息资源的编目、索引、排架和检索效率。在调研公安学院学科建设、科学研究需求的基础上，公安院校图书馆要把握公安教育改革和公安队伍建设的趋势，加强馆藏特色资源的自建工作，提升图书馆文献信息资源的

管理能力，为持续提升和改进图书馆服务水平提供支持。

（三）进一步推进图书馆服务和评价的规范化，持续提升公安院校图书馆的服务水平

作为公安院校的文献信息中心与文化部门，公安院校图书馆承担着建设文献资源、为师生读者提供文献信息服务、为公安院校学科建设提供文献信息服务的职责，并最终为加快推动公安高等教育高质量发展提供支持。因此，公安院校图书馆应进一步推进读者服务、参考咨询服务的科学化与规范化，做好读者服务、参考咨询工作；认真贯彻《普通高等学校图书馆评估指标》体系，进一步推进公安院校图书馆评估程序的规范化，并以此为契机，持续提升服务能力和服务水平。

总之，高等教育的发展、公安教育的改革以及公安队伍的建设，为公安院校图书馆提供了良好的发展机遇。公安院校图书馆人应把握这一机会，遵循图书馆学基本规律，坚持问题导向，及时引进先进图书馆技术，积极探索图书馆服务工作新机制；为公安院校培养公安人才、研究公安科技提供文献保障与智力支持。作为公安院校的文献信息中心和公安文化建设阵地，公安院校图书馆建设的发展也必将进一步推动公安院校人才培养、公安科学研究能力的提升，从而为公安院校履行"为公安育人、为公安献策"提供文献信息领域的支持。

第二章　公安院校图书馆转型发展

印度图书馆学家阮冈纳赞（S. R. Ranganathan）在《图书馆学五定律》中指出，"图书馆是一个生长着的有机体"[①]。在图书馆的发展历史中，图书馆的功能与角色一直在变化。这种变化，也被称作图书馆转型。图书馆的发展史充分显示，图书馆是以社会发展为依托的，即社会发展了，图书馆也要及时调整甚至进行自身的变革，以变革与创新来适应社会的发展与读者的需求。[②]

影响图书馆转型的因素有很多，其中信息技术、社会需求是两个关键因素。古代的图书馆，其职责或功能主要是收藏图书，也即藏宝藏经，以供特定主体学习研究。随着社会的发展，尤其是造纸术、印刷术的发展，社会上的图书文献数量急剧增加，图书馆的职责功能也从收集文献资源拓展为收藏图书文献、整理图书文献资源（如编目等），其服务的读者群体也日益扩大。自从人类社会进入信息时代，图书文献资源的载体类型更加丰富，图书馆的功能职责也进一步发展转变，因而智慧图书馆研究成为近年来图书馆学的研究热点。

顺应社会发展，推动公安院校图书馆转型发展，进而实现公安院校履行"为公安育人、为公安献策"的使命，对于公安院校人才培养和科学研究，都具有重要意义。公安院校图书馆在发展过程中需要持续关注信息技术等外界环境的变化，持续强化文献资源建设，及时调整管理模式、管理理念，持续提升公安院校读者的阅读体验，创新图书馆的服务模式与服务内容等。图书馆创新直接关系着图书馆的发展前景，因此必须采用多元化的创新举措，对图书馆的未来发展形势进行推测，制定新型发展战略，以推动公安院校图书馆顺利转型，从而进入新的发展阶段。

---

① 王玮.帕累托原则与阮冈纳赞图书馆学五定律[J].图书与情报,2002(1):7-9.
② 刘爱荣.图书馆的未来[M].北京:当代世界出版社,1999:8.

第一节　图书馆转型概述

从图书馆事业的发展史看，图书馆转型是外在动力与内在动力共同作用的结果，其中外在动力表现在行业环境的变化、用户需求的变化；内在动力表现在图书馆事业的可持续发展，个体图书馆在行业及母体机构中的主动性及话语权，图书馆需要实现自身更好的发展等。[1] 明确图书馆事业的转型发展规律、影响因素，有助于公安院校图书馆人理解并顺应图书馆事业的发展趋势，从而主动作为，积极推进智慧型图书馆建设，为公安院校的人才培养、公安科学研究和学科建设提供更优质的服务。

一、图书馆转型的概念

图书馆转型是一个涉及图书馆事业发展与图书馆学理论重构的议题，同时也是图书馆发展战略的核心议题。关于图书馆转型的概念，不同的学者有着不同的观点。有学者从社会发展的角度，认为图书馆转型是提高图书馆的运营效益、促进社会发展等目的而进行的图书馆制度、功能拓展、馆员队伍与文化等方面开展的创新与变革；[2] 有学者从信息技术发展的角度，认为图书馆转型是指图书馆信息基础设施的完善及从数字化信息系统的形成，将图书馆从里到外、从硬件到软件，彻底转移到信息轨道上来。[3]

图书馆转型是图书馆发展中的一种客观现象。图书馆转型的动力包括外在动力（如技术发展、读者需求等）与内在动力（图书馆自身发展等）。图书馆转型的内容包括管理制度与方法、服务内容与方式、图书馆设施改造等方面。图书馆转型的目的既是为了图书馆自身更好的发展，也是为了向读者提供更好的服务。

二、图书馆转型的社会因素

图书馆的发展是依托社会发展的，因而人类社会从农业社会向工业社会、

---

[1] 涂志芳.图书馆转型的话语构建[J].图书馆论坛,2020(3):30-38.
[2] 尚海永.公共图书馆的转型与社会责任研究[M].延吉:延边大学出版社,2017:3.
[3] 王梅.图书馆转型的机理探讨[J].图书情报知识,1998(1):14-17.

信息社会发展，图书馆事业也就相应地从农业社会的图书馆转型为工业社会的图书馆、信息社会的图书馆。

(一) 农业社会图书馆的主要功能是收藏与整理图书文献

在古代社会，一些政府部门、教育机构与宗教场所设置了收藏图书文献的房间或建筑物，如中国自周朝起就有专门的藏书机构和专门的图书管理官员"藏室史"——这就是农业社会图书馆的典型形态。因而有学者认为，早期的图书馆是指以阅读或研究为目的而收藏图书的房间或建筑物。①

农业社会图书馆的存续期间，从古代图书馆的萌芽（公元前 3000 年）持续到工业革命前。随着雕版印刷、活字印刷等印刷技术和造纸技术的进步，图书文献的制作成本降低，图书文献种类增多、数量增多，社会成员对于图书文献的需求增加。同一时期，图书馆的服务对象范围也在逐渐扩大，由原来的宗教团队、政治团队，扩大到大学（书院）等教育行业群体。图书馆的管理主要表现为账簿、文献以及工作人员等的管理。农业社会图书馆的馆藏文献资源主要是各种手抄本（手稿）、雕版印刷、传统活字印刷品等。图书馆的存储设施主要是传统的书架、书柜。如埃及亚历山大图书馆收藏了至少 70 万件的羊皮纸卷，卡里马科斯在担任该图书馆馆长期间（公元前 3 世纪）就开始编写图书目录、著录书名和作者等。②

(二) 工业社会图书馆的主要功能体现在图书馆管理

工业革命后，随着印刷出版技术的发展，图书、期刊、报纸的出版数量增长迅速，因而工业社会图书馆的馆藏文献资源种类与数量较农业社会图书馆出现了持续增长，其中图书、期刊、报纸是主要文献资源类型。工业社会图书馆除了农业社会图书馆的传统书架、书柜等设备，还出现了打字机等工具。随着社会的发展，图书文献资源数量快速增长，图书馆收藏的图书文献资源数量也日益增多。伴随着技术的发展，越来越多的新技术应用在图书馆工作当中，从

---

① 季梵,刘宇初,徐月,等.数字时代图书馆的坚守、创新与融合——"牛津大学图书馆 700 周年研讨会"的启示[J].大学图书馆学报,2020(5):5-10.
② 王世伟.埃及亚历山大图书馆概述[J].图书馆论坛,2005(6):291-294,21.

而推动图书馆功能与角色的变化。1852年英国的曼彻斯特公共图书馆，是依照英国议会立法建立的第一个现代意义上的公共图书馆。①

由于图书文献资源数量的急剧增加以及服务读者群体范围的扩大，工业社会图书馆的主要难题体现在对图书文献资源的管理方面，尤其是随着图书馆的馆藏文献资源规模扩大，图书馆管理相对而言愈发困难。在此阶段，德国哥廷根大学图书馆在图书馆管理方面取得了惊人的成绩，主要体现在其所有馆藏文献资源都有字顺目录、分类目录和主题目录②，极大地方便了读者检索。

（三）信息社会图书馆的功能主要集中在服务

与工业社会图书馆相比，信息社会图书馆的馆藏文献资源种类更丰富，新增了网络数据库、数字图书、数字期刊等数字化资源，读者获得信息的阅读习惯也发生了重要的改变。同时，物联网、云计算、大数据分析挖掘等技术的兴起，使图书馆管理制度、图书馆存储设施、图书馆服务内容与服务方式等方面出现了变化，极大地推动了图书馆的转型和发展。图书馆被赋予更多的社会角色和职能，在馆藏数字化、数字素养培育、开放获取等领域也因新技术力量的注入而不断发生变革和创新。

总之，人类社会进入信息时代，图书馆和图书馆学的模式发生了根本性的转变，以计算机、互联网为基础的系统为个人提供了访问巨大信息网络的机会，智慧图书馆的概念应时而生。智慧图书馆主要是借助新技术，如无线射频识别（RFID）技术、计算机网络技术和人工智能技术等，对文献信息资源进行组织和管理，将传统图书馆服务智慧化，从而使传统图书馆服务成为不受时空限制、容易被感知的移动图书馆服务。③

三、图书馆转型与图书馆理论的影响

图书馆学理论对于图书馆的职责功能研究方面流传着"整理说""技术说""管理说"等不同的学术观点，这些观点也与不同时期图书馆的工作内容、图

---

① 贾虹.智慧图书馆及其服务创新研究[M].北京:中国农业出版社,2022.
② 汪洋.18世纪哥廷根大学图书馆的成功及其启示[J].情报探索,2006(11):92-94.
③ 严栋.智慧图书馆概论[M].大连:辽宁师范大学出版社,2021.

书馆转型有着密切的联系。

（一）农业社会是图书馆学的主要孕育时期

在农业社会，图书馆的主要职能是搜集和整理文献。我国古代的《周礼》"辟藏说"，以及汉代刘向、刘歆的《七略》《别录》就涉及图书的购求、分类、典藏等内容。英国皇家图书馆馆长戴利在 1650 年发表的《新图书馆馆员》一文中同样涉及图书馆的职责与管理方面，包括图书文献的购求、分类、典藏、图书馆职能、图书馆馆员要求等内容。

（二）工业社会中的图书馆学理论得到长足发展

针对当时图书文献与公共图书馆的发展现状，印度图书馆学家阮冈纳赞的《图书馆学五定律》的第一条定律推翻了早期人们对于图书馆的理念——"书是为了用的"，也即图书馆的主要职能不再是"收藏和保存图书"，而是使"图书得到充分的使用"。19 世纪后半期，现代图书馆服务的基本架构形成，其主要特征为：一是读者第一的图书馆服务理念；二是系统、有目的地收集文献资料；三是由系统排架、目录规则、索书号系统、卡片目录、标准化以及馆际合作等构成图书馆运作方法；四是由以开架服务为基础，转向以方便读者为目的的自动化服务方式。图书馆学"整理说""技术说""管理说"等不同的学术观点得到广泛流传与应用。

"整理说"的代表人物是德国学者施莱廷格。1808 年，施莱廷格在《试用图书馆学教科书大全》一书中设想了图书馆学体系与内容结构，并给图书馆下了定义。施莱廷格认为图书馆"是将收集的相当数量的图书，加以整理，根据求知者的各种要求，不费时间地提供他们利用"，而"图书馆学是符合图书馆目的的整理方面所必要的一切命题的总体"。[①] 施莱廷格的图书馆"整理说"对我国图书馆学研究产生深远的影响。20 世纪之前我国图书馆学的思想史就是关于图书整理，特别是目录学的历史。

"技术说"的主要人物是美国图书馆学家杜威。杜威在《十进分类法》第

---

① 黄宗忠.图书馆学的过去、现在与未来[J].图书情报工作,2009(23):5-11.

一版"导言"中曾宣称,他不追求理论上的完整体系,只是从使用的观点出发来设法解决一个世纪问题,其中最重要的是"能轻而易举地分类排列并指出架上的图书、小册子,目录里的卡片,剪贴的零星资料和札记,以便及时对这些文献进行标引"[1]。"技术说"强调,图书馆学应该研究图书馆工作中的实际技术,图书馆学是图书馆员执行图书馆工作任务时所需要的一切知识和技巧的总和。

"管理说"的早期代表是英国的帕尼兹和爱德华兹。帕尼兹被誉为"图书馆员中的拿破仑",在图书馆管理和实践方面多有建树;爱德华兹则享有"公共图书馆运动精神之父"的盛誉,他不仅对图书馆法有深刻的认识,而且在图书馆管理的诸多方面有独到见解。《图书馆纪要》一书堪称19世纪图书馆学理论大全。在现代英国,不少著作均以"管理"为主线去阐明问题。[2] 美国的图书馆管理学更多的是现代管理理论在图书馆中的应用。

(三) 信息时代的图书馆学理论得到全面且深入的发展

在图书馆史的转型与发展中,社会技术与读者需求发挥了重要作用。信息技术水平深刻影响了图书文献资源的组织、开发与利用的程度、层次与水平。

20世纪70年代,美国图书馆学者克里斯蒂安提出了数字图书馆(电子图书馆)理念。20世纪90年代数字图书馆从理念走向实践,推动了世界各地图书馆的数字化发展进程。

20世纪中后期,随着计算机、数据库、通信和网络等技术的快速发展,图书馆处理文献信息的能力有了大幅提升,人们可以对不同载体的文献资源进行高效的组织、描述、检索和传递,但在不同载体的文献资源的深层次组织和揭示方面仍存在不足。21世纪以来,大数据、人工智能、知识图谱等信息处理技术的快速发展,使得图书馆对文献资源的数据化与语义化表达等取得了深入发展。[3] 2001年,澳大利亚昆士兰州立图书馆在建设中实现了物理空间与虚拟空间的链接,全球第一个"智慧图书馆"诞生。2002年,新加坡图书馆应用了

---

[1] 高雯雯,田秀芳,丘东江.简述杜威十进分类法的历史、现状和发展[J].图书馆工作与研究,2013(6):70-73.
[2] 杨威理.西方图书馆史[M].北京:商务印书馆,1988:155-156.
[3] 索传军,戎军涛.图书馆学研究对象的历史演变与成因分析[J].中国图书馆学报,2022(5):28-42.

RFID 技术；2004 年，北美地区有 130 多家图书馆应用了 RFID 技术。2003 年，芬兰学者艾拓拉（Aiitola）在《智慧图书馆：基于位置感知的移动图书馆服务》一文中提出"智慧图书馆"的概念，随后"智慧图书馆"研究成为图书馆学研究的热点，并在实践中得到广泛应用。

作为图书馆事业的组成部分，我国公安院校图书馆的发展历史虽然并不算长，但在近 40 年里经历了从图书馆传统服务模式向数字化转型的发展阶段。尤其是伴随着当前大数据、人工智能技术的快速发展，我国的公安院校图书馆正在经历着向智慧图书馆转型的关键时期。

公安院校图书馆人一方面要正确认识图书馆事业的转型发展规律，明晰影响图书馆转型的社会因素与技术因素；另一方面要顺应图书馆转型发展的规律，识别并尽可能避开转型发展过程中的风险，并在工作中积极稳妥地促进图书馆的转型发展，从而更好地满足公安院校师生等读者群体的文献信息需求，满足公安院校学科建设的文献信息需求，满足公安院校传承和建设公安文化的文献信息需求。

第二节　我国公安院校数字化图书馆的建设成绩

20 世纪 90 年代，传统图书馆向数字图书馆建设转型，是公安院校图书馆的一次重大发展。图书馆数字化建设也称数字图书馆建设，是随着计算机网络技术、数据库技术、多媒体技术的发展而产生的图书馆发展新阶段，其主要特征是应用计算机技术收集、存储和组织图书馆文献资源。

在数字化图书馆建设转型前，我国大多数公安院校图书馆不仅馆藏图书文献数量不足，而且主要依靠手工方式处理图书馆的图书流通管理与服务；转型后，我国公安院校图书馆不仅丰富了文献资源的类型，充实了图书馆馆藏文献的数量，而且拓宽了服务项目，在馆藏特色数字资源（文献资料数据库）建设方面取得了丰硕成绩。

一、公安院校图书馆转型的背景

（一）公安院校资料室发展为公安院校图书馆

随着公安教育事业的快速发展，公安院校的正规化建设由理论研究转向务实建设，同时一批公安院校的公安资料室转型为公安院校图书馆。公安资料室的主要功能，就是对文献资料进行整理，提供有序化信息服务。而图书馆的功能，则较公安资料室更为全面、更为复杂。当公安院校图书馆人遵循图书馆学发展规律，积极开展文献资源建设、持续提升图书馆服务质量与图书馆管理水平时，公安院校图书馆就已具备了公安院校图书馆转型所需的条件。

（二）公安院校图书馆建设的数字化

20世纪90年代以来，我国计算机网络技术的发展与普及，为公安院校图书馆转型提供了必要的技术基础。1996年，全国公安院校图书馆第六届馆长年会召开，经过广泛交流与探讨后，大家认为公安院校图书馆存在"图书馆馆舍面积不足""图书馆工作队伍建设不强""图书馆经费不足""图书馆自动化设备缺少"等四个方面的问题。① 随后各地公安院校先后加快数字化建设。随着电子资源日益进入公安院校图书馆的日常管理之中，公安院校图书馆稳步进入数字图书馆时代。

二、公安院校图书馆转型的内容

（一）数字图书馆的概念与内涵

计算机技术、通信技术、网络技术、多媒体技术等信息技术的飞速发展，深刻影响了图书馆的文献资源建设、图书馆藏服务等各个方面。数字图书馆是图书馆发展历程中的一个重要里程碑。

（1）数字图书馆从理论走向实践。

1975年，美国图书馆学家克里斯蒂安在《电子图书馆：1975—1976书目数据库》中提出数字图书馆的理念。1993年，首届国际电子图书馆会议在德国埃森（Esson）召开，1994年9月，美国国家科学基金会与美国国防部高级研究计划署等联合发起"数字图书馆创新工程"（DLI）；1995年初，美国IBM公司发起全球数字图书馆研究的倡议，并成立数字图书馆学会。② 1996年3月，美国计算机协会信息检索专业组（ACM SIGIR）、美国电气与电子工程

---

① 肖琳峰.公安院校图书馆建设中应注意的几个问题[J].公安教育,1997(6):46-47.
② 贾虹.智慧图书馆及其服务创新研究[M].北京:中国农业出版社,2022:3-4.

师学会（IEEE）、美国信息科学学会（ASIS）等几大学术组织在贝塞斯达（Bethesda）召开首届 ACM 数字图书馆国际会议。数字图书馆逐渐从理念转为实践。美国计算机协会（ACM）和美国信息科学学会（ASIS）及其他一些著名学会、协会的会刊都出版了与数字图书馆有关的专辑。

（2）数字图书馆的概念与内涵。

数字图书馆就是图书馆应用计算机技术、网络技术、通信技术、文献信息处理技术、数据库技术、多媒体技术等多种技术，以实现文献资源的数字化存储和组织并对图书馆的馆藏信息进行高效检索等操作。关于数据图书馆的概念，主要有两种不同的观点：第一种观点认为数字图书馆的概念应该突出"数据库"理念，即数字图书馆是一个数字化的信息资源库。如美国图书馆科学网站在解释数字图书馆协会的概念时，认为数字图书馆就是"在线图书馆"或"互联网图书馆"，是指将馆藏文献资源以数字形式存储，并能够通过计算机或其他电子设备访问的数据库，最终方便广大读者最大限度地获取信息，以得到信息服务。第二种观点认为数字图书馆的概念应该突出"信息技术"的理念，认为数字图书馆区别于传统图书馆之处，是其运用当代信息技术，采集、整理和存储数字信息资源，并提供给读者。读者可以通过连接网络的计算机，并应用信息技术来获取其所需要的信息资源，如电子书、电子期刊、数据库等。因此，数字图书馆的内涵，主要包括图书馆馆藏资源存储的数字化、图书馆馆藏资源管理的数字化，从而最终让读者群体便利地获取图书馆提供的信息资源与信息服务。

（二）公安院校图书馆数字化建设的探索

在中国知网（CNKI）上以"公安院校图书馆""数字化"为查询信息，检索 1991—2005 年间的期刊论文，共检索出 37 条文献。笔者将 37 条文献按发表年度进行整理，其中 1997 年有 1 条，1998 年有 3 条，1999 年有 2 条，2001 年有 5 条，2002 年有 2 条，2003 年有 12 条，2004 年有 8 条，2005 年有 4 条。其中湖北公安高等专科学校（湖北警官学院前身）图书馆的刘生元先后发表了 4 篇，湖北警官学院图书馆的王新红先后发表了 3 篇，浙江公安高等专科学校（浙江警察学院前身）图书馆的任丽丽与福建公安高等专科学校（福建警察学院前身）图书馆的翁翠玲各自发表了 2 篇。这些研究成果表明，公安院校图书馆人关注到了图书馆向数字化发展的潮流，并在公安院校图书馆向数字化转型的理论研究与实践探索领域做出了积极的贡献。

1996年，全国公安院校图书馆第六届馆长年会后，福建公安高等专科学校图书馆的肖琳峰针对公安院校图书馆的文献资源建设问题，提出"目前传统图书馆正面临着向数字化的现代图书馆转变，这一巨大变革……在图书馆藏书中占主体地位的以纸张为载体的传统出版物必将为新兴的电子出版物所取代，图书馆藏书也将转变为以电子出版物为主体"，"因此，从现在开始公安院校图书馆就应该着手进行以电子出版物为藏书的馆藏建设"。① 中国刑事警察学院图书馆的孙玉丽认为公安院校图书馆在由传统的服务方式向现代化的服务方式过渡的过程中，需要扩大图书馆的服务功能；采用信息化手段全面提高公安院校图书馆的自动化水平，特别是要加强数据库建设，是公安院校图书馆系统迎接信息时代的奋斗方向。② 浙江公安高等专科学校（浙江警察学院前身）图书馆的任丽丽与王晓文针对当时公安院校图书馆数字化建设中存在的"公安期刊数据库寿命短、时效性差、重复建库现象严重"等问题，提出"加强公安文献数据库建设的标准化、规范化""要使公安文献网络建设真正做到有内容、更新快"③ 等建议。湖北公安高等专科学校（湖北警官学院前身）图书馆馆长刘生元提出新世纪公安院校图书馆的馆藏结构多元化、馆藏文献数字化、图书馆结构网络化、服务手段现代化、服务模式立体化和队伍建设专家化的观点；④ 2004年，刘生元进一步指出公安院校图书馆数字化建设中存在的困难与障碍，包括公安院校图书馆的重收藏、轻开发，发展不平衡，数据质量不高、时效性差等问题，并提出"提高认识，走联合共建之路""规范数据标准，严格把好数据质量关"等解决对策。⑤ 北京人民警察学院图书馆的李艳馆员提出公安院校图书馆数字化建设的措施，包括"加强数据库建设""建设好本馆网站""加强在职培训，提高馆员素质"等。⑥ 相关理论

---

① 肖琳峰.公安院校图书馆建设中应注意的几个问题[J].公安教育,1997(6):46-47.
② 孙玉丽.试论公安院校图书馆数据库建设[J].图书馆学研究,1998(2):50-51.
③ 任丽丽,王晓文.公安院校图书馆文献资源共享的现状及发展对策[J].情报资料工作,2001(5):59-60,73.
④ 刘生元.论新世纪公安院校图书馆建设的观念转变[J].湖北公安高等专科学校学报,2001(4):78-79.
⑤ 刘生元.公安文献信息资源保障体系中资源建设的思考[J].湖北警官学院学报,2004(6):68-71.
⑥ 李艳.试论公安院校数字图书馆建设[J].北京人民警察学院学报,2004(4):77-79.

研究不仅促进了传统图书馆向数字图书馆的转型，而且在建设数字化图书馆实践中，结合各自图书馆的实际情况，进行富有成效的探索。

（三）公安院校图书馆文献资源的数字化实践

公安院校图书馆文献资源的数字化实践，具体体现在以下几个方面。

（1）公安院校图书馆采购大量数字文献资源。以湖北警官学院为例，该校图书馆在2000年前典藏公安专业期刊共有236种，2001年订刊达107种，2002年订刊为101种，订购公安法制类报纸为39种，并保存大量内部刊物。同时，该校图书馆在2002年订购了清华同方公司出版的《中国学术期刊》4个专辑，收入电子期刊2 222种、相关期刊4 920种。以上文献资源能够为学校师生提供多途径的全文检索和浏览、复制功能。公安院校图书馆为满足公安院校学科建设、人才培养等需求而大规模采购数字化期刊论文、电子图书、电子期刊，积极推动了公安院校图书馆馆藏数字资源建设（见表2-1）。截至目前，中国人民公安大学图书馆拥有学位论文944万篇、电子图书234.39万册，南京警察学院图书馆拥有电子期刊270.20万册。公安院校图书馆的数字化文献资源不但极大地满足了公安院校在校本科生、研究生、教师的文献资源需求，而且便利他们检索与查找在学习与科研中所需要的文献资源。

表2-1　部分公安院校图书馆馆藏数字化资源统计表

公安院校	学位论文（万篇）	特色数据库（个）	音频资源（万小时）	电子文献库	电子图书（万册）	电子期刊（万册）	电子资源访问量（万次）	电子资源下载量（万篇）
中国人民公安大学	944	11	—	11	234.39	19.6	891	—
中国人民警察大学	2.73	—	2.64	—	—	20.47	4 452.96	101.29
中国刑事警察学院	—	16	—	12	216	44	110.2	53.75
南京警察学院	1 931.75	5	15.34	—	170	270.2	1 423.26	127.14
铁道警察学院	678.13	35	0.79	35	140	81.8	—	—
北京警察学院	335	—	6.31	—	28.11	27.17	481.81	34.45
辽宁警察学院	591.38	—	—	—	9.8	34.25	358.09	52.32
吉林警察学院	18.64	—	321.4	22	68.7	17.74	103.4	3.243
上海公安学院	25.93	—	5.95	24	137.47	64.42	166.53	66.65

(续表)

公安院校	学位论文（万篇）	特色数据库（个）	音频资源（万小时）	电子文献库	电子图书（万册）	电子期刊（万册）	电子资源访问量（万次）	电子资源下载量（万篇）
江苏警官学院	—	10	4.4	8	157.93	20.33	69.86	—
浙江警察学院	—	7	—	22	260.23	1.67	710	64
福建警察学院	588.94	2	—	10	40.7	0.99	42.68	34.54
江西警察学院	637.9	1	4.45	16		10.28	32.02	4.29
山东警察学院	455.18	—	10.29	13	112.6	14.47	361.09	87.9
河南警察学院	347.19	—	644.3		32.2	16.61	938.99	64.89
湖南警察学院	504.03	—	5.25		34	4.21	405.52	5.63
广东警官学院	142	—	2.14	7	48	6.72	375.67	83.11
广西警察学院	465.37	—	0.95	—	—	26.4	267.92	7.99
重庆警察学院	1 149.94	9	18.96	22	61.62	85.86	330.66	39.44
四川警察学院	537	7	3	50	102.7	98.63	—	—
贵州警察学院	134.03	—	1.7	15	150	19.95	35.39	24.98
云南警官学院	31.39	—	16.36	—	—	25.85	180.35	31.43
新疆警察学院	479.89	—	54	—	50	10.3	51.33	8.48

（2）公安院校图书馆采购大量商业数字文献资源。截至当前，各地公安院校都采购了CNKI的中国学术期刊库、超星数字图书馆等数字文献资源。CNKI工程始创于1999年6月，由清华大学、清华同方发起，是以实现全社会知识资源传播共享与增值利用为目标的信息化建设项目。CNKI工程集团经过多年努力，采用自主开发并具有国际领先水平的数字图书馆技术，建成世界上全文信息量规模最大的CNKI数字图书馆，并正式启动建设中国知识资源总库及CNKI网格资源共享平台，通过产业化运作，为全社会知识资源高效共享提供丰富的知识信息资源和有效的知识传播与数字化学习平台。超星数字图书馆成立于1993年，是"863"计划中国数字图书馆示范工程项目，由超星公司与中国国家图书馆联合国内数十家地方图书馆、高校图书馆和出版社共同组建而成，2000年1月在互联网正式开通，2011年更名为超星网。截至2018年，超星网全国用户已超过8 000家。超星数字图书馆是目前世界最大的中文在线

数字图书馆，同时建立了包括图书、期刊、论文、报纸等多品种多题材的全文数字资源，并在全文资源的基础上进行深化开发，完成对电子图书的全文检索、目次检索等多途径和手段深入检索方式，为读者提供更加方便快捷的图书检索和阅读体验。通过多年的不断积累，超星数字图书馆馆藏电子图书总量在330万种以上，涵盖中图分类法22个大类，内容涉及经典理论、哲学、宗教、社科总论、政治法律、军事、经济、文化教育、语言文学、自然科学总论、医药卫生、计算机等多个学科。

全国各地公安院校图书馆不仅添置了大量的计算机，而且在数字文献资源建设方面取得了显著成效。不少公安院校建立了中文公安文献篇名数据库，开启了公安院校图书馆数字化的序幕。1994年，由湖北公安高等专科学校（湖北警官学院前身）牵头，联合江苏警官学院、浙江警察学院、广东警官学院、天津公安警官职业学院等省市的公安院校，建成中文公安文献篇名数据库。湖北警官学院每年会收集其他公安院校图书馆所订购中文期刊的目录，截至1999年底，共收集3.5万条数据，然后将中文公安文献期刊的题录引入自建数据库，早期学院每年录入的篇名达数千条。[①] 2000—2002年，这一数据库发展成为中文公安期刊全文数据库，并在公安院校图工委的组织协调下，参加共建的院校由原来的6所增加到17所，到2005年9月该数据库已经达到9.4万条数据。[②]

三、公安院校图书馆转型的影响

公安院校图书馆的转型，不仅拓宽了公安院校图书馆文献资源建设的内涵与外延，而且促进了公安院校图书馆建设相关研究的深度和广度。虽然在公安院校图书馆转型早期有学者将这一转型视为文献资源建设的后发优势，同时数字化转型给公安院校图书馆管理与建设带来许多挑战，但转型后的公安院校图书馆不仅在文献资源建设能力、图书馆管理与服务水平方面得到较大的提升，而且大大缩小了与地方大学图书馆发展的差距。

---

① 刘万顺.中文公安期刊全文数据库标准规范建设研究[J].湖北警官学院学报，2007(4)：88-90.
② 任丽丽.浅谈公安院校图书馆文献资源数字化建设[J].情报杂志，2009(S2)：119-120.

(一) 提升公安院校图书馆的数字化水平

转型前，公安院校图书馆的计算机应用较少，图书馆提供的服务也以被动服务居多，对于图书流通过程中的借出与归还工作基本上采用手工处理的方法。在完成转型后，公安院校图书馆不但引进大量的纸质文献资源，而且引进中国知网（CNKI）、万方数据知识服务平台（WANFANG DATA）、维普资讯中文期刊服务平台（CQVIP）、超星数字图书馆、公安学一流学科建设数据库（Pol-HFCDCD）、KRS警察外文资源库等，丰富了文献资源类型与资源数量，尤其是合作建设了"中文公安文献篇名数据库""中文公安期刊全文数据库"等一批具有公安院校特色的馆藏数据库等海量的数字文献资源。这不仅提升了公安院校图书馆的数字化水平，而且推动了公安院校图书馆馆藏资源建设能力的提升。

(二) 促进公安院校图书馆的队伍建设

在转型过程中，公安院校图书馆人直面信息时代的调整，开展公安院校图书馆数字化建设的探索。在探索过程中，众多公安院校图书馆专家学者撰写了一批研究论文，他们的研究成果不仅涉及公安院校图书馆的文献资源建设（含数据库建设），而且涉及公安院校图书馆服务方式的拓展、公安院校图书馆队伍建设等多个领域。众多公安院校图书馆人围绕数字化图书馆建设进行持续研究与探索，不仅推动了公安院校图书馆管理与服务水平的提升，也促进了图书馆服务方式与内容的创新，从而为公安院校人才培养、科学研究提供坚实的文献保障。

(三) 推动公安院校图书馆转型并带来图书馆的改革

在转型过程中，公安院校图书馆纷纷建设官网或资源管理平台、读者服务平台，推动了公安院校图书馆的管理机制体制的改革，如很多公安院校图书馆在内设部门方面增加了技术服务部或信息开发部，馆员队伍中出现了参考咨询馆员、学科馆员等。公安院校图书馆的数字化建设不仅带来了这些显性的变化，而且推动了公安院校图书馆运作理念变革、内外部机制重组、制度创新、组织与管理方式调整、人事管理制度变革、馆员角色和工作方式转变、馆员继续教育途径拓宽、馆际合作等隐性变化。

第三节　公安院校智慧图书馆的理论探索与建设实践

2021年3月，文化和旅游部在"十四五"文化和旅游发展规划的"健全现代公共文化服务体系"中，提出"加快公共数字文化建设"，要求"推广互联网＋公共文化，推动数字文化工程转型升级、资源整合，统筹推进智慧图书馆、公共文化云服务体系建设"。随着5G、人工智能、大数据、AR、VR等科学技术在图书馆行业的普及与应用，大量图书馆人积极探索创新，打造一系列高度智能化的"智慧图书馆"，不仅拓展了多样化的阅读场景，而且丰富了读者的阅读体验。智慧图书馆是继数字图书馆之后，图书馆发展的一个更为高级的阶段。作为信息时代的产物，智慧图书馆服务于阅读的本质并没有改变，改变的只是图书馆服务方式，且更加智能化。在物联网环境下，图书馆以云计算技术为基础，以智慧化设备为手段，实现书书相联、书人相联、人人相联，为用户提供智慧化服务。

一、国内智慧图书馆建设的理论探索

（一）智慧图书馆的内涵

关于智慧图书馆的概念，国内不同学者有着不同的观点。如学者严栋早期认为智慧图书馆就是利用新一代信息技术来改变用户与图书馆系统信息资源相互交互的方式，以提高交互的明确性、灵活性和相应速度，进而实现智慧化服务和管理的图书馆模式；但在2021年出版的《智慧图书馆概论》一书中，他将智慧图书馆的定义修正为"图书馆馆员通过物联网、人工智能、大数据、云计算等信息技术或智能设备，实现对读者与图书馆所有资源、设施的全面感知和智慧化管理，并向读者提供泛在、高效、便利的智慧化服务的图书馆模式"[1]。而学者王世伟则认为智慧图书馆是指"以万物智联的图书馆人物资源作为关键要素、以泛在便捷应用的网络终端作为重要平台载体、以智慧大脑和人机融合作为驱动力，以提供服务效率和管理能级的图书馆一系列成长形态和创新活动"[2]。学者贾虹认为，"智慧图书馆是以高质量的信息资源为核心，通过高素质馆员的

---

[1] 严栋.智慧图书馆概论[M].大连：辽宁师范大学出版社，2021：7.
[2] 王世伟.智慧图书馆引论[M].上海：上海大学出版社，2022：3.

支撑与用户的协同感知，借助高科技手段和智慧化建筑，实现对数字图书馆和个性化的信息、知识服务的提升和推动，它是数字图书馆发展的更高级阶段，是集资源、技术、人才、服务、建筑为一体的智慧化集合体"①。

不同学者对于智慧图书馆的概念，虽然在研究视角与定义表述方面有不同，但都强调智慧图书馆的内涵，即图书馆在信息时代发展的新阶段，智慧图书馆建设内容包括图书馆资源数字化、图书馆服务智慧化、图书馆管理智能化等。

（二）公安院校图书馆人对于智慧图书馆建设的探索

由于受馆舍的封闭性、学科专业的特殊性、文献资源的特殊性等因素的影响，公安院校智慧图书馆建设相对滞后。② 在中国知网以"公安院校图书馆""智慧图书馆建设"为查询信息，组合查询后仅得到 4 条检索结果。中国刑事警察学院图书馆的馆员芦晓红认为，公安院校智慧图书馆建设是通过图书馆范围内人与人、物与物、人与物之间互联互通，打造以资源智慧化为基础、设备智慧化为支撑、教学智慧化为纽带、环境智慧化为保障、管理智慧化为导向、服务智慧化为核心的"六位一体"智慧图书馆管理与服务新模式。③ 吉林警察学院图书馆的许多学者从图书馆服务的视角进一步提出，公安院校智慧图书馆建设将"打破传统公安院校图书馆服务模式"，将"智慧型读者的兴趣和专业特点主动挖掘和数据分析"，转化为"主动信息推送服务模式"，最终促进公安院校学习环境建设、人才培养模式的改革，为公安院校的公安教育开拓新思路、新视野。④ 中国刑事警察学院图书馆的馆员刘皓针对该校智慧图书馆建设中的资源智慧化、环境智慧化、服务智慧化情况，开展了一次调查问卷。通过对调查问卷结果的分析，刘皓发现读者群体对公安院校智慧图书馆建设的服务创新最感兴趣，这些图书馆智慧型服务的内容包括"对接与利用可穿戴设备"

---

① 贾虹.智慧图书馆及其服务创新研究[M].北京:中国农业出版社,2022:9.
② 郭晓柯.云技术环境下公安院校智慧图书馆建设初探[J].四川警察学院学报,2019(6):134-139.
③ 芦晓红.智慧教育视阈下公安院校智慧图书馆发展探析[J].农业图书情报学刊,2017(11):133-136.
④ 许多.智慧教育视阈下公安院校智慧图书馆发展探索[J].产业与科技论坛,2018(18):239-240.

"依据大数据技术，形成创新型数据库""搭建智能座位预约管理系统"等。① 四川警察学院图书馆的助理馆员郭晓柯在对全国公安院校智慧图书馆建设的现状进行分析后，建议在智慧图书馆建设领域采用创新读者服务模式、统一标准规范建设和加强智慧馆员建设等方面推进。② 智慧图书馆建设既给公安院校图书馆事业带来前所未有的机遇，也是公安院校图书馆人面临的一项前所未有的挑战。

二、公安院校智慧图书馆建设实践

（一）各地公安院校智慧图书馆建设现状

目前，各地公安院校智慧图书馆的建设主要体现在以下几个方面：一是建设功能强大、能够提供一定智慧化服务的图书馆官网。首先，各地公安院校图书馆都在其官网集成了各类数据资源的链接口，实现了检索与查询本馆的馆藏文献资源。本校读者可以在任何地方通过一个账号登录并利用馆内的书籍检索服务，可以登录包括中国知网全文期刊数据库、超星书库等各种馆藏的数字文献资源，从而实现数字文献资源的全天候服务。其次，各地公安院校图书馆都在其官网或微信公众号集成了读者荐书功能模块。本校读者可以随时通过一个账号登录并推荐图书，从而提升馆藏文献资源采集的效率，以更好地满足读者的文献信息需求。最后，各地公安院校图书馆都在其官网集成了读者服务、读者指南等读者培训功能模块。本校读者可以随时通过一个账号登录并接受相关文献资源获取技能的培训，如新引进数字资源的使用方法等。二是采用 RFID 及各类传感器技术，实现校园卡与借阅卡、电子门禁系统的连接，能够为读者提供个性化服务。如中国刑事警察学院将电子门禁系统与阅览座位管理系统相连接，实现座位预约、座位续约等功能，从而提升阅览座位管理的便捷、智慧程度；再如广西警察学院图书馆采用新开普公司的智能人脸识别系统与智能人脸识别平板终端，可以通过完美校园 APP 首页的人脸采集功能模块实现人脸

---

① 刘皓.基于问卷调查的公安院校智慧图书馆新型服务模式研究[J].电视技术,2019(18)：23-24,63.
② 郭晓柯.云技术环境下公安院校智慧图书馆建设初探[J].四川警察学院学报,2019(6)：134-139.

自行上传,得到后台授权的读者,可以直接通过闸机上的人脸平板刷脸验证,也可以通过二维码对准平板扫码区来验证。

(二) 中国刑事警察学院智慧图书馆建设案例

2017—2018年,中国刑事警察学院图书馆开展了一系列高校图书馆数字资源建设与创新知识服务学术研讨会,进一步提升了图书馆数字资源建设水平,促进了新形势下公安院校图书馆的服务创新和转型发展,具体体现在以下三个方面。

一是建设智慧型文献资源,以助力广大师生教学与科研为目的,融合了纸质资源与数字资源。根据中国刑事警察学院2021—2022学年本科教学质量报告,中国刑事警察学院图书馆现有馆藏纸质图书91.9万余册、电子期刊41万余册,形成了以法学、公安学、公安技术为主,涵盖学校所有学科专业,兼顾其他社会科学、自然科学等相关学科的多类型、多语种、多载体的文献信息保障服务体系。[1] 针对中国刑事警察学院图书馆的资源建设智慧化,有调查问卷显示,读者满意度高达94.18%,[2] 表明该校图书馆立足法律法规、侦查、刑技等专业特色,形成了完备的资源服务体系。

二是改造图书馆文化空间,增强个性化、智能化与舒适化的馆舍学习交流氛围与文化服务。中国刑事警察学院图书馆在2013年引进RFID智能图书馆系统,包括自助借还机、24小时还书机、门禁系统,有利于读者可以自助完成借阅、查询、续借图书等操作;2018年9月,为了推进美丽智慧图书馆建设,中国刑事警察学院图书馆利用暑假完成空间环境及设备的智能化改造工作。在图书馆自习座位管理方面,中国刑事警察学院图书馆启用更便捷、更智慧、更有效的座位管理系统——"不占座"系统,在公共自习区的每个自习座位上统一张贴二维码,读者用手机扫码之后即可实现落座、抢座、座位保护、座位续约等功能。暑假期间,中国刑事警察学院图书馆还将35组电子存包柜全部升级为联网运行模式。升级后的电子存包柜与学院一卡通系统对接,实现

---

[1] 中国刑事警察学院2021—2022学年本科教学质量报告[R/OL].[2023-06-30].
[2] 刘皓.基于问卷调查的公安院校智慧图书馆新型服务模式研究[J].电视技术,2019(18):23-24,63.

IC 卡身份验证，具有通过网络远程开箱、查看信息等功能，这一举措解决了一卡多存和占柜问题，保障了读者权益，提高了资源利用率，并大幅度提高了管理效率，降低了管理成本。该校公安网阅览室增加了带宽，更新了 40 台计算机设备，同时安装了机房管理系统，大大提高了上机管理效率，为读者提供了方便。①

三是建成智慧的图书馆服务平台，拓展图书馆服务的内容。首先，中国刑事警察学院图书馆更新了网站，建设了微信订阅号、移动图书馆；其次，移动图书馆与微信订阅号合作提供包括各类数字资源检索及在线与离线阅读、馆藏实体资源查询及续借、读者指南、信息推送等服务；最后，拓宽了读者咨询服务，包括 QQ 馆员、微信订阅号和服务台三种方式。

三、公安院校智慧图书馆建设内容

公安院校智慧图书馆建设的本质，就在于利用信息技术、智能设施等将图书馆的图书文献资源动态联结起来，在图书馆不同部门、人员、读者之间实现恰当地共享；并应用人工智能等新技术提高图书馆管理与服务的效率，提高读者对图书文献资源的利用效率，以增强读者的使用体验。

（一）有计划地添置智能化设备，进一步提供智慧型服务

公安院校智慧图书馆的基础服务，主要包括流通阅览服务、空间管理服务等。其中，流通阅览服务是最基础的读者服务工作范畴，主要指图书和期刊报纸借阅工作；在智慧图书馆建设中，主要涉及智能书架、自动借还机的应用，以及自助借还图书服务的实现。

在智慧图书馆建设中，智能书架是智慧图书馆的重要组成设备之一（见图 2-1），同时它也是一套高性能的在架图书实施管理系统。因为智能书架采用了天线阵列技术、多路切换技术和电磁场信号控制技术等关键技术，可有效控制每层 RFID 设备的读取范围并实现准确的定位——当将粘贴着 RFID 标签的书籍放置到书架上后，智能书架背部安装的读写器可以通过无线射频识别标签信息，从而读取标签内部存储的信息，例如，书籍的名称、作者、出版社、

---

① 参见中国刑事警察学院 2018-09-13 外网校园快讯.迎评促建,共建美丽智慧图书馆。

ISBN 号等信息；对接后台软件可控制并实时跟踪每本图书的信息，从而实现对书籍的管理和查询。智能书架可以通过安装在书架背面的高频层架天线来读取书架上的书籍标签，进而自动实现馆藏图书馆的监控、清点、图书查询定位、错架统计等功能，以提升图书馆管理与服务的效率。

图 2-1　智能书架

在智慧图书馆建设中，图书自助借还设备（见图 2-2）也是智慧图书馆的重要组成设备之一。传统意义上的图书借还，是由图书馆设置流通台，由管理员通过手动验证读者信息、扫描图书条码、办理图书借阅或归还业务来实现；而智慧图书馆可以让读者通过图书馆设置的自助借还机实现图书自助借还，从而方便读者享受更快捷、更便利的图书借阅服务。在智慧图书馆建设中，自助借还服务不仅意味着读者可以在图书馆的自动借还机上实现借阅和归还图书，而且可以将节省下来的图书馆人力资源投入到更有价值的岗位中，以创造更好的社会效益与更大的社会价值。

公安院校图书馆通常在图书馆大厅的入口处设置门禁管理系统，读者需要凭借借书证或校园卡刷卡才能进入图书馆；而图书馆后台也依靠门禁管理系统，统计读者进出图书馆、利用图书文献资源的信息。在建设智慧图书馆实践

图 2-2　图书自助借还设备

中，很多公安院校在图书馆的门禁管理方面采用了校园一卡通管理系统，如南京警察学院图书馆的借书证就接入校园卡系统，通过共同的身份认证机制实现借书证与校园卡的一卡通，校园卡就是借书证。读者可以凭借校园卡进出图书馆门禁系统管理的阅览空间，借阅图书和相关文献资料，而无须另外办理借阅证或读者证。这有助于图书馆降低读者管理工作中的相关证件制作与管理成本。

图书馆的占座现象，是高校图书馆的一种常见现象，容易影响部分没有找到阅览座位的读者在图书馆中学习的体验以及其对图书馆的评价。这促使大量读者，包括一些有影响力的学者都对图书馆占座现象的治理提出研究与分析并给出建议。① 公安院校图书馆在建设智慧图书馆过程中，可以通过引入阅览座位管理系统，来提升图书馆阅览座位、自习室座位的信息更新效率，如中国刑

---

① 张亚宏.高校图书馆"占座"现象的分析与对策研究[J].山东图书馆学刊,2009(5):66-68.

警学院图书馆的座位管理系统，就极大提升了占座现象的治理效果。

智能设备有助于动态地将公安院校图书馆的文献资源、馆员队伍、读者群体链接起来，实现信息实时共享，从而为公安院校图书馆的管理智慧化、服务智慧化提供信息支持。

（二）建设和完善管理系统，提升图书馆管理与服务的智慧化程度

为实现公安院校图书馆的图书文献资源、阅读座位等图书馆管理空间、读者服务等的管理智慧化程度，提高图书馆图书文献资源的利用效率，提升读者的利用图书文献资源体验，公安院校图书馆在建设智慧图书馆时，需要建设和完善图书馆的管理系统。

当前各地公安院校图书馆引进的图书馆管理应用软件，不仅提升了图书馆管理工作的效率，而且改进了公安院校图书馆的服务，给读者带来更好的服务体验。如中国人民公安大学图书馆使用金盘图书管理软件，从系统平台、网络平台、统一标准平台、数字资源建设平台、数字资源服务平台、数字资源门户平台等方面建立了整体解决方案。通过积极采用现代化技术手段，严格遵循相关的国际国内标准，强化自动化、网络化、数字化建设，他们基本实现了图书馆的智能化、科学化、标准化管理。再如中国刑事警察学院图书馆在工作中引进的智慧图书馆综合管理平台综合了全资源整合一站式智搜服务系统、OPAC纸书资源服务系统、嵌入式学科服务系统、阅读推广服务系统，以及大数据动态展示系统和智能参考咨询服务系统，在满足该校读者文献信息需求的同时，也为该校学科建设提供有力支持。

四、关于公安院校智慧图书馆建设的建议

（一）提高对智慧图书馆建设的认识

智慧图书馆是信息时代图书馆建设的新目标，也是人类社会有史以来图书馆发展的新形态。与数字图书馆强调文献资源数字化以方便读者检索、利用文献资源相比，智慧图书馆更强调图书馆服务的智能化与主动化，更重视"图书馆＋互联网＋人工智能"，图书馆需要根据公安院校学科建设、人才培养、科学研究等目标与要求，应用信息技术、人工智能技术，主动向读者推荐、推送

个性化的文献资源信息，主动提供个性化的信息资源服务，为公安院校履行"为公安育人、为公安献策"的使命提供支持。

在建设智慧图书馆的实践中，公安院校图书馆不仅要进一步推进文献资源的数字化、图书馆设施的智能化、图书馆服务的个性化，而且要培养出一批适应智慧图书馆的高素质馆员，其中包括精通信息技术的技术馆员、知晓公安院校学科建设的学科馆员，以应用先进的人工智能技术，为公安院校智慧图书馆可持续发展提供人力保障。

建设智慧图书馆不仅提高了公安院校的办学条件，而且增强了公安院校的办学能力，对于公安院校贯彻落实公安部三年科技强警计划等都具有重要意义。智慧图书馆构成要素包括信息智能设施、信息技术和智慧化服务，其中图书馆的应用服务智慧化是智慧图书馆核心价值的体现。

（二）进一步加强对公安院校图书馆的资源整合

建设智慧图书馆，首先需要整合公安院校图书馆现有的资源，形成知识仓储。整合现有图书馆资源，既包括传统纸质文献资源的数字化，也包括所采购的数字资源、自建馆藏特色数据库资源的标准化；既包括馆藏文献资源，也包括读者资源，如读者群体的学科分布、培养目标、阅读习惯与情绪等，甚至包括公安院校的学科资源，如重点学科重点专业、该学科国内研究前沿等，以及可以获得的公安行业资源。种类齐全、内容丰富的文献资源，是公安院校图书馆提供智慧服务的前提。我们只有充分释放公安院校图书馆数据资源的巨大能量，才能够使公安院校为公安育人、为公安院校献策提供文献资源保障。同时，公安院校图书馆在整合图书馆文献资源的过程中，需要注重文献资源的标准化与规范化，另外也要遵守公安行业相关资源的保密要求。建设智慧图书馆，一是要求公安院校图书馆在加强传统纸质文献资源建设的同时，要加大收集、建设、获取和保存数字文献资源的力度，并利用数字技术，以突显传统的图书文献资源与数字文献资源的优势。二是要求公安院校图书馆不断优化资源存储系统与检索系统，以方便读者查找和利用其馆藏的各类图书文献信息资源。例如，针对公安院校在校本科生、研究生、教师等读者群体所持有的各类手机、平板电脑日益增多的现实情况，公安院校图书馆要坚持以用户为导向，通过优化其移动图书馆的管理系统和资源应用系统，增强读者群体检索与利用馆藏资源的良好体验。

建设智慧图书馆，其次需要公安院校图书馆在日常管理和服务中尽可能应用先进的人工智能技术。信息与知识日益成为引领公安科技发展的引擎。公安院校的学科建设、人才培养、科学研究以及社会服务都越来越依赖数据资源的大规模聚集与交换，以及大数据挖掘和智能分析。公安院校图书馆必须进一步突破传统的书刊报纸资源，将各公安相关学科的新型数据源纳入馆藏；同时需要应用先进的信息技术，对图书馆的馆藏资源进行深度挖掘与智能分析，并以一定方式推送给相应的读者。促进智慧图书馆的服务智慧化，需要公安院校在建设智慧图书馆的实践中深入分析读者需求，并积极提供基于信息资源挖掘的信息服务。公安院校图书馆还可以建立移动客户端的交互式知识服务平台，如通过建立移动客户端的交互式知识服务平台（微信公众号等），既可以随时随地、及时地满足读者的阅读需求，又可以挖掘免费的移动阅读资源，以填补读者的碎片阅读时间，从而唤回读者的阅读热情。公安院校图书馆在建设智慧图书馆过程中，可以通过集成各种技术，增强图书馆管理中的自动感知能力、自动计算能力和自动通信能力。在自动感知能力建设方面，公安院校图书馆可以引进 RFID 及物联网等设备，以增强图书馆书架、书库、阅览室等感知用户及其行为的能力。在自动计算能力方面，公安院校图书馆可以在管理系统中引入人工智能技术、数据挖掘技术、云计算自动过滤和智能化处理技术，并结合自动感知设备来预测读者用户的需求，或是通过大数据分析来确定和满足特定读者用户的个性化需求。在自动通信能力建设方面，公安院校图书馆可以使用信息自动化和定制推送的方式，选择性地向特定用户推送信息。知识图谱、ChatGPT 等先进的信息技术，将在智慧图书馆建设中具有良好的应用与发展前景。以 ChatGPT 在公安院校图书馆行业应用为例，公安院校图书馆可以应用该技术分析公安院校的不同学科、不同读者群体的文献需求，以提高文献资源建设的效率与效益；可以对读者群体的阅读文献、利用文献的情况进行分析，通过抓取其中的关键词来解读读者的真实感受，帮助判断已有文献资源的价值。鉴于 ChatGPT 可以在一定程度上代替图书馆馆员回复读者咨询的特点，我们可以利用 ChatGPT 自动编写针对馆藏文献资源的定制化回复，从而实现 24 小时快速响应读者的提问的可能。

建设智慧图书馆，最后需要拓宽公安院校图书馆的服务内容、创新公安院校图书馆的服务方式。公安院校智慧图书馆建设的核心，是图书馆应用服务的智慧化。而这需要通过图书馆管理系统来统领。以中国刑事警察学院为例，中国刑事警察学院在建设智慧图书馆的过程中，不但持续升级了其图书馆门户网站，而且建设了智慧图书馆读者服务平台（网站前台读者端）、智慧图书馆综合管理平台（网站后台管理端），以同步提升智慧化服务的内容。智慧图书馆读者服务平台包含了以下特色功能：全资源整合一站式智搜服务系统、OPAC纸书资源服务系统、嵌入式学科服务系统、阅读推广服务系统、大数据动态展示系统、智能参考咨询服务系统、外网资源访问泛在化服务、个性化服务（含订阅、定题、文献互助、智慧笔记、知识空间等）、个人图书馆读者中心服务、智慧图书馆微信端应用系统和其他多种应用工具和服务。智慧图书馆读者服务平台主要是将读者作为服务对象，将众多服务功能集成在一个服务窗口，记录读者的行为轨迹，定向推送资源服务，为读者提供更加便捷高效的服务。智慧图书馆综合管理平台包含集成管理中心（用户管理、系统管理、接口管理、安全管理等）、资源管理中心（资源库管理、资源类型管理、资源授权管理、外网访问管理、学科资源管理、纸质资源建设与管理等）、服务管理中心（包括新闻资讯、资源动态、服务指南、培训等）和大数据决策中心（包含数字资源与纸书资源的统计分析、读者行为统计分析、数字资源统计等）4个功能中心。图书馆综合管理平台可以将图书馆所有的管理工具融合在一起，形成图书馆统一的馆员工作台，管理图书馆所有的数据资源、读者行为数据和各种应用管理与服务工具，实现数据共享与应用系统的统一管理，使其成为馆内各业务部门做好读者服务的工作平台。①

（三）稳步推进公安院校智慧图书馆联盟建设

公安院校智慧图书馆建设不是某一所公安院校图书馆凭借自身就可以轻松完成的事，而是一项复杂的系统工程，因而需要公安院校在智慧校园建设中来统筹。如果能够在全国公安院校中进行统筹，以公安院校智慧图书馆联盟（公安院校图书馆工作委员会）的方式推进，则效率与效益都会得到提高，具

---

① 参见中国刑事警察学院 2020-12-23 外网校园快讯.图书馆举办智慧图书馆门户网站建设业务培训会。

体体现在以下三个方面。

一是有助于制定科学的公安院校智慧图书馆建设战略规划。智慧图书馆对新技术的依赖性较强,因而科学的战略规划在智慧图书馆建设实践中具有非常重要的价值。如果缺乏科学的战略规划,那么各地公安院校在建设智慧图书馆的实践中各自为战,就可能会出现前期在数字图书馆建设中遇到的问题,不但导致各地公安院校图书馆在文献资源建设、服务水平、基础设施等方面的差距继续扩大,而且也不利于公安院校图书馆整体服务能力与服务水平的提升。

二是有助于推进公安院校智慧图书馆建设的技术化与协作化发展。公安院校智慧图书馆建设不仅要充分利用"互联网+""物联网"和"移动互联网"技术来实现对传统公安院校图书馆服务的改造和升级,而且需要通过"机器学习+""人工智能"等技术,实现人机合一。同时,公安院校智慧图书馆建设,还需要各地公安院校图书馆之间打破信息孤岛,实现互联互通。公安院校智慧图书馆联盟可以通过持续制定相关技术标准与规范,促进不同公安院校图书馆在智慧图书馆建设与运行中的技术化与协作化。

三是有助于推进公安院校图书馆智慧馆员队伍建设。智慧馆员是图书馆智慧服务的核心,是智慧图书馆创新发展的加速器。[1] 公安院校智慧图书馆联盟可以通过制定智慧馆员培训标准与规划,并组织创新业务竞赛活动,以加强不同公安院校图书馆间的馆员经验交流,通过组建智慧图书馆建设专家库等方式,为各地公安院校智慧图书馆建设提供高素质馆员队伍,从而推动公安院校图书馆工作持续创新。

---

[1] 陶功美.智慧图书馆建设及新兴技术的应用研究[M].长春:吉林人民出版社,2021:87.

第三章　公安院校图书馆服务创新研究

图书馆服务理论是关于图书馆如何提供服务以满足读者需求的重要理论。美国图书馆学家皮尔斯·巴特勒（Pierce Butler）认为，图书馆服务应以用户为中心，关注用户的需求和期望。[①]

公安院校图书馆是公安院校的文献信息中心，也是公安院校读者群体的第二课堂，担负着为公安院校学科建设、人才培养、校园文化提供支持的职责与功能，从而为公安院校履行"为公安育人、为公安献策"的使命提供支撑。图书馆文献信息服务水平的高低，直接决定了公安院校图书馆发展空间的大小。公安院校图书馆服务创新，要求公安院校图书馆在新形势下，利用其馆藏和设施，直接向读者提供各类图书文献信息服务等一系列创新活动，以助力公安院校的学科建设、人才培养和科学研究，最终实现公安院校图书馆的价值。

目前，公安院校图书馆由于受各方面条件的制约，在图书馆服务活动类型、服务项目、服务内容上，与国内外知名高校存在一定差距，尤其是图书馆服务的手段比较单一，服务的深度不够，因而不能很好地满足读者的需求。对教学科研的支持不足随着信息社会和公安事业的发展，公安院校图书馆需要拓宽服务内容、创新服务方式，促进文献资源建设与公安学科建设的融合，为公安院校学科建设、智库功能发挥提供优质服务，为公安院校的在校本科生、研究生和教师等读者群体在学习、科研等方面提供可靠的文献保障。

---

① 张歌.巴特勒的图书馆学理论研究[J].图书馆杂志,2020(5):13-20.

第一节　公安院校图书馆服务创新研究概述

一、公安院校图书馆改进管理与服务工作的意义

长期以来，公安院校图书馆存在着被动的图书馆服务模式。传统的图书馆被动服务模式，首先体现在部分公安院校图书馆所提供的服务都是以图书馆为中心，所有图书馆服务活动在空间上都围绕着图书馆的馆舍展开；图书馆服务的服务方式主要是等读者上门，所提供的图书文献内容也主要是浅层次的文献。[①] 除了中国人民公安大学图书馆、中国刑事警察学院图书馆，当前很多公安院校图书馆仍然采取的是传统的被动服务模式。

中国人民公安大学图书馆，坚持以"为教学科研服务、为师生员工服务、为公安院校服务、为公安机关服务"的宗旨，对学科服务工作进行探索，为学科教师提供情报资料查询方面的工作。中国刑事警察学院图书馆根据学校学科建设，建立学科导航、学科信息门户、学科专业站点主动推送、学科数目及其他学科信息资源的工作参考咨询服务。[②] 由此可见，图书馆不只是一个收藏图书的场所，图书馆服务也并不意味着图书馆只是一个提供借书、读刊和看报的地方，至少对公安院校图书馆而言，图书馆不仅是一个汇集和传播知识的机构，而且是一个通过图书馆的服务来满足公安院校不同层次读者群体的图书文献信息需求，最终实现公安院校"为公安育人、为公安献策"使命的场所。

《中华人民共和国公共图书馆法》中阐述了关于图书馆管理与服务的主要内容，其中第三章、第四章分别规定了图书馆的管理与服务相关内容。第三章的内容主要包括图书馆文献资源采购管理、加工管理、设备管理、馆际交流合作与科学研究；第四章主要规定了图书馆提供的文献信息查询及借阅服务、阅览室等阅读空间的开放服务、参考咨询服务、阅读推广服务、古籍的数字化保存服务等服务内容。因而，公安院校图书馆需要遵守《中华人民共和国公共图

[①] 王敏,吕巧枝.图书馆服务创新与育人:基于高职院校的实践[M].北京:中国农业出版社,2019:137-139.

[②] 丁宇.我国公安院校图书馆学科服务研究[J].数字图书馆论坛,2012(6):66-70.

书馆法》的规定，结合公安院校的实际情况与实际需求，持续推动图书馆管理服务的转型与创新，以满足公安院校在校本科生、研究生、教师等读者群体不同层次的图书文献信息需求。

在当前公安院校图书馆的服务正面临着转型发展的关键时期，图书馆人应该牢牢把握重大机遇叠加期和转型发展的关键期，做到应势而动、顺势而为，通过推动公安院校图书馆服务高质量发展来赢得转型发展的先机。同时，公安院校图书馆要更新服务观念，创新服务模式，为公安院校师生提供针对性文献的信息服务。立足公安院校与公安行业，传承公安基因，促进公安院校图书馆与区域高校图书馆、其他地区公安院校图书馆等馆际间交流合作，共建共享优质资源，并积极开展文化服务，打造公安文化新高地。

二、公安院校图书馆改进管理与服务工作的研究探索

近三十年来，共有64篇关于公安院校图书馆管理方面的期刊文献。从公安院校图书馆管理与服务创新研究的趋势（见图3-1）来看，三十年间的相关研究也出现了起伏变化，研究高峰出现在2008年。

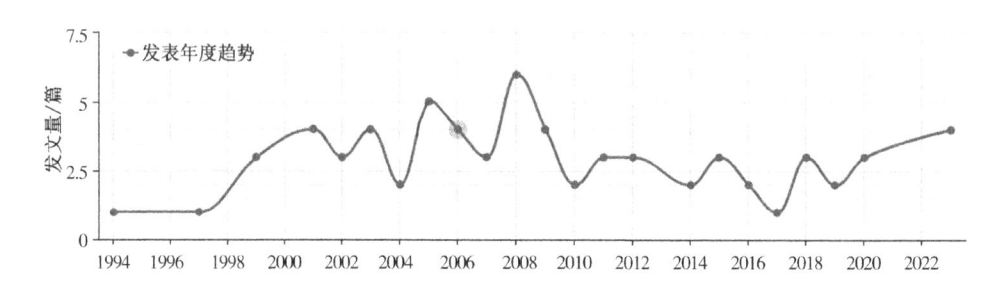

图 3-1　1994—2023 年间公安院校图书馆管理与服务创新研究文献趋势图

20世纪90年代，公安院校图书馆管理与服务创新研究主要集中在资源建设的相关研究。山东公安高等专科学校图书馆馆员邱明针对当时公安院校图书馆的现状，提出充分利用期刊来为公安院校教学和科研服务的观点。[①] 天津市公安学校图书馆馆员王东在1996年9—11月对北京等11个省市的11所公安院校图书馆进行调研后，发现公安院校图书馆在队伍建设、完善服务、开发资源和

---

① 邱明.利用期刊更好地为教学和科研服务[J].山东公安丛刊,1994(2):56-57.

现代化管理方面积累了经验；同时针对公安院校图书馆馆员队伍不稳定、专业素质亟待提高等问题，提出"狠抓队伍稳定、提高队伍专业素质"等对策。[1] 山东公安专科学校图书馆馆员聂敏在分析21世纪科学技术和社会发展给公安院校图书馆带来的挑战和机遇后，提出以适合时代要求的新观念推动公安院校图书馆的现代化建设，具体包括公安院校图书馆管理现代化、资源建设现代化、传递手段现代化等。[2] 广西公安管理干部学院图书馆的李义芬在分析公安院校图书馆自动化发展情况后，提出汇集全国公安院校图书馆的专家并成立专家小组以加强对公安院校图书馆的自动化建设的建议。[3] 文献资源建设是图书馆提供信息服务的基础。公安院校图书馆人在20世纪90年代的探索也就具有了积极的价值。

21世纪头十年间，公安院校图书馆管理与服务创新研究的方法、内容更丰富。浙江公安高等专科学校图书馆的何彩英、任丽丽认为公安院校图书馆的原有管理理念、管理体制、管理方法不适应社会发展，提出在公安院校图书馆管理工作中引入泰勒的"科学管理"理论的主张。[4] 吉林公安高等专科学校图书馆馆员杨明瑛和肖丽华认为，随着公安院校图书馆建立局域网、实现部分业务的自动化管理等现状，公安院校图书馆需要突破"坐等读者上门"等传统图书馆服务方式，需要大胆改革创新，利用网络[5]主动为读者用户服务[6]。中国刑事警察学院图书馆馆员胡军结合公安院校图书馆现代化建设现状，指出当时的公安院校图书馆存在"重藏轻用""等读者上门"的被动服务等不足，提出公安院校图书馆要"以人为本"，组织实施信息素养教育以促进公安院校读者的信息素养现代化。[7] 铁道警官高等专科学校图书馆馆员冯春景分析了公安院校图书馆管理中存

---

[1] 王东.11所公安院校图书馆情况透视[J].公安教育,1997(4):47-49.
[2] 聂敏.谈谈公安院校图书馆的现代化建设[J].山东公安专科学校学报,1999(3):61-62.
[3] 李义芬.关于公安院校图书馆自动化发展的思考[J].广西公安管理干部学院学报,1999(1):44-47.
[4] 何彩英,任丽丽.略论公安院校图书馆的管理与改革[M]//浙江省图书馆学会.文化大省建设中的图书馆现代化——浙江省图书馆学会第八次学术研讨会论文集.宁波:宁波出版社,2001:119-121.
[5] 杨明瑛.浅谈知识经济时代公安高校图书馆的建设[J].吉林公安高等专科学校学报,2003(6):79.
[6] 肖丽华.网络环境下公安院校图书馆的可持续发展[J].吉林公安高等专科学校学报,2002(1):71-72.
[7] 胡军.公安院校图书馆现代化建设现状及其展望[J].图书馆学刊,2003(S1):107-108.

在的问题,如馆藏文献的数字化、数据库建设和网络资源开发利用仍处在起步阶段,读者教育手段单一而造成文献利用率偏低等,并提出"充分利用现代化技术,提高业务管理水平"的对策。[1] 吉林公安高等专科学校图书馆副馆长刘晓辉比较了公安院校图书馆与普通高校图书馆的区别后,认为公安院校图书馆存在经费投入不足、管理业务素质不高、办馆方向模糊、服务对象单一等问题,并提出加强领导、增加投入的建议。[2] 山东警察学院图书馆馆员徐文、黄爱英认为公安院校图书馆管理和服务领域存在运行机制僵化、服务方式和手段落后等问题,并提出"坚持服务性、规范化与标准化的系统管理原则"的观点。[3] 广东警官学院图书馆馆员梁建文提出,作为公安院校从事知识信息资源的专门机构,公安院校图书馆应当把握时代发展趋势,实施知识管理、开展知识服务。[4] 南京森林公安高等专科学校图书馆的范慧娟认为,为充分发挥公安院校图书馆的作用,可以采取加强馆员专业培训、加工馆藏文献信息资源、选派专业人员充实一线、推行首问负责制等措施,进一步提高图书馆服务质量。[5] 南京森林公安高等专科学校图书馆馆长周爱民在考察完新加坡高校图书馆管理后,提出借鉴新加坡高校图书馆的经验,在公安院校图书馆实行建设参考咨询系统、落实学科馆员制度、引导读者更好利用图书文献资源等措施。[6] 福建警察学院图书馆馆员林世勇针对公安院校图书馆对学生缺乏吸引力的现象,提出以丰富的藏书、优质服务和多彩的专题活动来吸引学生的建议。[7] 在21世纪的前十年,公安院校图书馆人关于图书馆服务的研究主题日益丰富,研究内容也从单纯的文献资源建设拓展到图书馆的管理与服务创新领域,研究方法也更加突出实证调查。

---

[1] 冯春景.公安院校图书馆发展问题浅探[J].铁道警官高等专科学校学报,2005(2):127-128.
[2] 刘晓辉.社会开放环境下公安院校图书馆的发展[J].图书馆学研究,2005(11):37-39,5.
[3] 徐文,黄爱英.浅论现代化的公安院校图书馆管理[J].湖北警官学院学报,2005(2):87-88.
[4] 梁建文.浅议知识管理时代公安院校图书馆知识服务创新[J].科技情报开发与经济,2006(22):75-77.
[5] 范慧娟.公安院校图书馆服务模式的改革与创新[J].广西警官高等专科学校学报,2008(2):82-83.
[6] 周爱民.新加坡图书馆考察对公安院校图书馆工作的启示[J].公安教育,2008(12):51-52,64.
[7] 林世勇.增强公安院校图书馆吸引力的基本途径分析[J].兰台世界,2009(22):78-79.

近十年来，公安院校图书馆管理与服务创新研究，越来越注重公安院校图书馆的公安特色服务和公安学科服务。山东警察学院图书馆馆员张惠霞提出了较为全面的公安院校图书馆管理工作内容，强调从文化建设、读者服务工作（包括文献资源建设、图书流通于阅读推广、参考咨询）和馆员队伍建设等角度，开展公安专业特点的图书馆服务。[①] 浙江警察学院图书馆馆员王灿根探讨公安院校以参考咨询为重点的读者服务体系的建设途径。[②] 浙江警察学院图书馆研究馆员方小苏认为，为了履行大学图书馆为教学服务的基本职能，切实发挥其教学辅助作用，公安院校图书馆需要不断创新，为警务化管理的养成教学服务、为贴近公安实战的专业教学服务、为毕业入警的公务员考前教学服务。[③] 吉林警察学院图书馆馆员赵冰探讨了云计算环境下公安院校图书馆个性化服务的改进，构建了云计算环境下的公安院校图书馆个性化服务体系。[④] 南京森林警察学院图书馆馆员晁明娣探讨在校局合作背景下公安院校图书馆社会化服务的方法与途径。[⑤] 贵州警察学院图书馆副馆长时琴等人围绕公安本科院校图书馆如何更好地为本校提供教学支持和科研支持的议题，提出了培养学科馆员、建立学科平台的对策。[⑥] 中国人民公安大学图书馆馆员梁曦深入论证公安院校图书馆发展学科服务的必要性，提出公安院校图书馆学科服务模式的设计思路。[⑦] 江苏警官学院图书馆馆员蔡成龙针对公安院校图书馆在资源建设和学科融合方面的问题，提出可以采取图书馆与公安院校系部融合的模式。[⑧]

---

① 张惠霞.谈公安院校的图书馆管理工作[J].中国管理信息化,2011(15):48.
② 王灿根.新建公安本科院校图书馆建设策略——以浙江警察学院图书馆为例[J].才智,2011(28):347-348.
③ 方小苏.公安院校图书馆为特色教学服务的思考[J].时代教育(教育教学),2012(1):87-88,201-202.
④ 赵冰.云计算环境下公安院校图书馆个性化服务研究[J].科技情报开发与经济,2015(9):68-70.
⑤ 晁明娣.校局合作背景下的公安院校图书馆社会化服务探讨[J].情报探索,2016(10):36-39,45.
⑥ 时琴,胡世群.公安本科院校图书馆开展学科服务的思考[J].公安教育,2019(11):71-73.
⑦ 梁曦."双一流"背景下的公安院校图书馆学科服务模式探索——以中国人民公安大学图书馆为例[J].中国人民公安大学学报(自然科学版),2019(1):50-53.
⑧ 蔡成龙.公安院校图书馆文献资源建设与公安学科融合研究[J].江苏警官学院学报,2019(5):104-107.

山西警察学院图书馆馆员高婧、张蕾华围绕大数据时代背景，探讨了将公安院校图书馆建设成新型图书馆信息化综合体、提升公安院校图书馆服务水平的对策。① 中国人民公安大学图书馆的卜淼在研究完普通高校图书馆的发展趋势后，提出空间资源利用与技术融合、构建面向学科特色文献资源体系、开展多元化嵌入式学科服务、打造校园精品阅读推广品牌、培养专业化馆员队伍等具有行业特色的公安院校图书馆服务转型与创新的建议。② 广西警察学院图书馆馆员容海萍阐述并分析了在文献信息资源建设视域下，新媒体时代公安院校图书馆信息素养教育创新策略。③ 河南警察学院图书馆馆员郭婷婷研究了公安院校图书馆服务新型公安智库策略，提出"提供嵌入式文献信息服务"和"开发智库文献信息产品"等建议。④ 近十年来，公安院校图书馆人的研究，不仅丰富了公安院校图书馆建设的理论，而且在实践创新方面做出了有益探索，在一定程度上缩小了与普通高校图书馆研究的差距。

三、公安院校图书馆管理与服务工作的现状与趋势

公安院校图书馆管理与服务工作，主要有以下三方面的现实问题。

1. 个性化服务难以满足读者的需求

满足读者在图书文献信息方面的需求是图书馆存在和发展的基础。⑤ 各地公安院校图书馆都能提供开架服务，以方便师生读者检索、借阅文献，其中中国人民公安大学、新疆警察学院等公安院校图书馆每周开馆高达 98 小时，其他公安院校图书馆的每周开馆时间也在 70 小时以上。所有公安院校图书馆的数字资源都实现全天候服务，参见表 3-1。在特色服务方面，很多公安院校图书馆通过官方网站、微信、超星学习通等平台提供个性化服务功能，但所提供的服务大部分只限于书目查询、预借、E-mail 通知、新书通报、新书推荐、

---

① 高婧,张蕾华.大数据时代公安院校图书馆信息化建设研究[J].兰台内外,2020(34):64-66.
② 卜淼."双一流"背景下公安院校图书馆转型与创新[J].辽宁警察学院学报,2020(2):117-122.
③ 容海萍.文献信息资源建设视域下新媒体时代公安院校图书馆信息素养教育创新研究[J].才智,2021(28):36-39.
④ 郭婷婷.公安院校图书馆服务新型公安智库策略研究[J].辽宁警察学院学报,2022(4):125-128.
⑤ 王振伟.新时期高校图书馆读者服务工作研究[M].北京:北京理工大学出版社,2019:1.

网络导航等，或者是几个学术搜索引擎的链接，这些功能简单且分散，没有统一的用户模型，没有形成完整的用户系统。如果用户想要检索信息，必须从一个数据库跨越到另一个数据库，在使用上极为不方便。这些功能难以根据用户的需求及时地提供人性化的个性化服务。[1]

表3-1 我国部分公安院校图书馆特色服务现状一览表

院校	读者服务	参考咨询服务	学科服务
中国人民公安大学图书馆	每周开馆98小时，从被动性服务向主动型参与式服务转变	开展了网上参考咨询等特色服务	实施了学科馆员制度
中国刑事警察学院图书馆	每周开馆时间达到70小时，网络服务每日24小时不间断	积极为读者提供多类型、多层次的参考咨询服务	根据学院学科建设，收集、整理网络资源，建立了学科导航
南京警察学院图书馆	每周开放98小时，数字资源全天免费开放	建立了专门的参考咨询部门，提供丰富参考咨询服务	开展学科服务，服务学校学科建设
郑州警察学院图书馆	通过校园网向用户提供每周7×24小时的全天候服务	利用大数据统计分析平台与微信图书馆、移动图书馆等，满足师生读者随时、随地访问馆藏文献资源的需求	形成了以文献采集、书刊借阅、数据库检索、参考咨询、课题服务、学科服务等构成的服务体系
山东警察学院图书馆	每周开放90小时，数字资源全天免费开放	参考咨询和文献检索等服务已延伸至全省各地公安机关	图书馆馆藏始终以社会科学类为主、自然科学为辅，强调突出公安专业特色
贵州警察学院图书馆	每周开放90小时，图书馆二级网站24小时开放	为读者提供查阅馆藏书目、办理网上预约借书、新书推荐、浏览和下载学术资源数据库等服务	以配置合理的资源、先进的服务理念和优质的服务质量为学科服务

---

[1] 赵冰.云计算环境下公安院校图书馆个性化服务研究[J].科技情报开发与经济,2015(9):68-70.

(续表)

院校	读者服务	参考咨询服务	学科服务
云南警官学院图书馆	每周开放74小时，数字资源全天开放	为学院外警培训和国别研究提供了参考咨询服务	积极开展"学科馆员嵌入服务"
新疆警察学院图书馆	每周开放98小时，数字资源全天免费开放	利用图书馆主页、微信公众号、超星学习通小程序等服务平台，为读者提供了便捷的移动服务	围绕学科建设、专业发展、科学研究提供文献资源保障；持续与师生沟通，了解教学科研需求，有针对性地开展文献资源服务

2. 学科服务难以满足公安院校学科建设的需求

公安院校的学科建设是一项综合性工作，涉及教学、科研、师资队伍、文献资源保障和后勤保障等资源。2011年，在国务院学位委员会、教育部印发的《学位授予和人才培养学科目录》中，公安学、公安技术两个一级学科被录入其中。作为公安院校的文献信息中心，公安院校图书馆肩负着为公安院校学科建设提供文献资源保障的职责与功能，从而为公安院校培养适格的公安人才与公安技术人才，也为维护国家安全和社会秩序做出贡献。中国人民公安大学图书馆以学科馆员制度为平台，开展了定题文献查询、网络信息导航、公共目录查询服务、网上参考咨询服务等特色服务，发挥了一定示范作用。但截至当前，虽然有许多公安院校图书馆在学科服务方面做出了努力，探索了学科馆员制度等，但仍然满足不了公安院校的学科建设需求；甚至有部分教师读者认为图书馆仍停留在资源购买和保存者的地位，而未能成为主动的知识研究的伙伴。

3. 社会化服务理念落后难以满足公安实践的需要

不少院校图书馆对开展社会化服务不重视，因此它们的服务水平一直呈现参差不齐状态，无法有力支持公安行业的发展。中国人民公安大学、中国刑事警察学院等公安院校图书馆在社会化服务方面进行了较为深入的探索，因此他们走在了公安院校提供社会化服务的前列。[①] 而其他一些地方性公安院校图书馆因缺少与公安实战部门的联系，所以其对基层公安资源的开放与资源推荐的

---

① 晁明娣.校局合作背景下的公安院校图书馆社会化服务探讨[J].情报探索，2016(10):36-39,45.

发展非常有限。①

因此，各地公安院校图书馆需要强化政治引领，进一步创新思路理念、工作机制和方式方法，促进图书馆基本服务的标准化与规范化，同时推动读者的个性化服务，进一步聚焦公安院校特色，提升学科服务、参考咨询服务与智库服务的品质，在行业内打造一批叫得响、能复制、可推广的服务品牌。

第二节　公安院校图书馆的读者服务

读者是图书馆的服务对象，满足读者的图书文献信息方面的需求是图书馆存在和发展的基础。② 同时，读者也是影响图书馆馆藏利用率的重要因素。图书馆的读者服务，主要是指图书馆通过各类馆藏的图书文献信息资源和自身专业能力满足读者日益增长的对知识、信息及相关文化活动需求的工作。近二十年来，随着高校图书馆的数字化转型、智慧图书馆建设等方面的发展，各地公安院校图书馆在读者服务领域取得了重大进展，不仅体现在服务时间的延长，而且体现在服务内容的拓展方面。但是，公安院校图书馆在读者服务个性化方面仍有长足的发展和提升空间。

一、公安院校图书馆读者服务的概念

公安院校图书馆的读者服务，是指公安院校图书馆根据《中华人民共和国公共图书馆法》《普通高等学校图书馆规程》等法律法规和公安院校图书馆的相关规章制度要求，结合公安院校在校本科生、研究生和教师等读者群体的需求，有针对性地提供文献借阅、信息检索、参考咨询、讲座、培训、展览、阅读推广等服务，并围绕这些服务提供更全面、更个性化的活动，以引导读者使用图书馆的图书文献资源。

具体而言，首先包括建立健全读者管理制度、文献借阅制度、读者教育制度、员工服务规范等；其次包括组织馆员根据相关规定提供平等化、标准化的服务。

---

① 赵冰.云计算环境下公安院校图书馆个性化服务研究[J].科技情报开发与经济,2015(9):68-70.
② 王振伟.新时期高校图书馆读者服务工作研究[M].北京:北京理工大学出版社,2019:1.

二、公安院校图书馆的读者管理内容

读者管理是指公安院校图书馆为满足本馆读者的图书文献信息方面的需求，通过对读者信息的核实登记、读者需求调研等方式，为其恰当利用本图书馆各类图书文献信息资源提供支持的相关工作。读者管理的内容包括读者注册、读者需求调查、读者信息保护等。

各地公安院校图书馆在进行读者信息注册时，根据各自公安院校的相关规定或智慧校园建设规程，充分利用公安院校其他部门所登记的在校大学生、研究生、教职员工、培训学员的身份信息，通过严格的制度规范实现信息共享。例如，南京警察学院图书馆在读者管理工作中，通过与学校招生就业处、教务处、财务处、培训中心等部门实现严格监管下的信息共享，通过便捷、友善的流程帮助读者凭借"校园一卡通"就可以完成读者身份的统一认证，帮助潜在的读者以最方便、最经济的方式转化为现实读者，并愉快地感受图书馆提供的各类便捷服务。公安院校图书馆在管理和维护读者信息时，要遵守相关保密制度和敏感信息管理制度，在保障读者登记信息准确和及时更新的同时，必须确保读者个人的身份信息、借阅信息及其他可能涉及读者隐私的信息安全，防止读者信息被泄露、被滥用。

公安院校图书馆在开展读者需求调查工作中，还可以通过书面调查（问卷调查、邮件调查）、电话问询、面谈等形式来调查读者对图书馆的图书文献信息方面的服务需求。为了及时获取读者的需求信息，许多公安院校图书馆至少每年都进行一次综合性读者需求调查，其调查内容涵括读者信息需求的目的、兴趣、范围、习惯、图书馆文献和设施的利用情况等。

公安院校图书馆的读者需求调查范围，应当覆盖公安院校图书馆的主要读者群体，样本选择必须科学合理，样本覆盖范围、类型、规模要具有代表性。在收集与整理读者的意见、建议和评价后，公安院校图书馆可以定期汇总读者的意见及反馈情况，并加以分析。

三、公安院校图书馆的图书文献借阅服务

文献借阅服务是指公安院校图书馆根据本馆的文献借阅制度规定，利用本馆馆藏图书文献资源及与本馆有合作关系的文献收藏机构的馆藏文献资源，向公安院校读者提供阅览和外借的服务。公安院校图书馆的文献借阅服务，包括

文献信息检索服务、文献阅览服务与文献外借服务。

各地公安院校图书馆所提供的文献信息检索服务的内容，包括提供检索工具与咨询服务、建立网站等多种形式，向公安院校在校本科生、研究生、教师等读者群体提供对馆藏资源的查询，以帮助读者查找其所需的图书文献信息资源。很多公安院校图书馆都在官网提供馆藏文献资源的检索窗口，这些检索系统界面不仅友好且运行稳定，还可以提供多种检索途径。

公安院校图书馆提供的文献阅览服务内容，包括提供文献资源、管理和维护阅览室文献资源和设施设备，并解答读者一般性的咨询问题。各地公安院校在提供文献阅览服务中，不但保障了阅览室的安全、安静、明亮、舒适和整洁，而且基本都实现了文献上架的及时性，如报纸做到当天上架，期刊在2个工作日内上架，图书在20个工作日内上架。公安院校图书馆的读者在接受文献阅览服务时，可以在阅览室内以适当形式阅读文献（图书、期刊、报纸或数字文献资源），并接受图书馆阅览室工作人员的管理。

公安院校图书馆的文献外借服务，就是将馆藏图书文献资源在一定期限内借给读者，允许读者将馆藏图书文献带出馆外使用。为了方便读者、节约读者的时间，各地公安院校图书馆都开展了提前预约借阅的方法。以南京警察学院图书馆为例，该图书馆的读者可以登录图书馆网站，先利用"书目检索"工具检索出自己需要借阅的图书文献，然后在检索结果网页的下方点击"预约申请"，就可以在弹出的窗口中轻松地完成预约登记（见图3-2）。

各地公安院校图书馆始终坚持"读者第一、服务育人"的工作宗旨，热心为教职员工、青年学生和参加培训的在职民警提供文献传递与馆际互借等多种信息服务。馆际互借是指公安院校图书馆在与其他文献收藏机构（如邻近的普通高校图书馆）通过洽商达成协议后，可以根据协议内容，结合本校读者的图书文献需求（如本馆馆藏中查找不到的期刊文献、会议文献、学位论文、报告、图书等文献信息，而在达成协议的普通高校图书馆的馆藏中发现了），通过协议规定的流程从协议的文献收藏机构借出该图书文献，且在读者阅读借书后，回收该图书馆文献，并将其归还给协议文献收藏机构。[①] 而文献传递，则

---

① 王广泽.当前我国高校图书馆服务与管理探微[M].成都:电子科技大学出版社,2020:61-63.

图 3-2　南京警察学院图书馆预约申请系统

是指公安院校图书馆根据读者请求，利用互联网、电子邮件、传真、邮递等方式，为本地或异地读者提供原本文献的复印、扫描等服务。公安院校图书馆在提供文献传递服务时，需要遵守知识产权法的相关规定，以确保文献传递服务遵循合理利用原则。

四、公安院校图书馆的读者服务创新

在上述文献借阅服务的基础上，各地公安院校图书馆还开展了一系列阅读指导、读书交流、图书互换共享等读者服务创新活动。例如，南京警察学院图书馆多年来连续开展图书漂流活动，不仅帮助在校大学生、教师等读者群体实现闲置书籍资源的共享，帮助想读书的读者群体节省购书成本，而且丰富了校园文化生活。江苏警官学院图书馆还开展了按读者要求定制特殊界面的最新学生信息推送服务。[①]

重视对公安院校在校本科生、研究生和教师等潜在读者群体的再教育和文献资源传递，将潜在的读者转化为现实的读者，是充分发挥公安院校图书馆知识交流功能的一项重要任务。如针对公安院校的本科新生读者群体，公安院校

---

① 袁苏婕.公安院校图书馆参考咨询服务的拓展[J].江苏警官学院学报，2010(6):198-200.

图书馆在提供服务时要关注其对于图书馆文献资源的介绍、中国知网等通用数据库应用培训的需求；而对于公安院校的大学生、教师等读者群体，公安院校图书馆在提供服务的过程中要关注其对于特定领域文献信息资源的持续性需求、馆际文献传递的需求以及论文查重等专业性较强的服务需求。

随着公安院校的智慧图书馆建设，各地公安院校图书馆将进一步恰当地利用其所掌握的读者身份信息、读者文献需求信息以及馆藏文献信息，通过数据处理与数据匹配，进一步增强对读者服务的针对性，即针对具体读者用户的特点（知识结构、需求、心理和行为方式等）突出服务的个性化，做到有的放矢、量身定制提供服务和资源，从而更好地满足读者的需求。

第三节　公安院校图书馆的学科服务

公安学、公安技术等学科建设，离不开公安院校图书馆的文献资源、参考咨询等方面的服务。学科建设是高校教学、科研工作的结合点，是完善知识结构、提升办学质量的关键，而高校图书馆在学科建设中起着重要的文献保障作用。[1]

一、公安院校图书馆学科服务的意义

（一）助力公安院校培养高层次公安人才

学科建设是指高等学校按特定的学科方向为提高教学、科研水平所进行的一系列工作，其基本内涵包含五个方面的内容，即学术队伍、学科方向、教育职能、物质条件和生长机制建设。学科建设工作不仅包括专业设置、专业方向设置、学位设置、课程体系设置、科学研究方向设置，还包括学术带头人及学术梯队的培养和建设、提高教学科研和育人水平基本思路与基本措施的制定、教学科研基地及实验室的配置和建设等。

学科服务正是图书馆提供深层次服务的一种知识服务模式与途径。公安院校图书馆作为学校的资源与信息服务中心，其重要职责就是为学校的学科建设

---

[1]　黄娜.高校图书馆与学科建设[M].长春:吉林人民出版社,2019:117.

服务。公安院校图书馆可以结合自身特点和用户需求变化不断进行图书馆服务模式的创新，充分发挥图书馆在学科建设和科研工作中的重要作用。

(二) 助力公安院校提高学术科研水平

公安院校在学科建设过程中，可以开展高水平的研究项目，并取得高水平的研究成果，从而为维护国家安全与社会秩序、保障公民生命健康与财产安全做出贡献，同时也可以带动公安院校整体学术水平的持续提升。在公安院校的学科建设团队项目研究过程中，公安学、公安技术等学科的教学科研人员需要大量的信息资源，他们定会期望图书馆能够提供更多、更细、更深、更新的馆藏资源、参考咨询、信息资源指导服务。这就要求公安院校图书馆不能仅满足于传统的借阅和参考咨询服务，还应为学科建设进行卓有成效的服务。公安本科院校图书馆只有致力于学科服务，才能围绕公安教育的标准化和实战化服务，从而助推院校的学科建设。①

(三) 助力公安院校改进现有教学模式

公安院校教师是公安学、公安技术等领域知识的研究者和传授者，他们在教学中需要将国内外最新的科研成果补充到教学内容中，将科研中的新思路、新方法传授给学生，从而推动教学内容、教学方法和教学手段的改革，促使教学活动不断创新。为了在公安院校专业化教学、专业研究中起到关键作用，公安院校图书馆要不断吸收和容纳有关真实案件、真实数据和相关案例的图书文献资源，保证自身一直处于学科领域前沿信息的中心，从而真正体现公安院校图书馆的核心价值。②

二、公安院校图书馆学科服务体系构建策略

(一) 先期调研与分析

公安院校图书馆在构建学科服务体系前需要进行充分的调研与分析工作。

---

① 时琴,胡世群.公安本科院校图书馆开展学科服务的思考[J].公安教育,2019(11):71-73.
② 梁曦."双一流"背景下的公安院校图书馆学科服务模式探索——以中国人民公安大学图书馆为例[J].中国人民公安大学学报(自然科学版),2019(1):50-53.

首先，可以运用文献调研方法和网络调研方法，对国内外与公安学、公安技术学科服务的理论与实践活动进行调研，了解和把握公安学、公安技术等学科服务的发展现状和发展水平，并对其中的典型实践案例进行分析评价，总结归纳适合本馆情况的服务模式和服务手段。其次，可以通过召开座谈会、问卷调查等方式，对公安院校相关教学院系等学科用户的学科型服务需求进行调研，重点考察用户的图书文献资源利用行为、使用偏好、教学科研需求等信息特性，在此基础上确定学科服务的切入点和重点。最后，结合公安院校相关教学院系的需求，评估本图书馆的馆藏信息资源、馆员队伍、服务环境等现状，确定本图书馆开展学科服务的优势与不足，并作为整体规划和决策工作的重要参考。

（二）制定目标与方案

为确保公安学、公安技术等学科服务工作取得成效，公安院校图书馆可以会同公安院校的教学院系联合制定学科服务的目标和服务方案，服务方案中可以明确一定数量的量化指标（如图书文献资源建设等相关资源投入的量化指标、学科服务活动的量化指标、学科服务活动成效的量化指标等）。制定的学科服务方案，必须要保证其得到实施。因而公安院校图书馆需要对学科服务方案的实施进行管理，以保证各项学科服务工作能够得到有序推进。

（三）评估学科服务效果

公安院校图书馆建立学科服务体系，需要定期对学科服务的成效进行评估。评估内容应当包括：一是服务公安学、公安技术等公安院校重点学科的图书文献资源建设成效；评估的指标可以包含图书文献资源配置的专业深度、前瞻性、层次性等。[1] 二是服务公安学、公安技术等公安院校重点学科的图书馆服务创新的成效，包括学科馆员队伍的建设情况；评估指标可以包含学科馆员的数量、咨询服务活动的数量、咨询服务成效等。三是公安学、公安技术等公安院校重点学科的建设成效，包括新增重大科研项目的数量、教学改革研究项目的数量、服务公安科技创新的成果数量等。

---

[1] 皇甫军,包海艳,杨静.高校图书馆学科资源建设理论与实践[M].北京:文化发展出版社,2020:261-263.

三、公安院校图书馆学科服务的路径创新

（一）建立和完善学科馆员制度

图书馆学科馆员是针对学科信息资源进行收集整理并为师生提供高水平、深层次信息服务的专职馆员。学科馆员制是现代图书馆提供高水准个性化信息服务的有效制度。美国康涅狄格大学规定学科馆员的职责就是担任高校图书馆与校内科研单位的简单学术联络人，为促进图书馆与校内的教师、研究生、大学生等读者间交流，为他们获取相关学科的图书文献资源提供指导和帮助。美国图书馆协会在《学科馆员工作指导书》中指出，学科馆员的工作就是与图书馆读者一起进行馆藏资源评价以提高用户需求满足率的过程。[1] 为了加强公安院校图书馆与公安院校各个教学院系之间的联系，公安院校可以建立和完善学科馆员制度，培养一批优秀的学科馆员，与不同的教学院系建立对口联系，并开展文献检索教学和培训服务，提供信息咨询等服务，具体可以从以下两个方面入手。

（1）提供嵌入式课程。公安院校图书馆可以为各教学院系师生提供嵌入式教学服务，即在院系专业教师的教学活动中，嵌入针对该课程相关的文献检索与利用内容，在实际应用场景中培养学生的信息素养，从而提升学生对专业课程的理解。

（2）预约培训讲座并定制。公安院校各院系师生可以根据科研或教学需要，向学科馆员预约定制培训讲座。图书馆既可以为其提供相关的图书馆资源与服务总体情况，也可以提供各学科专业资源介绍、文献检索、特定数据库使用、文献管理软件、统计软件利用等与信息素养教育相关的讲座，还可以为院系联络数据库运营商举办专项讲座。

（二）建设和完善学科服务平台

首先，优化图书馆特色馆藏资源的管理与应用制度。许多公安院校图书馆都建设了教学参考案例库等特色馆藏资源，因而公安院校图书馆可以在学科服

---

[1] 贾虹.智慧图书馆及其服务创新研究[M].北京：中国农业出版社，2022：68-69.

务领域进一步建设和完善这些特色馆藏资源的使用范围，优先提供给相关课程的开课教师及选课学生使用。

其次，公安院校图书馆可以通过内刊、简报或门户网站，收集、跟踪相关学科的各类资源动态，如学术动态、会议预告、项目信息、学科分析、学科期刊、学术成果、论文收录、专家学者、学科机构等，编写、更新相关学科的读者参考资料，包括制作维护学科服务网页、资源使用指南等。

最后，南京警察学院、云南警官学院等公安院校图书馆还提供针对毕业生的学位论文草稿查重服务，为提高毕业论文质量、提升人才培养能力提供支持。

（三）建设和完善研究咨询制度

公安院校图书馆可以为师生的科研工作提供全流程的咨询支持，包括和课题相关的文献、专利检索，特殊资料的查询，数据库、文献管理软件的使用介绍，期刊投稿咨询，学术成果的推广等。

第四节 公安院校图书馆的参考咨询服务

图书馆参考咨询工作是公安院校图书馆为读者提供的一种服务，它是以客观社会需要为契机，以文献为纽带，通过各种方式为读者收集、存储、检索、提示信息的业务过程。而参考咨询服务是公安院校图书馆参考咨询部门的馆员，在读者利用文献、寻求知识、文献信息过程中需要帮助的时候，运用其专业知识提供帮助的活动，也是公安院校图书馆转变重藏轻用、深化服务的一种方式。《中国大百科全书》的"图书馆情报学档案学卷"的"参考咨询"条目认为，"参考咨询"是图书馆馆员对读者在利用文献和寻求知识、情报方面提供帮助的活动，它以协助检索、解答咨询和专题文献报道等方式向读者提供事实、数据和文献线索。

一、公安院校图书馆参考咨询服务体系

公安院校图书馆参考咨询服务体系，包括图书馆制定的参考咨询工作规章制度、参考咨询馆员队伍、参考咨询管理等。

公安院校图书馆的参考咨询工作应当遵循《中华人民共和国公共图书馆法》《普通高等学校图书馆规程》《图书馆参考咨询服务规范》等法律法规和行业标准规范，以及公安院校图书馆制定的参考咨询相关的规章制度。公安院校图书馆制订的有关图书馆发展规划与相关工作计划，有时也需要在参考咨询工作、参考咨询服务中得到体现。

公安院校图书馆的参考咨询队伍素质，是影响公安院校图书馆参考咨询服务工作水平的重要因素。从事参考咨询服务的馆员，应当具备开展参考咨询工作所需要的知识和经验。参考咨询队伍最好由初级参考馆员和资深参考馆员搭配组成。

公安院校图书馆的参考咨询信息源，应当采用权威的信息来源，包括图书馆的书目记录、正式出版发行的印刷资料、视听资料、数据库及权威的网络资源等。

公安院校图书馆应当对参考咨询的服务流程与质量控制工作进行定期考核，以促进参考咨询工作的服务质量持续提升。有些公安院校建立了专门的管理系统平台，在提高参考咨询服务的规范化的同时，还能够提高参考咨询的服务效率与管理水平、质量控制水平。

根据《图书馆参考咨询服务规范》相关条款规定，公安院校图书馆的参考咨询服务不得提供可能危害国家安全、机构或个人利益和隐私的咨询；公安院校图书馆不得为读者提供替代性工作，如作业、论文及报告的写作等。

二、公安院校图书馆参考咨询服务的方式

公安院校图书馆提供参考咨询服务，需要针对读者用户的需求，以各类型信息资源为依托，帮助和指导读者用户检索所需信息或提供相关数据、文献资料、文献线索、专题内容等。公安院校图书馆提供参考咨询服务的方式，根据不同的标准，可以进行不同的分类。如根据咨询的时间不同，可以分为实时咨询与非实时咨询；根据咨询的内容不同，可以分为指向性咨询、指导性咨询、专题性咨询。

（一）实时咨询与非实时咨询

实时咨询，是指公安院校图书馆的读者通过现场、电话、实时网络咨询软

件系统等提交咨询问题，参考馆员即时回复的一种咨询方式。实时咨询的方式，包括现场咨询、电话咨询、即时通信软件（如微信群、QQ群等）。如南京警察学院专门引进的worldlib人工智能在线咨询平台（见图3-3），就是一种实时咨询的创新服务。worldlib人工智能在线咨询平台是一个以微信公众号和网页端为载体，运用最新网络技术接入多个搜索引擎为广大师生提供外文文献获取端口的互联网在线服务平台。该平台极大地保障了南京警察学院教职工教学和科研的文献需求，节省了教职工的宝贵时间，在很大程度上弥补了南京警察学院外文等数据库的不足，为学校教学和科研所需的各类文献提供了强有力的文献保障。

图3-3　南京警察学院图书馆的参考咨询服务创新——worldlib人工智能在线咨询平台

非实时咨询，是指公安院校图书馆的读者通过信件、电子邮件、图书馆网站留言等方式提交咨询问题，参考馆员在收到咨询后不能与咨询用户进行即时交互并提供解答的咨询方式。非实时咨询的方式，主要有信件、电子邮件、图书馆网站留言等。公安院校图书馆的参考馆员在收到非实时咨询问题后，应当在2个工作日内给予相应答复。

（二）指向性咨询、指导性咨询、专题性咨询

指向性咨询，是指公安院校图书馆通过现场咨询服务、网上指南、常见问题解答等形式，向公安院校读者群体提供图书馆服务的介绍与指引。

指导性咨询包括公安院校图书馆向读者提供图书馆资源与服务的使用辅导及读者教育培训，如馆藏图书的检索方法、借阅、预约及续借的工作流程等，再如公安院校的知网数据库检索方法等。

专题性咨询，是指公安院校图书馆根据在校学生、教师等读者群体的需求开展的事实型查询、信息查证、定题服务、文献信息开发等服务。其中，事实型查询是指公安院校图书馆为读者查找包含一种或多种信息源中的具体信息，如浙江警察学院图书馆提供的"枫桥经验"期刊库等。信息查证是指公安院校图书馆根据读者用户需求，为读者用户提供馆藏文献复制证明、文献收录、应用证明等，如为特定教师读者提供的有关其发表论文的收录情况，或某一特定成果的应用情况等。

三、公安院校图书馆参考咨询服务的工作程序

参考咨询的服务流程，通常包括准备工作、咨询需求分析、咨询回复等环节。

在准备工作阶段，参考馆员要熟悉参考咨询的工作纪律，并整理和维护常用的信息源。

在咨询需求分析阶段，参考馆员首先要明确咨询的问题，对于咨询问题中表达不清晰或可能产生歧义的词语或内容，与读者用户做进一步的沟通，以准确理解读者用户的咨询需求；其次要判断读者用户咨询需求的性质与咨询问题所属的范畴；最后要选择恰当的信息源，开展检索。

在咨询回复阶段，参考馆员要采用恰当的方式，及时回复读者提出的问题。

公安院校图书馆应当建立咨询档案，记录内容包括咨询问题、咨询来源、咨询用途、检索过程和提供咨询结果的情况。在所有咨询记录中，对于读者经常性咨询的常见问题，以及有参考借鉴意义的咨询回复，可以归入参考咨询知识库。

公安院校图书馆在提供参考咨询实践中，一方面，需要加强参考咨询馆员队伍建设，培养一支精通图书馆参考咨询业务流程，且了解公安学科前沿动态的馆员队伍；另一方面，需要建立相应的信息采集系统，及时跟踪公安实务工作动态，了解公安实战需求，以更好地满足公安院校学科建设、公安院校科研的信息需求。

第五节　公安院校图书馆智库服务能力建设

智库也称思想库、智囊，是指以公共政策为研究对象，以影响政府决策和改进政策制定为目标且独立于政府的研究机构。随着社会的发展，政府、企业在决策过程中已经离不开智库的支持与支撑，智库可以高效率地解决发展中的各种复杂问题。高等院校及其图书馆因所具有的文献资源和智力资源等优势受到政府、企业与行业的关注。从我国的情况看，当前正值全党全国各族人民迈上全面建设社会主义现代化国家新征程、向第二个百年奋斗目标进军的关键时期，迫切需要健全中国特色决策支撑体系，大力加强智库建设，推动智库服务的创新，从而以科学咨询支撑科学决策，以科学决策引领科学发展。

公安院校是依托公安行业而发展形成的具有鲜明特色的高等院校，公安院校图书馆在高校学术事业和国家科研事业中具有重要的地位。加强公安院校图书馆的智库功能建设，为学校学科建设、人才培养、科学研究服务，为行业发展提供支持，是新形势下公安院校图书馆建设的必由之路。例如，浙江警察学院将学校图书馆同公安局在"校局合作"的基础上，提出"馆局合作"这种全新的服务模式，更好地探讨了信息在进行推送服务的过程中的有效性和安全性，以更有效地实现信息资源共享。

一、图书馆智库服务与决策服务能力建设的背景

近年来，全球范围内的图书馆建设取得快速发展，有关图书情报学的新思想新理念不断涌现，高校图书馆包括智库服务与决策服务在内的社会服务功能发挥状况也得到越来越多的关注。

（一）国外图书馆智库功能建设情况

根据现有资料，美国北达科州是全球图书馆智库功能建设的先驱。1995年，

美国北达科州图书馆咨询委员会启动了一个分析北达科州图书馆系统的服务状况的项目，以制订该州图书馆发展的十年计划。该项目对北达科州图书馆的文献资源、读者培训、参考咨询、服务残疾人群体和技术设施等情况进行评估。随后，北达科州所有的图书馆都被邀请参加了智库功能建设活动①，以强化主动服务的意识，并被鼓励向社会提供更多服务，以满足读者的需求。随后，美国与西方主要国家的图书馆都将智库功能建设纳入工作内容。在信息技术持续发展的社会背景下，将图书馆从传统的文献提供者转换、建设成现代智库，已经成为国外图书馆建设的主流。在美国，图书馆智库服务与决策服务能力建设的途径，主要包括加强文献资源建设、提升图书馆管理人员与工作人员能力、强化参考咨询服务、搭建交流平台等。

（二）国内图书馆智库功能建设情况

教育部在规范性文件中将高校图书馆的定位拓宽为学校的文献信息资源中心，为人才培养和科学研究服务的学术性机构。高校图书馆在人才培养、科学研究、社会服务和文化传承等方面的功能不断得到提升。教育部也对高校图书馆加强智库服务与决策服务提出了规范性的要求。2002年2月，教育部颁发的《普通高等学校图书馆规程（修订）》中规定，"有条件的高等学校图书馆应尽可能向社会读者和社区读者开放。面向社会的文献信息和技术咨询服务，可根据材料和劳动的消耗或服务成果的实际效益收取适当费用"。2015年12月，教育部修订的《普通高等学校图书馆规程》中的第30条要求高校图书馆"应积极拓展信息服务领域，提供数字信息服务，嵌入教学和科研过程，开展学科化服务，根据需求积极探索开展新服务"；第37条规定高校图书馆"在保证校内服务和正常工作秩序的前提下，发挥资源和专业服务的优势，开展面向社会用户的服务"。2011年，陕西省图书情报界部分专家依托"宝鸡市创建国家级公共文化服务体系示范区制度设计"课题，将图书馆智库服务与公共文化体系建设相结合，为充分发挥图书馆优势和将图书馆建设成智库进行了有益探索。②

---

① 贾虹.智慧图书馆及其服务创新研究[M].北京：中国农业出版社，2022.
② 熊伟.充分发挥图书情报机构的专业智库功能——以陕西省图书情报界专家参与宝鸡市公共图书馆服务体系制度设计课题研究为例[J].当代图书馆，2013(1)：75-78.

二、新型公安智库建设现状及存在问题

(一)新型公安智库建设现状

2015年1月,中共中央办公厅、国务院办公厅印发的《关于加强中国特色新型智库建设的意见》中要求大力加强智库建设,以科学咨询支撑科学决策,以科学决策引领科学发展;推动高校智库发展完善、建设高水平智库。为认真落实中共中央办公厅、国务院办公厅的有关要求,进一步加强公安机关新型智库建设,建立健全决策咨询制度,公安部在2015年印发的《关于加强公安机关新型智库建设的意见》中要求各级公安机关要充分认识公安智库的地位与作用,加强公安智库人才队伍建设;同时公安部还在该意见中明确了公安新型智库的建设标准。2015年9月,公安部政治部组织开展首批部级智库遴选工作,经学校自主申报、组织专家评审和结果公示并报政治部批准,正式确定首批建设的两个部级公安新型智库,即中国人民公安大学为"公安部公安发展战略研究所"建设依托院校,江苏警官学院为"公安部现代警务改革研究所"建设依托院校。[1] 2015年9月,浙江警察学院成立东盟非传统安全领域研究中心,经过努力,形成了一个多学科融合的综合研究机构,[2] 并向打造新型公安智库的方向迈进;2016年1月,广西警察学院在广西壮族自治区公安厅领导下,加强与14个地市公安局的业务联系,为广西的公安改革提供决策咨询,力争打造一个具有广西地方特色的新型公安智库;[3] 2017年,铁道警察学院的任林茂撰文介绍了该院现代交通公共安全研究中心的建设思路与管理体制机制等情况。[4]

---

[1] 侯冬尽.中国新型公安智库发展历程与建设困境研究[J].江苏警官学院学报,2016(6):80-85.
[2] 东盟非传统安全领域研究中心.抓人才队伍建设 搭学科融合平台 建公安新型智库——记我校东盟非传统安全领域研究中心[J].公安学刊(浙江警察学院学报),2018(1):2.
[3] 周彬.广西警察学院建设公安特色新型智库的战略思考[J].广西警察学院学报,2018(2):1-6.
[4] 任林茂.公安新型智库建设路径探究——以铁道警察学院为例[J].法制博览,2017(16):42-45.

（二）新型公安智库建设中存在的问题

近年来，公安高校智库初具规模，首先是以公安院校教师为主体的智库专家队伍迎来了长足发展；其次是公安院校的智库研究产生了一批学术成果；最后是依托校局合作等模式，公安院校智库研究的实践性得到了提升。[①] 与此同时，新型公安智库建设也遭遇了一些困难，如有学者提出，"在新时期深化公安改革的过程中，很少能够听到来自新型公安智库的声音，新型公安智库在公安公共政策制定的过程中，所提建议数量较少、决策参与度较低"[②]；还有学者认为，当前新型公安智库的专家队伍以公安院校教师和科研人员为主，但他们"由于长期沉浸在具体教学和科研业务中，警院的教师和科研人员或多或少在一定程度上远离了基层公安业务……对公安机关业务难点、热点问题关注不够，造成思想上、业务上脱节"[③]。

新型公安智库建设中存在的问题，主要在于缺乏"功能完备的信息采集分析系统"和"多层次的学术交流平台"。公安部在《关于加强公安机关新型智库建设的意见》中为新型公安智库建设制定了8条标准，其中第5条标准"多层次的学术交流平台"、第6条标准"功能完备的信息采集分析系统"是当前公安院校新型智库建设中的短板。公安院校新型公安智库的专家队伍主要由公安院校的教师和科研人员构成，虽然他们政治思想过硬、精通公安业务，但是缺少关于公安行业的信息采集与分析系统的支撑，因而导致他们在智库研究选题、智库研究成果转化方面遭遇种种困难，最终制约了新型公安智库的建设成效。"资政报告不仅是数千字的研究报告，还一定是有强大的理论和数据作为支撑的。"新型公安智库建设不仅需要公安院校全院各学科教师共同收集资料，而且需要公安院校图书馆提供一个数据信息采集和分析系统，从而为公安院校新型公安智库做大做强提供支撑。

[①] 郭婷婷.公安院校图书馆服务新型公安智库策略研究[J].辽宁警察学院学报,2022(4)：125-128.
[②] 姚林.新型公安智库建设：概念、现状、建议与展望[J].北京警察学院学报,2018(3)：67-74.
[③] 周彬.广西警察学院建设公安特色新型智库的战略思考[J].广西警察学院学报,2018(2)：1-6.

作为公安院校的文献资源保障中心、公安科技发展的智慧保障中心，公安院校图书馆可以充分利用其拥有的文献资源和文献资源建设能力，搭建信息服务平台，在为学科建设服务的同时，也为公安院校服务党委政府、公安决策层提供支持。

三、公安院校图书馆加强智库服务与决策服务功能的建设路径

（一）依托馆藏图书文献资源与特色数据库建设，建立功能完备的公安行业信息采集分析系统

科学决策需要以大量的情报为基础，而图书馆的馆藏图书文献、数据资源是情报的主要载体。为了加强智库服务与决策服务，公安院校图书馆要高度重视特色与行业专题资源建设；持续搜集、采购的馆藏图书文献资源以及自建的馆藏特色数据库，可以汇集成公安行业知识库。公安行业知识库不但可以满足公安院校的学科建设、科学研究和人才培养需求，还可以满足社会服务的需求，其中就包括公安行业主管部门决策过程中的咨询、各地公安机关的咨询以及其他执法机关的咨询。换言之，公安院校图书馆的智库理念，不仅可以为公安院校发挥智库功能提供文献保障，而且可以提高馆藏图书文献资源、数据资源的利用效率，最终促进公安院校学科建设、人才培养和科学研究等功能的发挥。例如，2019年，广东警官学院图书馆创办了《教育警务信息动态》，以服务于其学院的教学和科研。

（二）依托公安院校的教师团队，形成一批特色鲜明、长期关注的决策咨询研究领域及其研究成果

依托公安院校在公安学、公安技术等领域较为齐全的学科优势、密集的人才优势与广泛的对外交往优势，公安院校图书馆可以汇集包括公安院校教师、公安实务部门专家等在内的高素质人才，长期关注公安行业的共性问题与焦点问题，开展持续研究。

（三）依托学科馆员队伍建设，建立相对稳定、运作规范的实体性研究机构，为公安院校的其他智库提供稳定支持

公安院校图书馆除了需要重视对图书文献资源、数据资源和知识资源的建

设，还需要重视如何合理且有效地利用馆藏的各类资源来为公安院校的学科建设、人才培养、科学研究、社会服务提供支持与帮助。而学科馆员队伍不仅可以作为公安院校图书馆的馆藏文献资源与读者群体间的纽带和桥梁，而且可以成为国内公安实务界专家、公安学界高层次学者间的联系人，以促进公安学界与公安实务界的合作，从而为公安行业的共性问题、热点问题提供更优秀的解决方案。

第四章 公安院校图书馆文献资源建设

著名的图书馆学家谢拉（Wilson H. Shirer）在强调文献资源建设工作在图书馆服务中的重要性时，提出"图书馆是一个信息服务机构"的重要论断。进入21世纪以来，图书馆所处的社会环境出现了重大变化，互联网与搜索引擎在人们获取信息的过程中发挥了重要作用，但图书馆仍然是不可替代的文献信息中心；文献资源建设仍然是图书馆的重要业务工作，是图书馆开展各类文献信息服务的基础。

党的十九大以来，全国各级公安机关以习近平新时代中国特色社会主义思想为指导，深入学习贯彻习近平法治思想和习近平总书记关于新时代公安工作、教育工作的重要论述，全面贯彻新时代党的建警治警方针和教育方针，紧紧围绕新时代公安机关维护国家政治安全和社会稳定新形势新任务对公安教育训练工作提出的新要求，坚持政治建校、从严治校，积极推进人民警察招录培养机制改革、公安院校实战化教学改革，深入开展全警政治大轮训和实战大练兵，有力提升公安队伍整体素质和战斗力，为锻造"三个绝对""四个铁一般"高素质专业化过硬公安队伍做出积极贡献。作为公安教育训练的重要组成部分，公安院校图书馆需要转变观念，正面挑战并积极拥抱新的发展机遇，加强文献资源建设，提升文献资源建设的规范性、服务性与科学性，提高文献资源建设的能力与效率，提升文献资源的利用率，以跟上时代发展的步伐。

第一节 公安院校图书馆文献资源建设概述

图书馆不仅要汇集和组织文献信息资源，还要大力促进文献信息资源的传递与交流。文献资源建设，也称文献信息资源建设，是指公安院校图书馆对文献信息资源进行有计划的积累和合理布局，以满足、保障公安院校学科建设、人才培养和科学研究等需要的全部活动。文献资源建设是公安院校图书馆发展的基础，只有完善的馆藏文献资源，才能发挥公安院校图书馆的功能与作用。随着文献数量的快速增值，公安院校图书馆文献资源建设工作变得日益复杂和困难。近三十年来，全国公安院校图书馆在文献资源建设方面做出持续努力，公安院校图书馆人也在文献资源建设的领域进行持续探索。

一、公安院校图书馆文献资源建设的意义

文献资源是公安院校开展学科建设、人才培养、科学研究和社会服务的重要基础，也是图书馆重要的知识和智慧资源，对提升师生的科技文化素质、提高人才培养质量、凝聚大学文化精神、展示办学实力具有不可或缺的价值。公安院校文献资源建设，是指公安院校图书馆根据服务任务与服务对象的需求，制定本馆发展规划，开展本馆文献资源的采购、编目、加工等工作，构建与本校学科建设、人才培养、科学研究相适应的文献资源保障体系的全过程。如果公安院校图书馆文献资源结构不合理，不但影响文献资源的利用率，而且将导致公安院校学科建设所需要的重要文献资源得不到满足，最终影响公安院校的办学条件。

首先，公安院校图书馆开展文献资源建设，是持续提升公安院校办学条件的重要措施。作为高等教育体系的重要组成部分，公安院校的在校本科生、研究生和教师等读者群体对图书文献资源有着较大的需求；而作为公安院校的文献信息中心，公安院校图书馆的基本职责之一就是为读者提供文献资源服务。2004年2月，教育部印发的《普通高等学校基本办学条件指标（试行）》中规定了生师比、具有研究生学位教师占专任教师的比例、生均教学行政用房、生均教学仪器和生均图书等5个指标。[①] 其中，公安政法本科院校的生均图书达到100册才合格，公安政法专科院校的生均图书达到80册才合格；如果公安政法本科院校的生均图书少于80册则限制招生，公安政法专科院校的生均图书未达到45册也限制招生。另外，教育部在监测办学条件的指标中规定了当年新增图书量的指标，公安政法本科院校的生均进书量达到4册、公安政法专

---

① 唐先辉.《普通高等学校基本办学条件指标（试行）》与高校图书馆[J].情报资料工作，2004(6):65-66.

科院校的生均进书量达到 3 册才合格。图书馆所拥有的文献资源总数量，既是公安院校办学条件指标体系的一个重要指标，同时也是评估衡量公安院校综合竞争力的重要标准。通常，图书馆文献资源更丰富的公安院校，要较图书馆文献资源不够丰富的公安院校有更强的综合竞争力（见表 4-1）。

表 4-1 2022 年度全国公安院校图书馆馆藏纸质图书资料统计表

公安院校	统计年度	纸质图书/万册	当年新增/万册	图书流通量/万人次	生均图书/册
中国人民警察大学	2021	145.23	3.1	1.87	141.48
中国刑事警察学院	2021	92	—	—	105
南京警察学院	2021	78.39	—	—	126.17
铁道警察学院	2021	77.54	3.1	—	143.9
北京警察学院	2021	67.25	0.99	0.76	—
山西警察学院	2021	75.71	7.42	2.36	126.6
辽宁警察学院	2021	74.09	0.338	0.68	135.85
吉林警察学院	2021	90.29	3.663	0.218	123.6
上海公安学院	2021	33.85	—	—	—
江苏警官学院	2021	85.81	—	4.6	136.13
浙江警察学院	2021	85.74	—	—	223.52
福建警察学院	2021	54.42	1.2	12.3	116.67
江西警察学院	2021	88.99	2.29	7.59	12.2
山东警察学院	2021	81.89	2.09	0.702	—
河南警察学院	2021	113.1	2.39	2	193.43
湖北警官学院	2021				
湖南警察学院	2021	93.22	2.25	—	134.86
广东警官学院	2021	101.65	2.68	—	118.64
广西警察学院	2021	135.31	21.13	18.43	101.91

(续表)

公安院校	统计年度	纸质图书/万册	当年新增/万册	图书流通量/万人次	生均图书/册
重庆警察学院	2021	65.61	0.66	—	366.34
四川警察学院	2021	101.84	2.15	—	180.93
贵州警察学院	2021	78.66	2.1	0.92	179.71
云南警官学院	2021	98.86	2.2	2.16	200.69
新疆警察学院	2021	51.13	1.85	1.1	4.51

其次，公安院校图书馆开展文献资源建设，是适应公安院校学科建设的需要。学科建设是高校发展的生命线，是一项长期的、根本性任务，也是社会对大学建设的重要需求，是高等教育的一个支撑点；图书馆对高校学科建设起着不可替代的作用。学科建设的发展必然要求文献信息资源建设也随之发展，文献资源建设与学科建设密切相关，是学科建设的一部分，也是学科建设的重要保障之一。① 公安院校的在校大学生、研究生和教师等读者群体，在日常学习、工作和科研中需要相关学科的文献信息资源；文献信息资源的开发利用直接影响公安院校人才培养、科学研究与社会服务的成效。随着公安工作所面临形势的变化，公安院校学科建设的方向与内容也会发生调整与变化。一方面，如果图书馆在文献资源建设方面不能为在校大学生、研究生、教师群体提供所需要的图书文献资源，将严重影响学校的学科建设、人才培养和科学研究工作；另一方面，如果图书馆采购的图书文献资源上架后，在校大学生、研究生、教师群体很少阅读或利用，不但在一定程度上浪费了图书馆本就有限的经费资源，② 而且占用了图书馆有限的存储空间。因此，公安院校图书馆应根据公安院校学科变化与调整情况，及时调整文献资源经费的重点，突出重点学科、特色学科与新增学科的文献需求，持续而及时地更新图书文献资源，为公

---

① 佐斌,王朝晖.结合学校特色 推进数字文献资源建设与服务创新[C]//佐斌.教育文献信息资源建设.武汉:华中师范大学出版社,2008:1.
② 周海霞.有关高校图书资源服务的若干问题及对策研究[J].中国电力教育,2014(2):252-253.

安院校学科建设提供有力支持。

最后，公安院校图书馆开展文献资源建设，是提升图书馆服务质量的重要内容。图书馆的职责就是收集、整理、保存文献信息并提供查询、借阅及相关服务；而文献资源建设是图书馆提供服务的前提。为满足公安院校不同读者群体的需求，公安院校图书馆需要持续开展文献资源建设，持续提升图书馆图书文献资源利用效率。文献资源建设的内容包括资源体系规划、采集选取、管理组织、服务共享、网络资源开发与数据库建设等内容。① 只有文献资源建设能力得到持续提升，公安院校图书馆的服务质量才会持续提升。

二、公安院校图书馆文献资源建设的现状

（一）公安院校图书馆文献资源建设具有公安特色

文献资源的内容体现了公安特色。公安院校图书馆主要为公安院校的学科建设、人才培养、科学研究服务，因而其文献资源采集需要突出公安专业，即以法律政策类、公安业务类、公安执法技术类为采集重点。根据2014年对10所公安院校图书馆文献资源状况的调研报告显示，10所公安院校的馆藏图书中，与公安专业最相关的D（政治法律）类图书最多，占24.7%；I（文学）类图书占21.60%；G（文化、科学、教育、体育）类图书占5.7%；T（工业技术）类图书占4.98%。② 但与此同时，大部分公安院校图书馆的发展历史较短，无法形成具有历史文化底蕴的公安文献馆藏。根据有关资料显示，广东警官学院图书馆收藏的该学院第一任校长谭政文在延安时期编写的中国共产党历史上的第一部《审讯学》（1944年），是公安院校图书馆中较早的公安文献。

（二）公安院校图书馆文献资源存在一定程度的老化

文献资源老化现象，是指随着时间流逝，文献资源的内容变得陈旧过时，失去其作为科学情报源的价值。部分公安院校图书馆在文献资源建设过程中，存在一定程度上的突击购书，因而可能导致馆藏图书中有一部分文献

---

① 褚倩倩.现代图书馆文献信息资源建设与利用研究[M].昆明:云南科技出版社,2022:16.
② 王东,樊夏红.公安院校图书馆公安专业文献信息资源保障研究[J].北京警察学院学报,2016(2):112-118.

资源老化，从而导致图书流动率不高。而图书文献老化的具体情形，可能会有以下几种情况：一是图书文献中所包含的内容已经存在于新的其他图书文献当中（如新版教材等）；二是图书文献中所包含的内容不再像以前那样吸引读者（如介绍某些公安实践中不再使用的执法技术的图书文献）；三是图书文献中的内容已经失去价值（如已经被废止的法律政策的解读等）；四是图书文献的内容已经成为常识（如介绍道路交通法规的图书文献等）。部分公安院校馆藏的图书专业内容陈旧，对于公安学、公安技术、国家安全学等专业研究领域学科前沿的研究成果数量少。文献资源老化的现象影响了公安院校读者的阅读积极性，导致部分读者寻找其他的文献资源渠道，反过来又影响公安院校的读者流量。

（三）公安院校图书馆间共享程度较低

近十几年来，由于公安教育处于起步、发展到初具雏形的阶段，又因部分公安院校图书馆缺乏建设现代化图书馆的经验，加上不同公安院校图书馆间的交流不足，导致了图书馆的发展或多或少都存在盲目性，落入一个模式的俗套，"大而全""小而全"，藏书雷同，门类齐全。这些直接阻碍了图书馆的继续发展。[1] 还有学者认为，许多公安院校图书馆虽然开展了馆际互借等业务合作，但各图书馆之间并不能实现完全的资源共享。由于图书馆的工作人员不熟悉馆际互借和文献传递等业务，缺乏合作意识，导致资源共享性差且没有产生规模效应。同时，大多数公安院校图书馆的数字资源建设是相对独立的，馆藏资源和购买的数据库资源又多有重复，极大地浪费了资金、资源。[2]

三、公安院校图书馆在文献资源建设领域的探索

20世纪90年代，公安院校教育仍面临爬坡的初始阶段。公安院校图书馆人直面公安院校图书馆馆藏数量少、种类结构不合理、文献资源建设经费不足、采购渠道不畅等难题，并进行了持续探索。江苏公安专科学校（江苏警官学院前

---

[1] 纪蔚蔚.论公安院校图书馆的特色建设[J].公安教育，1994(1)：46-48.
[2] 赵冰.云计算环境下公安院校图书馆个性化服务研究[J].科技情报开发与经济，2015(9)：68-70.

身）图书馆馆员刘莉分析了当时公安院校图书馆文献资源的来源情况，指出公安业务书籍和期刊等内部资料是公安院校图书馆文献资源的重要内容，并认为文献资源建设中存在发行渠道不畅、不易完整收藏的问题。① 福建公安高等专科学校（福建警察学院前身）图书馆的林仙梅分析了公安院校图书馆文献资源建设中存在的公安文献资源由于保密性强而采购难，公安文献再版、重版图书比重较大等问题，论述了文献资源建设现状，并提出"公安院校图书馆要有统一的图书馆业务工作标准""促进公安院校图书馆信息网络系统建设"等对策建议。② 中国人民公安大学图书馆馆员徐名涓撰文指出，公安院校图书馆应当根据公安院校的特点和教学目标的要求，有计划地、科学地利用文献购置经费，优化馆藏资源，调整藏书结构，在进一步完善公安法律专业知识类文献资料的同时，拓宽收藏社会科学、自然科学以及文化艺术等方面的文献资料的渠道，同时增加光盘、磁盘、缩微胶片等新型文献资源载体在馆藏文献中的比例。③

21世纪头十年，随着互联网、数据库技术的发展及在图书馆行业中的普及应用，公安院校图书馆人敏锐地认识到计算机数据库在公安院校图书馆的广阔应用前景，在探索文献资源建设的领域持续关注了数字资源与数据库建设议题，并取得了丰硕成果。福建公安高等专科学校图书馆馆员翁翠玲提出加强公安院校图书馆馆藏文献信息上网、实现公安院校校内文献资源共享的建议。④ 两年后，翁翠玲再次提出，公安院校图书馆在文献资源建设方面不但要采购印刷型及其他类型实体文献，还应注意网络资源建设，逐步建立虚拟馆藏，同时要加强横向联系，及时掌握国外警察科学动向。⑤ 辽宁警官专科学校（辽宁警察学院前身）图书馆馆员潘东霞在分析了影响公安院校图书馆文献信息资源建设的相关因素后，提出公安院校图书馆要本着科学收藏原则，跟上科学技术的发展进度，提供满足读者多层次需要的图书，注重资源共享，形成一个互为补充的信息资源体系。⑥ 北京人民警察学院图书馆馆员李艳在阐述公安

---

① 刘莉.网络环境下的公安文献资源建设[J].江苏图书馆学报,1999(1):58-59.
② 林仙梅.加强公安文献建设 实现资源共享[J].辽宁警专学报,1999(2):57-58.
③ 徐名涓.公安院校图书馆与素质教育[J].公安大学学报(社会科学版),1999(3):102-103.
④ 翁翠玲.加强整体建设 实现公安院校校内文献资源共享[J].情报探索,2001(2):13-14.
⑤ 翁翠玲.公安文献信息资源建设[J].江西图书馆学刊,2003(1):21-22.
⑥ 潘东霞.影响公安院校图书馆文献信息资源建设的因素[J].辽宁警专学报,2002(2):72-73.

院校图书馆数字资源建设时提出,在数字文献资源建设中要"强化馆际协调和全国的统一规划""加强数据库建设""建设好本馆网站"以及"加强在职培训,提高馆员素质"。① 湖北警官学院图书馆馆员王新红在论述中国教育文献保障体系(CALIS)与公安院校图书馆文献资源建设时指出,在文献数量激剧增长的时代,任何一个图书馆都不可能把文献收集全面。这就要求公安院校图书馆根据本校的办学宗旨,确定办馆特色,使馆藏文献具有本馆的特点,同时指出"CALIS 能促进信息资源的开发利用,加速高校图书馆自动化、标准化建设进程,实现资源共享,弥补馆藏不足"②。湖北警官学院图书馆馆长刘生元认为"文献信息资源建设是建立公安文献信息资源保障体系的基础",而"公安文献资源数字化建设是建立公安文献信息资源保障体系的关键"。虽然公安院校图书馆在公安文献数字化建设中存在诸如技术力量薄弱、经费紧张、信息源不完整等各种各样的困难,但公安院校图书馆经过多年的努力,已经积累了经验,打好了坚实的基础。③ 江苏警官学院图书馆馆员李平针对新晋升本科的公安院校图书馆文献资源建设中的问题,提出了"增强重点学科文献保障能力,为重点学科提供个性化、高层次的信息服务,以适应重点学科建设和发展的需要"等对策建议。④ 江苏警官学院图书馆馆员刘莉针对 CALIS"十五"特色数据库建设子项目中公安特色数据库的现状,分析了数据库建设中存在的问题,提出了相应的解决方案,即"进一步优化公安特色数据库的选题,走联合共建之路","改进公安特色数据库建库技术,对公安特色数据库进行整合,建立区域性公安信息中心,为用户提供更好的信息服务"。⑤ 江苏警官学院图书馆馆员王燕石针对合并重组而形成多校区的公安院校图书馆文献资源建设问题,提出了相应的采编策略、典藏策略和流通策略。⑥ 浙江警察学院图书馆副

---

① 李艳.试论公安院校数字图书馆建设[J].北京人民警察学院学报,2004(4):77-79.
② 王新红.CALIS 与公安院校图书馆文献资源建设[J].湖北警官学院学报,2004(4):90-91.
③ 刘生元.公安文献信息资源保障体系中资源建设的思考[J].湖北警官学院学报,2004(6):68-71.
④ 李平.专升本公安院校图书馆为重点学科服务的思考[J].科技情报开发与经济,2005(16):9-10.
⑤ 刘莉.公安院校特色数据库建设可持续发展的思考[J].大学图书馆学报,2006(6):49-53.
⑥ 王燕石.多校区公安院校图书馆文献资源建设和管理[J].江苏警官学院学报,2009(6):198-200.

研究馆员任丽丽在分析了院校图书馆文献资源数字化的现状后，进一步探究了其中许多数据库无以为继等问题的原因，如缺乏专业人才、没有走向市场化、缺乏统一的规划等，提出了"公安文献数据库的建设要符合市场经济发展的规律，走向市场化"的对策。北京警察学院图书馆的王东、樊夏红在执行该校"图书馆公安专业文献信息资源保障项目研究"时，对包括中国人民公安大学、广东警官学院等10所公安院校图书馆公安专业文献信息资源的现状进行了调研，发现各地公安院校的纸质资源建设仍需加强，需着力解决馆藏图书藏与用的突出矛盾。①

公安院校图书馆在文献资源建设中面临着各种困难和挑战，公安院校图书馆人近十年来对此持续进行了多元的探索。浙江警察学院图书馆馆员王灿根以该校图书馆为例，结合教育部制定的《普通高等学校本科教学工作水平评估指标体系》，阐述了新建公安本科院校图书馆文献资源的建设策略，包括完善文献资源采访策略、优化文献资源学科结构以及重视数字资源建设。② 郑州铁道警察学院（郑州警察学院前身）馆员赵雯在论述提高公安院校图书馆馆藏质量时，提出"公安院校图书馆馆藏资源应根据公安教育的特点，结合本校的学科与专业建设、课程设置、素质教育、师生的阅读倾向等，有针对性、有计划地收集各种文献信息资源"；要秉承"公安专业图书求全、法律图书求精、相关图书求新、图书品种求广"的原则，注重不同类型、载体文献的购置比例，建立具有本校特色的文献资源保障体系，满足校园文化多学科、多领域、多层面的知识需求。③ 江苏警官学院图书馆馆员蔡成龙在分析公安院校图书馆资源建设和学科融合方面存在图书资源与学科建设需求不匹配等问题后，提出了公安院校图书馆文献资源建设与公安学科建设的融合模式，该模式的内容包括在图书馆成立学科服务团队、聘用院系嵌入式学科顾问等。④ 广西警察学院图书馆

---

① 王东,樊夏红.公安院校图书馆公安专业文献信息资源保障研究[J].北京警察学院学报,2016(2):112-118.
② 王灿根.新建公安本科院校图书馆建设策略——以浙江警察学院图书馆为例[J].才智,2011(28):347-348.
③ 赵雯.公安院校图书馆参与校园文化建设研究[J].湖北经济学院学报(人文社会科学版),2012(12):221-222.
④ 蔡成龙.公安院校图书馆文献资源建设与公安学科融合研究[J].江苏警官学院学报,2019(5):104-107.

馆员容海萍阐述与分析了在文献信息资源建设视域下新媒体时代图书馆信息素养教育存在的不足及教育创新带来的挑战，通过案例分析，有针对性地提出了新媒体时代公安院校图书馆信息素养教育创新策略。①

四、公安院校图书馆文献资源建设所面临的现实挑战

公安院校图书馆文献资源建设所面临的问题很多，但最主要的问题有两个：一是文献资源采购价格持续上涨，而文献资源建设的经费有限；二是公安院校不同学科都需要更多的本学科建设相关的重要文献资料，如何利用有限经费来尽量满足各个学科的需求？因此，文献资源建设的最深层次问题还是文献资源需求与图书馆有限经费之间的矛盾。

（一）文献资源成本上升与文献建设资源经费不足的矛盾

随着社会的发展，图书文献资源数量也快速增长。需要购置的图书文献资源数量增加，对公安院校图书馆的有限图书文献资源购置经费构成了挑战。根据教育部高等学校图书情报工作指导委员会发布的《2022年高校图书馆基本数据排行榜》，2022年仅中国人民公安大学图书馆的文献资源购置费在500万元及以上，在全国高校排名第363位；文献资源购置费在300万元～500万元之间的有两所公安院校，在全国高校排名分别为第521位、第553位（参见表4-2）。有学者在研究论文中阐述说，有些院校图书馆为了追求图书文献资源的数量，而在采购中牺牲了藏书质量。这表现在采购过程中，仅以不断满足数量的要求为标准，未能进行恰当的筛选，导致采购的图书文献资源不能满足学校学科建设的需求。更令人担忧的是，有些院校图书馆为了满足评估指标，而拖延对馆内旧书、破损书的剔除工作，②导致大量过时、没有利用价值的图书文献占据了图书馆大量的藏书空间，影响了图书文献资源的利用率。这些问题在部分公安院校图书馆有不同程度的存在。

---

① 容海萍.文献信息资源建设视域下新媒体时代公安院校图书馆信息素养教育创新研究[J].才智,2021(28):36-39.
② 刘玉寒.高校图书馆专项评估与文献资源建设工作探讨[J].信息系统工程,2013(12):127-128.

表 4-2　部分公安院校图书馆 2022 年文献资源购置经费分析

文献资源购置费	2022 年公安院校图书馆数量	全国高校排名
500 万元及以上	1	363
300 万元～500 万元之间	2	521、553
100 万元～300 万元之间	10	595～916
100 万元以下	5	1 007～1 194

数据来源：教育部高等学校图书情报工作指导委员会网站

（二）学科建设所需的行业文献资源不能满足学科建设需要

公安院校担负着为公安育人、为公安献策的重要使命。为了发现犯罪的态势与规律，公安院校的大学生、研究生与教师在学习、科学研究中，需要来自公安行业的最新图书文献资源。公安院校图书馆的文献资源建设，应当以满足教学、科研和学生需要为主，通过多种途径，有计划地补充各类文献资源，有重点地建成具有本院专业特色的藏书体系，同时注重保持重点文献资源的完整性和连续性，确保文献采集工作的有效性和合理性。

公安行业的文献资源不同于普通的图书、报纸、期刊等文献资源类型可以通过简单的采购获得，而是需要公安院校图书馆在现行法律政策框架下，通过创造性方法来获得。因而，公安院校学科建设所需的行业型文献资源获取难、数量少，成为公安院校图书馆文献资源建设的又一个挑战。

（三）图书外包可能引发的书目数据库质量问题

此处的"图书外包"，是指通过招标方式，让书商提供相关图书数据（如征订目录），高校图书馆根据本校学科建设、教学科研以及馆藏建设需要，从征订目录中遴选书目形成订单，然后书商根据订单将相关图书进行加工（贴磁针、打码、书彪、盖章等），并提供图书的 MARC 数据，[①] 继而图书馆将 MARC 数据导入数目数据库。但是，由于部分图书文献的题名著录不规范而导致正题名选择错误，连续出版性质的图书（如年鉴等一年出版一次的图书文

---

① 肖竹青.对文献资源建设中采编工作的思考[J].河南图书馆学刊,2009(1):62-64.

献）书名著录不一致①，以及丛书名的著录不一致、责任者著录不一致等，可能引发书目数据库质量问题，最终影响读者检索、查找其需要的图书文献。因而，公安院校图书馆应当建立健全目录体系，积极提供多种检索途径，逐步提高文献资源的借阅率、文献检索的准确率。

第二节　公安院校图书馆文献信息资源采集的类型、原则与策略

根据《普通高等学校图书馆规程》第4条的规定，高校图书馆在文献资源建设方面的任务主要有两条：一是建设全校的文献信息资源体系，为教学、科研和学科建设提供文献信息保障；二是建立健全全校的文献信息服务体系，方便全校师生获取各类信息。因此，公安院校图书馆在文献资源建设过程中，需要结合学校的学科建设、人才培养、科学研究的需求，进行选取并加工整理、组织保管各类图书文献资源，来为公安院校在校大学生、研究生和教师等读者群体提供帮助。

一、公安院校文献采集的类型

文献是记录人类知识信息的载体，其中信息内容是文献的实质，载体材料则是文献的外在形式。② 根据《中华人民共和国公共图书馆法》第2条第2款规定，文献资源的类型包括图书报刊、音像制品、缩微制品和数字资源等。公安院校图书馆采购的常见文献资源类型主要有以下几种。

（一）图书

图书往往是著者在经验积累的基础上或以长期科学研究的研究成果为基础，经分析归纳后编写而成的。"图书是历史最悠久的文献的类型，因而也是一种比较系统成熟而又完整定型的出版物。"图书是指论述或介绍某一领域知

---

① 蔡鸿新.医学院校图书馆理论与实践[M].厦门：厦门大学出版社，2017：124-126.
② 刘付霞.大数据环境下图书馆文献信息资源建设与利用[M].长春：吉林人民出版社，2019：3.

识，具有独立的内容体系、相当篇幅和完整装帧形式的出版物，包括专业图书与通用图书。专业图书是各学科专业的核心文献，包括专著、会议录、研究报告、学位论文、部分教材和工具书等。通用图书包括素质教育类图书（科普、社科综合性读物）、理科习题集、英语学习图书、文艺小说等。

公安院校图书馆的馆藏图书，可以根据不同分类进行划分。如根据学科不同，可以分为公安业务类图书、法律类图书、其他学科类专业图书以及通用图书。例如，中国人民公安大学出版社的公安业务类图书可以分为刑事侦查、刑事科学技术等 26 类图书，法律类图书分为法学专著、法律实务、法律工具书和法学教材等 4 类。而法律出版社则将法律类图书分为法律综合、法学学术、专类法律法规、法律工具书、法律基础读物、法学教材、法律实务、学术著作等 13 类图书。

图书根据出版形式，可以分为单卷书（以单行本形式出版的著作），多卷书（以两卷或两卷以上出版的一个完整的著作，各卷在一个总书名下），丛书（将各种单独的著作汇集起来，冠以总名的一套书）等；图书根据内容不同，还可以分为教科书、科普读物、年鉴、辞典、文摘、书目、索引等。

（二）期刊

期刊是指围绕某一主题、某一学科或某一研究对象，汇集多位作者的多篇文章、资料，由专门出版机构编辑出版的一种连续出版物。期刊通常有相对固定的出版周期、固定名称。期刊出版迅速，内容更新快，因而在发展科学技术、传递科技情报方面具有重要作用，是科技人员利用的主要文献资源。

根据期刊反映的内容，可以将期刊分为学术性期刊、政论性期刊、行业性期刊、资料性期刊、检索性期刊、报导性期刊等。学术性期刊主要刊载与科学研究成果相关的学术性、理论性文章，如学术论文、研究报告、会议论文等，如《中国人民公安大学学报》《江苏警官学院学报》等。政论性期刊主要刊载国内外重大事件、宣传国家政策方针的稿件，具有较强的政治性和政策性，如《森林公安》《中国刑事警察》等。对期刊分级的主要目的是从所有期刊中遴选优秀重点期刊。根据不同的分级标准，期刊可以做不同的分级，如核心期刊与非核心期刊、全国性期刊与地方性期刊等。

（三）学位论文

学位论文是学位制度的产物，是指高等学校或研究机构的学生为获得学位，在导师指导下完成的科学研究、科学试验成果的研究报告或科学论文。

根据学位不同，学位论文可以分为博士学位论文、硕士学位论文和学士学位论文三个级别。通常学位论文具有一定的独创性，而且所探讨的问题既专业又深入。按照研究方法不同，学位论文可分为理论型、实验型、描述型三类，其中理论型论文运用的研究方法是理论证明、理论分析、数学推理；实验型论文运用实验方法，进行实验研究获得科研成果；描述型论文运用描述、比较、说明方法，对新发现的事物或现象进行研究而获得科研成果。按照研究领域不同，学位论文可分为人文科学学术论文、自然科学学术论文与工程技术学术论文三大类。这三类论文的文本结构具有共性，而且均具有长期使用和参考的价值。

（四）数字资源

数字资源也称数字文献，是指以数字形式把文字、图像、声音和动画等多种形式的信息存储在光、磁等非纸介质的载体中，并通过网络通信、计算机或终端等方式再现出来的资源。所谓数字形式，是以能被计算机识别的、不同序列的"0"和"1"构成的形式。数字资源的特点主要包括高度共享性、检索便利性等。

根据不同的标准，可以对数字资源进行不同的分类。根据表现形式不同，数字资源可以分为电子图书、电子报刊、数据库等；根据生产途径和发布范围不同，数字资源可以分为商用电子资源、网络公开学术资源、特色资源等。

二、公安院校图书馆文献资源建设的基本原则

为了确保文献资源建设的意义和价值得以实现，公安院校图书馆在文献资源建设工作中，需要遵循以下五个原则。

（一）思想性原则

《公安机关组织管理条例》第 2 条规定："公安机关是人民民主专政的重要

工具，人民警察是武装性质的国家治安行政力量和刑事司法力量，承担依法预防、制止和惩治违法犯罪活动，保护人民，服务经济社会发展，维护国家安全，维护社会治安秩序的职责。"《公安院校警务化管理规定》第 2 条规定："公安院校是培养训练公安民警的重要基地，必须坚持从严治警、从严治校的方针，严格教育、严格管理、严格训练、严格纪律，实行警务化管理。"作为公安院校的组成部分，公安院校图书馆在文献资源建设等业务工作中需要主动适应《公安机关组织管理条例》《公安院校警务化管理规定》的要求，收藏有利于公安院校在校大学生、研究生、教师等读者群体树立正确世界观、人生观、价值观的图书文献资源，并充分发挥馆藏图书文献资源对公安院校读者群体世界观、价值观和行为方式形成的积极作用，以体现馆藏文献资源建设为公安院校学科建设、人才培养、科学研究、社会服务的思想性原则。

（二）特色性原则

特色性原则是指每个图书馆应建立有特色、有重点的文献信息资源体系。为了在激烈的竞争中保持一定的影响力，各公安院校图书馆需要注重图书文献资源的品种、数量、类型等方面的建设，以发挥自身优势和突出馆藏特色。随着信息技术的发展，人类社会进入了知识爆炸的时代，"2020 年全国出版、印刷和发行服务营业收入超过 1.6 万亿元、资产总额超过 2.2 万亿元、净资产超过 1.1 万亿元"[①]，因此，公安院校图书馆在文献资源建设中，需要根据本校的办学规模、学科特色、经费投入、读者服务特点与需求等情况，精心采集图书文献资源，以突出图书馆的馆藏特色建设。

公安院校图书馆在文献资源建设中坚持特色性原则，首先需要每所公安院校图书馆明确该学校的办学宗旨和办学特色，进而准确把握学校的学科建设、人才培养、科学研究的方向和需求。江苏省公安高等专科学校图书馆馆员纪蔚蔚提出，作为一所公安院校图书馆，应具有丰富的公安文献为主体的馆藏，这要求公安院校图书馆应尽可能完整、系统地搜集各种类型的公安文献，使其在本馆藏书种类中占绝对优势（40%左右），以构成本馆的重点藏书（核心藏书）。[②]

---

① 参见国家新闻出版署关于印发《出版业"十四五"时期发展规划》2021-12-28 的通知。
② 纪蔚蔚.论公安院校图书馆的特色建设[J].公安教育,1994(1):46-48.

(三) 实用性原则

实用性原则,强调图书馆在建设文献资源时需要考虑其服务对象的需求,而不同类型的图书馆,又有着不同的服务对象与服务目标,如高校图书馆主要是服务于其学科建设、人才培养与科学研究等目标。

因而,公安院校图书馆在文献资源建设中坚持实用性原则,首先要采购符合公安院校在校大学生、研究生、教师等读者群体的文献需求的文献资源,并且根据公安院校学科建设、人才培养、科学研究和社会服务等目标做出调整。其次要在文献资源建设中从实际情况出发,本着"藏以致用""利用为主"的思路,避免"大而全"[①],以有限的资金建设"专而精"的馆藏图书文献资源。

(四) 系统性原则

文献资源建设的系统性原则,是指从时间上看,图书文献资源具有延续性,新采集的图书文献资源与先前已有的图书文献资源具有承前启后的关系,不断继承、积累和发展;从空间上看,各门知识相互渗透、交叉和联系,从而形成了纵横交错的客观知识体系。

系统性原则要求公安院校图书馆在文献资源建设过程中,首先要保证公安学、公安技术等学科的专业文献在内容上的历史延续性和学科的完整性,反映每一专业领域发展变化的过程,并体现最新的研究成果,特别是对反映某一专业发展过程的连续出版物要无间断地收藏。对由于各种原因没有收藏的那一部分图书文献资源要尽可能设法补充。其次要刻意保证交叉学科、边缘学科、新学科的图书文献资源在馆藏文献资源中占有一定比例,以反映学科之间内在的横向联系,从而形成一个系统连贯、比例合适的完整馆藏图书文献资源体系。

(五) 协调共享原则

协调共享原则,是指在文献资源建设中的分工合作、资源共享原则。在文献资源采购价格持续上涨、知识信息爆炸的时代,任何一家图书馆都不可能也

---

① 唐文惠,潘彤声.高校图书馆文献资源建设与评价[M].武汉:武汉大学出版社,2009:22-24.

没有必要收藏所有的图书文献信息。"这种情况下，公安院校图书馆必须统一联系起来，不能再各自为政、独自进行管理，实行馆际协作的方式，建立良性互动关系。其次，公安院校图书馆要积极与其他高校图书馆建立合作联盟的关系，实现利益共享，从而更好地实现公安院校图书馆数字资源的共享。"[1]

坚持协调共享原则，首先，公安院校图书馆需要其他公安院校图书馆、高校图书馆之间在遵循资源优化配置的基础上开展合作，达成图书文献信息资源共建共享的协议；其次，公安院校图书馆之间要在完整性和系统性原则的统领下，分别建立自己的专门化文献信息资源体系，从宏观角度共建类别齐全、类型多样的综合化图书文献信息资源体系[2]；最后，公安院校间需完善针对图书文献信息资源共建共享的制度化决策程序与机制[3]，平衡各图书馆的利益，以推动共建共享机制的良性运行。

三、公安院校图书馆文献资源建设的内容

公安院校图书馆的文献资源建设包括资源采购、图书文献资源的上架与推广、文献资源利用情况的评估与反馈等多个环节。

（一）公安院校图书馆的文献资源采购

文献资源采购工作是图书馆文献资源建设的基础，采购质量的高低直接影响文献资源的利用率。公安院校图书文献资源建设中，漫无目的地突击采购是大忌，因此，在决定采购文献资源前需要做好准备工作，确定需要采购的图书文献资源。目前，国内图书馆采购工作策略主要有三种模式：一是基于读者推荐购买的采购模式，二是基于学科服务的采购模式，三是基于信息平台的采购模式。

（1）基于读者推荐购买的采购模式。公安院校图书馆的馆藏图书文献应当突出针对性与实用性，以满足公安学、公安技术等学科教学需求，满足读者学习和提升个人修养的需要。因而，这是一种非常重要的图书文献采购模式。读者推荐购买的采访模式，能够直接获取读者的文献信息需求。公安院校图书馆

---

[1] 蔡红.大数据时代公安院校图书馆的数字资源共享策略探讨[J].才智，2018(33)：232-233.
[2] 金胜勇，于淼.基于共建共享的文献信息资源建设理论构建[J].中国图书馆学报，2006(4)：72-75.
[3] 谢少俊，高波.公安院校图书馆资源共享机制研究[J].图书馆学研究，2010(14)：68-72.

通常在其官方网站上提供推荐购买文献信息的交流沟通方式，如南京警察学院采用的是江苏汇文软件有限公司的 Libsys 图书馆管理系统，该管理系统提供了"读者荐购"平台（见图 4-1）——读者只需提供所需要的书名、作者、出版社信息即可。荐购图书到货后，推荐的读者在流通环节享有优先借阅权。

图 4-1　南京警察学院图书馆的读者荐购平台

读者采购模式的文献资源建设包括图书文献资源采购前的选择、购进后的上架与阅读推广、图书文献使用情况的监测与评价等工作体系（见图 4-2）。

图 4-2　南京警察学院图书馆的读者荐购处理流程

（2）基于学科服务的采购模式。公安院校图书馆是面向公安院校的教学科研服务的。其核心任务是服务公安院校的学科建设大局，满足公安院校不同教学系部在学科建设活动中的文献资源需求，构建学科服务体系。基于学科服务的采购模式，是指图书馆在采购文献资源前通过学科馆员等深入调查学科服务对象需求的采购模式。图书馆的学科馆员与公安院校各教学院系部联系较多，对不同教学院系部的学科建设状况、专业课程有一定的把握，因而能够对需要采购的图书文献资源有针对性的意见或建议。

（3）基于信息平台的采购模式。出版发行商通常会通过互联网提供图书的采集纲目，主动将出版物或出版信息提供给图书馆。图书馆会根据样书进行筛选。公安院校图书馆可以利用中国人民公安大学出版社等相关出版社网站上的书目信息，检索一些图书信息，根据馆藏建设需求，进行征订或补订（见图4-3）。

图4-3　中国人民公安大学出版社官网上的图书信息

文献采选是图书馆进行文献资源建设的首要环节，是图书馆文献资源建设与发展的基础。[①] 采购文献资源前的准备阶段，可以通过对图书馆已经上架的

---

① 肖竹青.对文献资源建设中采编工作的思考[J].河南图书馆学刊,2009(1):62-64.

图书进行分析，如上架图书的学科分布、出版社涵盖、品种覆盖、复本保证等统计数据，再结合读者借阅数据分析、读者推荐数据分析，就能够为选购图书文献资源提供参考。如果能将多个连续年份的相关数据放在一起分析比较，就可以总结出读者群体的需求。

(二) 图书文献资源的上架与推广

新增的图书文献资源，需要经过编目（整理）、上架等环节，才能被读者所用。图书文献资源只有得到充分合理的使用，公安院校馆藏文献资源利用率才能持续提高，从而为公安院校学科建设、人才培养和社会服务提供支持。因此，新采购图书文献资源上架，需要以满足公安院校读者需求为目标，确立适应本校读者需求的馆藏布局。

1. 图书文献资源的编目工作

文献编目是对文献信息资源的整理、分类、标引、加工、目录编制等一系列工作的总称。公安院校图书馆应当依据有关国家标准或行业标准，对馆藏各类型文献资源进行编目。为实现文献资源编目标准化，公安院校图书馆需要结合有关国家标准和行业标准，制定相关的编目细则等规范性文件。公安院校文献资源建设部门的工作人员需要依据有关国家标准和行业标准，以及本图书馆的编目细则来对本图书馆馆藏文献资源进行编目。另外，编目的时效非常关键。所谓"文献资源编目时效"，是指公安院校图书馆馆藏各类文献从到馆到完成记录和编目所花费时间的情况。具体而言，文献编目时效是指图书文献从到馆开始，完成编目及相关加工处理，至上架（或上线）为止的时间，以工作日计算，公休日和国家法定节假日可不计算在内。为了方便图书管理员及读者找到所需要的图书文献，同一个图书馆最好采用统一的排架方式，以便于索书号的一致性。①

2. 图书文献资源的数量统计

公安院校图书馆的文献总藏量，是指公安院校图书馆已藏的各种来源（如采购、接受捐赠或调拨等）的文献资源总量。文献资源包括图书、报纸、期刊、视听文献、电子文献、缩微文献等各种类型的文献。但是，随书光盘通常

---

① 张月,徐喆,张永洁.整合后高职院校图书馆文献资源建设工作初探[J].辽宁高职学报, 2015(11):110-112.

是不计入文献资源藏量的。图书文献资源总藏量，是指图书藏量，报纸、期刊藏量，视听文献藏量，电子图书藏量，电子期刊藏量和外购数据库数量。

3. 图书文献资源的馆藏布局

"三线典藏制"有助于公安院校图书馆动态管理藏书的布局。"三线典藏制"是根据图书借阅率的高低和读者服务方式不同而确定图书上架布局的一种方法。一线库存放的是流通率高、时效性强、最受读者青睐的图书文献，如开架书库、阅览室等；二线库存放的是借阅率低的图书文献；三线库是典藏库，主要存放那些知识老化、借阅率很低的图书文献。在确定图书存放的书库后，还需要选择图书文献的排架工作。虽然不同图书馆的排架方式有差别，如有的图书馆采用了著者号排架，有的图书馆采用的是种次号排架。图书馆还有剔旧工作。所谓"剔旧"，就是将那些已经没有利用价值或利用价值极小的图书文献资源下架或置于三线库存放的工作。虽然图书馆文献总藏量是一个非常重要的评价图书馆的指标，如果将一些图书从馆藏文献中剔除，可能对图书馆评价造成影响。但是，如果保留那些利用率极低、利用价值极低的图书文献资源，则会占用图书馆的空间，不利于读者查找其所需要的图书文献资源。

（三）文献资源利用情况的评估与反馈

公安院校图书馆对文献资源利用情况进行评估，既可以为下一步采购图书文献资源提供决策参考，同时也是掌握图书文献资源对学科建设支持程度的重要措施。

文献资源利用情况的评估内容，包括以下两个方面：一是接待读者到馆的情况，其评估指标有两个，分别是"接待到馆读者数"和"年到馆读者总人次"；二是图书文献流通情况，其评估指标有三个，分别是"文献年外借册次""年文献流通率""持证读者人均年外借册次"。

四、公安院校文献资源建设的策略

文献资源建设策略是公安院校规划文献信息资源发展、合理安排购书经费的基本依据，对于在新形势下做好公安院校图书馆文献信息资源建设工作十分重要。《普通高等学校图书馆规程》第 22 条规定："图书馆应根据学校人才培养、科学研究和学科建设的需要，以及馆藏基础和资源共建共享的要求，制订文献信息资源发展规划和实施方案。"不同的公安院校的文献资源建设的策略不尽相同,但都是围绕学科专业建设、人才培养目标而全力满足在校本科生、研究生及教师的图书文献信息需求,以公安、法律类图书文献为采集重点。

各地公安院校图书馆的文献信息资源建设策略（见表 4-3）。

表 4-3　部分公安院校图书馆的文献信息资源建设策略

公安院校图书馆	文献资源建设策略	备注
中国人民公安大学图书馆	坚持以"公安文献求全、法律文献求精、相关文献求新、文献种类求广"为收藏原则,开展文献资源建设	为学校的教学、科研提供了强有力的文献信息资源保障
郑州警察学院图书馆	注重突出铁路公安特色,不断提高馆藏文献的数量与质量	
吉林警察学院图书馆	紧密围绕学院教学与科研需要,坚持以专业文献资源为主,向特色学科、重点学科和新建专业倾斜,持续进行信息资源建设,不断发展和完善信息资源服务平台,满足多层次、高水平的信息资源需求	已建立以治安、侦查、法律、刑事科学技术等专业为主兼及其他学科的文献资源保障体系
贵州警察学院图书馆	以公安、法律类图书为主,兼顾政治、经济、人文、社科等学科的馆藏体系建设方针,逐步形成了纸质文献与电子文献相互补充的文献信息体系	为贵州警察学院教学和科研提供了强有力的信息保证
福建警察学院图书馆	形成了以社会科学文献为主,公安、法律类文献为重点,兼及其他学科的文献资源建设策略	公安法律类图书 21 万余册,约占馆藏纸质图书的 33%
广东警察学院图书馆	纸质图书资源建设以社会科学类图书为主,重点收藏公安法律类图书资源,同时兼顾一定数量的自然科学类图书,全面满足学院师生的教学科研需求	已形成以中文公安、法律专业图书为核心的藏书体系
云南警官学院图书馆	根据学院的专业学科建设,特别是教学与培训的需要来采购、搜集整理文献信息资源,调整馆藏的学科结构,重点收藏政法类专业资料,适当加强社科类、计算机科学和语言类图书收藏	截至 2022 年 12 月,馆藏图书中政法类图书占比达到 39.51%

（一）制定图书馆馆藏文献发展政策

不同的公安院校图书馆，都需要制定符合学校学科建设需要的馆藏发展政策。关于馆藏发展政策，首先，需要内容涵盖全面，包括文献资源采选原则、编目加工整理等业务规范、文献处置规则等基本内容等。其次，馆藏发展政策需要符合公安院校学科发展的合理布局。

（二）实施图书馆馆藏文献发展政策

公安院校图书馆如果已经拥有了符合本校学科发展需要的馆藏文献发展政策，那么就需要有效组织实施该馆藏文献发展政策，如提高套录数据的质量，并定期对馆藏文献发展政策的实施情况进行评估，定期分析图书馆文献资源的利用效率，以强化绩效管理。

（三）持续开展特色资源建设

特色馆藏资源，是图书馆馆藏特色与优势。特色馆藏资源具有专业性、稀缺性、标志性等特征，不仅对公安院校教师等特定读者群体具有较高的利用价值，而且对于公安院校学生读者具有较强的吸引力。公安行业性的图书文献资源，如典型案例、公安行业专家的著述等，都属于这类特色馆藏文献资源。因此，公安院校图书馆需要有建设特色馆藏资源的长期规划，并开展持续建设，在服务公安院校的同时，打造公安院校图书馆的特色名片。

第三节 数字文献资源的组织与知识图谱

随着社会的发展，图书文献资源的种类日益丰富，数量快速增长。如何快速从浩瀚的文献资源海洋中找到读者需要的文献资源，不但是读者关注的事项，同时也是图书馆服务的重点内容。处在开放社会背景下，图书文献资源编目也迎接了一轮又一轮伴随诸如知识图谱、ChatGPT 等信息技术的新挑战。

一、图书文献资源编目对象的范围不断拓展

(一) 图书文献资源编目对象范围的拓展

早期的图书文献资源编目对象，主要是纸质文献，如图书、期刊、报纸等。但随着信息社会的发展，互联网提供了大量的各类信息。既包括传统文献的数字化版本，也包括发布在互联网上的信息，如网络论文、网络科技报告、网络文学作品等。除此以外，还有网络数据库、机构（如政府部门、高校、学术团体）的网页等。普通读者发现，想要在互联网中找到对自己有用的信息，是一件非常困难的事情。因而，对网络信息资源进行整理，方便读者查找，也成为图书文献资源编目的工作内容。只要网络文献资源（数字文献资源）符合三个特点，即学术性、参考性与实用性，就可成为图书文献资源编目的对象。

(二) 图书文献资源编目方法的进化

纸质文献资源的编目方法主要是对其进行分类、标引、加工、目录编制等。在对图书文献资源进行编目时，图书馆工作人员首先需要根据标准流程，对文献进行内容审核、查重，并进行加工、组织和管理，尽快发布以提供给读者使用。

早期，纸质文献资源编目工作主要由图书馆采编部门依据相关标准自行编目。进入信息时代后，图书馆的馆藏网络信息资源数量增加，新的编目方法也日益增多，其中联机共享编目成为主流。在我国，国家图书馆联合编目中心提供的书目数据具有很大的影响力，其书目产品的内容和形式也非常丰富。

此外，"高等教育文献保障系统"（CALIS）是一个非常实用的联机合作编目系统。截至 2018 年 6 月 30 日，CALIS 联合目录数据库共有书目记录 713 万余条，规范记录 175 万余条，馆藏信息约 5 000 万条；书目记录涵盖印刷型图书和连续出版物、古籍、电子资源、其他非书资料等多种文献类型，覆盖中、日、俄、韩、阿拉伯文等一百多个语种；内容囊括教育部普通高校全部 71 个二级学科，226 个三级学科，占全部（249 个）三级学科的 90% 以上。[①]

---

① 参见高等教育文献保障系统编目服务。

CALIS 提供联机套录编目、原始编目、加载馆藏和检索下载书目记录等服务，充分体现资源的共建共享。院校成员可以免费下载书目数据，免费使用 CALIS 编目客户软件和控件。

数字文献资源的组织方法，与传统纸质文献资源编目有较大的差异，但任何数字文献资源的编目方法，都需要确定一套编目格式、编目范围。而国外的一些编目格式，对于我国公安院校图书编目工作具有借鉴价值。目前国际上的编目格式主要有美国国会图书馆的 MARC 格式、美国视觉资源协会的 VRA Core、因特网委员会的 PICS 格式等。不同的编目格式有不同的优势与不足，但对于图书馆而言，需要注意编目方法的标准化和国际化。[1]

数字文献资源的组织规范，一般来说，需要遵循信息的"采集与加工→存储与积累→传播与共享→使用与创新"等价值链的构成规则。通常认为，信息环境、技术水平、用户需求而引发的信息组织价值链各个环节的发展变化，进而推动信息组织经历"文献价值链""情报价值链""网络信息价值链"和"知识价值链"四个不同的时期。由最初基于分类法的图书文献组织发展到今天深入文献的更细粒度——知识单元组织，组织方法包括知识发现、知识表示、知识挖掘、数据融合、智能搜索等。信息资源组织的内涵和变革反映出，以数字文献资源建设与服务为代表的数字图书馆实质上是信息资源的一种管理模式，起着"承上启下"的作用——"承上"即在信息搜集的基础上进行，"启下"即为信息传播创造条件。

(三) 图书馆管理系统软件平台

图书馆管理系统软件平台，也称图书信息管理系统，是指通过计算机、数据库、网络等信息工具，对图书信息、馆藏信息、读者信息等进行收集、存储、传递、加工和控制，以提交图书馆管理工作水平和图书文献利用率的专门软件。[2] 我国图书馆应用管理系统软件，起步于 20 世纪七八十年代，90 年代中期后发展提速。从某种意义上来说，图书馆应用管理系统软件是推动图书馆

---

[1] 崔云红.聚焦"21 世纪的信息资源编目"——第一届全国图书文献编目工作研讨会纪实[J].全国新书目,2006(10):14-15.

[2] 冯韫韬,王玥琳.图书馆信息管理系统的优化路径[J].信息技术,2022(10):1-6.

事业信息化的重要抓手。

　　随着公安院校图书馆的馆藏文献资源种类、数量的持续增加，文献资源管理工作日益繁杂。使用专门的图书馆管理应用系统软件，通过计算机辅助管理，有助于解决读者检索图书文献资源难、馆藏资源使用率低等问题。经检索国内公安院校图书馆网站信息发现，国内公安院校大多采用了专门的图书馆管理软件系统（见表4-4），其中中国人民公安大学图书馆、云南警官学院图书馆和新疆警察学院图书馆均引入金盘图书管理软件，对采、编、典、借、还及电子阅览各部分进行管理，基本实现图书馆工作的智能化、科学化和标准化。南京警察学院图书馆、江苏警官学院图书馆、江西警察学院图书馆等则在工作中先后引入汇文图书馆管理系统，使得图书与期刊采访、流通、编目、典藏、公共检索、馆际互借、连续出版物管理等业务均实现自动化处理。吉林警察学院图书馆、湖南警察学院图书馆引入清大新洋文献管理集成系统，实现馆藏文献资源和用户信息的数字化管理，为读者借阅、检索纸质文献提供便捷的服务。中国刑事警察学院图书馆引进安徽威斯特信息科技有限公司的智慧图书馆综合管理平台，郑州警察学院图书馆使用的是妙思文献管理集成系统 V 6.5，北京警察学院图书馆则使用的是北邮图书馆管理系统（MELINETS V 8.0），广西警察学院图书馆使用的是 Interlib 图书馆集群自动化管理系统，贵州警察学院使用的是 LIBSTAR 智慧服务平台。这些图书馆管理系统软件平台的应用，不仅提升了各地公安院校图书馆的文献资源管理效率，而且推动了图书馆文献资源信息服务的水平。

表4-4　部分公安院校图书馆采用的管理系统平台软件一览表

序号	公安院校图书馆	图书管理系统软件	备注
1	中国人民公安大学图书馆	金盘图书管理软件	北京金盘电子有限公司
2	中国刑事警察学院图书馆	智慧图书馆综合管理平台	安徽威斯特信息科技有限公司
3	南京警察学院图书馆	汇文图书馆管理系统	江苏汇文软件有限公司
4	郑州警察学院图书馆	妙思文献管理集成系统 V 6.5	妙思文献管理集成系统 V 6.5

(续表)

序号	公安院校图书馆	图书管理系统软件	备注
5	北京警察学院图书馆	北邮图书馆管理系统（MELINETS V 8.0）	北京创讯未来软件技术有限公司
6	吉林警察学院图书馆	清大新洋文献管理集成系统	北京清大新洋科技有限公司
7	山东警察学院图书馆	Interlib 图书馆集群自动化管理系统	广州图创公司
8	江苏警官学院图书馆	汇文图书馆管理系统	江苏汇文软件有限公司
9	浙江警察学院图书馆	汇文图书馆管理系统	江苏汇文软件有限公司
10	江西警察学院图书馆	汇文图书馆管理系统	江苏汇文软件有限公司
11	湖南警察学院图书馆	清大新洋文献管理集成系统	北京清大新洋科技有限公司
12	广西警察学院图书馆	Interlib 图书馆集群自动化管理系统	广州图创公司
13	贵州警察学院图书馆	LIBSTAR 智慧服务平台	江苏图星软件公司
14	云南警官学院图书馆	金盘图书管理软件	北京金盘电子有限公司
15	新疆警察学院图书馆	金盘图书管理软件	北京金盘电子有限公司

二、知识图谱与网络文献资源编目

（一）知识图谱的概念

知识图谱（Knowledge Graph）是谷歌在 2012 年公布的其所开发的搜索引擎时提出的名词，其初衷是优化搜索引擎返回的结果，增强用户搜索质量及体验。例如，在百度搜索框里输入"侦查"，按照传统关键字匹配的搜索只会返回大量与"侦查"有关的信息；而基于知识图谱的检索，不但提供了百度百科中的"侦查"（法律术语），而且提供与"侦查"相关的法律法规、视频信息，甚至还有与"侦查"相关的商业广告信息。

知识图谱在图书情报界被称为知识域可视化或知识领域映射地图，是显示知识发展进程与结构关系的一系列各种不同的图形，用可视化技术描述知识资源及其载体，挖掘、分析、构建、绘制和显示知识及它们之间的相互联系，具体过程参见图4-4。

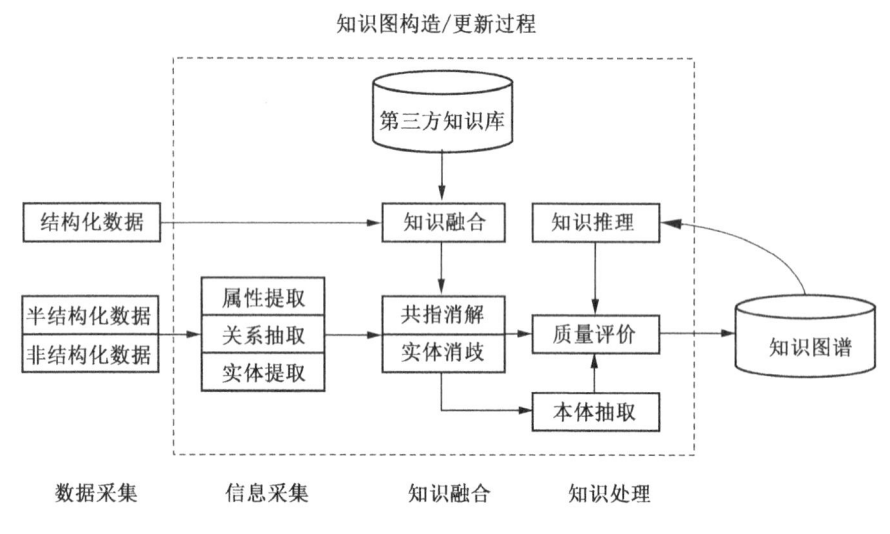

图 4-4　知识谱系图

（二）知识图谱在公安院校图书馆管理中的应用

随着信息技术的发展，公安院校图书馆在文献资源建设实践中不仅馆藏大量的传统纸质图书文献资源，而且馆藏海量的数字资源信息。在针对传统纸质图书文献资源方面，公安院校需要通过采购编目等方式方法进行管理；在针对数字图书文献资源方面，公安院校图书馆需要应用大型数据库、数字图书馆、知识图谱等新型技术进行管理，以多维度展示图书馆馆藏文献资源，为读者提供个性化智慧推荐服务，助力读者深度学习。[①] 传统的搜索模式是建立在中文分词技术基础上的。在这种传统的搜索模式下，用户的搜索需求与搜索结果往往难以匹配。[②] 而基于知识图谱的智能搜索技术，应用"实

---

① 赵衍，杨喆涵.基于知识图谱的我国高校图书馆个性化推荐研究综述[J].上海管理科学，2021(5):116-124.
② 杨伟超，邹瑜，赵海涛.基于知识图谱的图书馆资源智能搜索研究[J].信息技术与信息化，2022(2):199-202.

体—关系—实体"模型对图书馆的馆藏文献资源进行描述，不仅可以反映不同载体或形式的馆藏图书资源信息，而且可以展示不同馆藏资源文献间的内在联系，产生有价值的语义网络，[①] 在满足读者需求方面往往有着更优秀的表现。

公安院校图书馆数字文献资源的组织基本功能，首先是全方位揭示公安院校图书馆馆藏数字文献资源；其次是帮助读者高效准确发现或检索其所需要的数字文献资源；再次是对数字文献资源检索结果的重组和增值；最后是进一步整合公安院校图书馆的馆藏数字文献资源。这些突出强调了数字文献资源组织需要充分考虑数字文献资源与人（读者群体）、信息技术之间的关联，强调数字文献资源组织需要关注人与信息技术等因素。

公安院校图书馆馆藏图书文献资源的知识图谱构建，第一要立足于公安院校图书馆资源类型，并科学加以整合，形成一个有机的整体；第二要尽可能采用先进的搜索技术，实现用户在一个界面或入口处可以检索所有馆藏资源；第三要持续更新相关资源。在构建公安院校图书馆馆藏图书文献的知识图谱具体流程时，首先要考虑基于特定逻辑和算法程序对图书馆馆藏图书文献信息资源的数据获取；其次可以采用NLP处理技术来自动抽取公安院校图书馆馆藏图书文献资源的相关信息；再次是进行知识融合，即对图书馆馆藏图书文献资源进行整理和融合，以减少信息提取缺陷造成的数据错误、数据歧义和数据冗余等；最后是构建图谱，根据已有的数据模型进行知识推理，对最后的结果数据进行评估与校验，将符合要求的数据构建在公安院校图书馆馆藏资源的知识图谱中，以有效处理知识图谱在文献资源传输及安全管理中的意外因素。

（三）ChatGPT背景下的馆藏数字资源管理

重大技术进步可能会导致传统图书馆部分业务的衰落或重大革新。如ChatGPT作为自然语言的最新人机交互系统，就会导致公安院校图书馆数字资源管理的重大转型。

公安院校图书馆在面对ChatGPT所带来的冲击时，需要认真评估，稳步

[①] 林媛.人工智能技术在图书馆中的应用与展望[J].信息记录材料,2022(8):84-87.

推行其在馆藏数字资源管理领域的应用：一方面，需要对 ChatGPT 可能造成泄密的风险进行评估与防范；另一方面，需要积极稳妥地在工作中应用 ChatGPT，以提升数字资源管理的效率、读者的检索效率与良好体验，从而给读者带来耳目一新的感受，以拉近图书馆与读者之间的距离。

第五章 公安院校图书馆特色资源建设

美国图书馆学家罗伯特·达恩顿在《数字化，民主化：图书馆与书籍的未来》一书中，提出"图书馆应该是一个创新的地方"的观点，认为图书馆应该通过自建特色资源，从而推动知识创新和社会进步。2023年，中共中央、国务院印发的《数字中国建设整体布局规划》中提出"实施国家教育数字化战略行动"，应该"夯实数字基础设施"。①

高校图书馆的特色资源库是高校发展的重要支撑，也是新时代高校数字资源的优势所在。② 2015年12月31日，教育部印发的《普通高等学校图书馆规程》中第23条规定："图书馆在文献信息资源建设中应统筹纸质资源、数字资源和其他载体资源；保持重要文献、特色资源的完整性与连续性；注重收藏本校以及与本校有关的各类型载体的教学、科研资料与成果；寻访和接受社会捐赠；形成具有本校特色的文献信息资源体系。"这是国家教育主管部门以文件形式明确鼓励高校图书馆建设特色资源。特色馆藏资源是公安院校图书馆工作的主要内容，也是公安院校专业与学科建设的重要支撑，体现公安院校的办学特色、专业优势特色，带有鲜明的公安属性。只有加快公安文献数据库、犯罪案例库等特色馆藏资源的建设，才能提高公安科学文献资源的利用率；只有充分发挥图书馆信息资源的重要作用，才能适应公安学科教学科研发展的需要。③

近三十年来，公安院校图书馆人在建设特色馆藏特色资源方面做出了持续探索。随着信息技术的迅猛发展，尤其是以网络数据库为核心的网络环境的形成，全国各地公安院校纷纷建设自己的公安案例库、公安期刊或文献库等特色

---

① 苏志芳，周芬，唐睿.美国高校图书馆数字学术服务平台建设现状及启示[J].图书馆学研究，2023(8):88-101.
② 林岚.特色资源库建设概述[M].长春：东北师范大学出版社，2012:1-3.
③ 谢小梅.试论我国公安院校图书馆特色数据库建设[J].图书馆工作与研究，2005(2):62-63.

馆藏资源，在服务公安院校人才培养、科学研究的同时，也促进了各自服务方式的转变与优化，增强了核心竞争力。各地公安院校图书馆特色资源建设在取得丰硕成果的同时，也面临着各种挑战。

第一节　公安院校图书馆特色资源建设概述

公安院校图书馆应根据公安院校的发展目标和教学、科学研究的需要，根据馆藏基础及地区或公安行业文献资源布局的统筹安排，判定文献信息资源建设方案，形成具有本校特色的馆藏资源体系。特色资源，通常是指公安院校图书馆按照一定专题所建设的以电子形式存储的描述性记录或者内容单元的集合，并带有统一的读者界面及检索、处理数据的数据库软件或系统。近三十年来，公安院校图书馆在自建特色资源方面开展持续探索，取得了丰硕的成果，满足了公安院校人才培养、专业建设和科学研究的需求。

一、公安院校图书馆自建特色资源的历程

（一）公安院校图书馆自建特色馆藏资源的起步阶段（1994—2003年）

公安院校图书馆自建特色馆藏资源始于20世纪90年代后期。[①] 1994年，部分公安院校开始使用自己开发的软件，并制作中文公安期刊篇名数据库。1996年，湖北公安高等专科学校（湖北警官学院前身）牵头，联合江苏、浙江、广东、天津等省市的公安院校，共建了中文公安文献篇名数据库。湖北警官学院每年会在放寒假前，收集其他公安院校图书馆订购的中文期刊目录，然后将中文公安文献期刊的题录引入自建数据库，早期每年录入的篇名达数千条。[②] 1999年年底，江苏公安高等专科学校图书馆开发了全文检索软件后，由江苏公安高等专科学校图书馆牵头，部分公安院校图书馆合作建设中文公安期刊全文数据库。[③]

[①] 蔡史霓.《中文公安期刊全文数据库》建设的实践及思考[J].情报探索,2006(6):44-46.
[②] 刘万顺.中文公安期刊全文数据库标准规范建设研究[J].湖北警官学院学报,2007(4):88-90.
[③] 刘莉.公安院校特色数据库建设可持续发展的思考[J].大学图书馆学报,2006(6):49-53.

（二）公安院校图书馆自建特色馆藏资源的快速发展阶段（2003—2010 年）

2001 年，部分公安院校图书馆在工作中引进清华同方数字图书馆系统（TPI），随后，中国刑事警察学院图书馆联合部分公安院校图书馆利用 TPI 平台制作外文警察学期刊数据库。还有部分公安院校图书馆根据需要，制作了公安简报数据库、公安案例数据库、公安科技信息数据库等特色数据库。[①]

2003 年是公安院校图书馆自建特色资源的关键一年，当年"中文公安文献篇名数据库"发展成"中文公安期刊全文数据库"，并采用与"中国知网"一致的检索界面。同年，中国刑事警察学院与中国人民公安大学图书馆、湖北警官学院图书馆、江苏警官学院图书馆、北京人民警察学院图书馆、广东警官学院图书馆等公安院校图书馆开始共建共享公安专业期刊全文数据库，即"英文公安期刊全文数据库"或"外文警学期刊全文数据库"。南京森林公安高等专科学校（南京警察学院前身）也建设了"森林公安和森林消防专题数据库"等特色资源。

（三）公安院校图书馆自建特色资源的长足发展阶段（2010 年至今）

随着公安工作的需求与建设发展，公安院校图书馆自建特色资源也有了长足发展（见表 5-1）。截至 2015 年，全国 21 所公安本科院校中已经有 15 所公安院校图书馆在参与建设"中文公安期刊全文数据库"的同时，自建或共建了一系列特色资源。[②③] 这些自建的特色公安资源，在一定程度上满足了各自读者用户或公安行业读者群体的需求，为全国或区域公安教育、科研、实务工作提供了支持。

---

① 刘生元.公安文献信息资源保障体系中资源建设的思考[J].湖北警官学院学报,2004(6):68-71.
② 袁玉英,潘向泷.公安院校图书馆特色数据库建设的思考——基于国内 21 所公安本科院校的调查[J].图书情报研究,2017(1):73-77.
③ 梁曦."双一流"背景下的公安院校图书馆学科服务模式探索——以中国人民公安大学图书馆为例[J].中国人民公安大学学报(自然科学版),2019(1):50-53.

表 5-1　部分公安院校图书馆特色资源建设一览表

序号	公安院校名称	特色资源
1	中国人民公安大学	"公安学人""国内公安报刊索引""公安报刊复印资料""公安大学学位论文数据库"和"港澳台警察期刊文献库"等
2	中国刑事警察学院	"民国（含敌伪）时期警察文献数据库""全国科技强警示范城市光盘目录"等
3	南京森林警察学院	"森林公安教学参考案例数据库""森林公安教育资源数据库"和"森林消防科学专题数据库""濒危野生动植物犯罪情报中心网站""濒危野生物种犯罪情报分析平台"
4	江苏警官学院	"警察学网络资源导航""教学参考书库""优秀毕业论文库"等
5	浙江警察学院	"枫桥经验期刊库""国外警务信息简讯""馆藏外文警察期刊目录"等
6	山东警官学院	"公安案例数据库""公安法规库""公安文献信息""警察史研究题库"等
7	湖北警官学院	"公安简报新闻库""刑事技术专家案例数据库""案例参考""公安案例数据库"等
8	广东警官学院	"禁毒专题教学视频资料库""经济犯罪侦查专题视频资料库"等
9	四川警察学院	"预审探索"，侦查、治安、公安技术 3 个案例库，本校教师和学生 2 个文库，公安外文等 7 个公安特色数据库
10	福建警察学院	"公安信息智能管理平台""数据化警务办公系统""派出所基础台账管理系统"等

二、公安院校图书馆特色资源建设的探索

（一）20 世纪 90 年代开始特色资源建设的探索

1994 年，江苏公安高等专科学校（江苏警官学院前身）图书馆馆员李平提出，公安院校图书馆应围绕教学和科研服务这个中心，扩大非文献情报来源，收集公安

行业的文献信息，为公安院校教学科研提供生动形象的直观性素材。① 广西公安管理干部学院图书馆的李义芬在总结全国公安院校图书馆自动化建设与公安文献信息保障系统建设现状的基础上，提出加强公安文献信息保障系统的总体发展规划、确保系统的规范化和技术标准化等建议。② 这些研究文献表明，公安院校图书馆人在三十年前就敏锐地认识到馆藏特色资源在图书馆文献资源建设中的地位与作用，并注意到馆藏特色资源建设实践中的建设规划与建设标准的重要性。

（二）21世纪前十年围绕特色资源数据库建设进行持续研究

辽宁警官高等专科学校（辽宁警察学院前身）图书馆馆长赵泉和副馆长高树龙阐述了公安院校图书馆特色资源建设的含义，认为公安院校自动化、网络化建设是一项系统工程，在其建设过程中需要注意公安特色和本校特色。③ 福建公安高等专科学校图书馆馆员邓松火提出搜集公安行业内部资料，进行编制目录、索引等加工后，建立数据库。④ 江苏警官学院图书馆馆员纪蔚蔚等结合《公安文献全文数据库》等特色文献资源数据库的建设经验，提出质量控制的理念与经验。⑤ 北京人民警察学院图书馆的李艳在阐述公安院校数字图书馆建设时讨论了公安院校特色资源的内涵，认为公安院校数字化图书馆建设一要突出公安特色，开发体现公安特色的数据库；二要围绕本校教学科研急需，开发专题性数据库。⑥ 中国刑事警察学院图书馆馆员胡军在分析公安院校图书馆现代化建设现状及其展望时，提出公安院校图书馆信息资源数字化建设的对策，即分布实现信息资源数字化，逐步向数字化图书馆过渡——首先加强机读数目数据库建设，其次加强公安专业特色数据库开发，同时指出"有目的搜集和整理网上信息将成为未来图书馆员的一项重要职责"⑦。广东警官学院图书馆采

---

① 李平.论非文献情报源的开发与利用[J].江苏公安专科学校学报,1994(1):66-67.
② 李义芬.关于公安院校图书馆自动化发展的思考[J].广西公安管理干部学院学报,1999(1):44-47.
③ 赵泉,高树龙.公安院校图书馆的自动化网络化建设[J].辽宁警专学报,2001(4):44-46.
④ 邓松火.浅谈公安院校内部资料的建设[J].图书馆理论与实践,2001(4):35-36.
⑤ 纪蔚蔚,潘有能.文献数据库质量控制系统的实现[J].公安大学学报（自然科学版）,2002(5):49-52.
⑥ 李艳.试论公安院校数字图书馆建设[J].北京人民警察学院学报,2004(4):77-79.
⑦ 胡军.公安院校图书馆现代化建设现状及其展望[J].图书馆学刊,2003(S1):107-108.

编部主任谢小梅和江苏警官学院图书馆馆员袁苏婕在论述公安院校图书馆特色数据库建设时，都认为公安院校图书馆特色数据库建设的方法包括"对馆藏专业文献的数字化转换"和"将网络相关专业信息下载并进行综合处理、深加工和重组等信息资源深层次开发"两种基本方法，[1] 其中袁苏婕还强调要注重各类型内部文献资源、地方文献信息的收藏与开发利用。[2] 公安信息包括公安教育信息和公安应用信息，南京森林公安高等专科学校图书馆馆长周爱民进一步指出从公安高校的教育本质出发，公安院校图书馆特色资源建设应从聚合层面关注公安教育信息资源的整合；[3] 广东警官学院图书馆馆员易星则认为，公安院校图书馆应全面掌握公安业务信息，并依托本校学科建设的优势和馆藏特色资源，建立具有鲜明学科特色、专业特色的数据库体系。[4] 这些研究文献反映出在21世纪前十年里，公安院校图书馆人围绕特色数据库建设做出了深入且全面探索的事实。

（三）近十年来结合信息技术发展成果深入探讨特色资源建设

江苏警官学院图书馆的刘莉针对CALIS"十五"特色数据库建设子项目中公安特色数据库的现状，分析了数据库建设中存在的问题。铁道高等专科学校图书馆馆员赵雯、苗琳结合该校建设铁路公安特色数据库的实践，对高校图书馆专题数据库建设进行探讨，提出特色数据库建设过程中要注意质量控制问题与知识产权问题的解决。[5] 湖南警察学院图书馆的唐德权、周海兵认为，公安院校图书馆特色资源建设是发展公安高等教育、提高公安民警素质的需要，公安院校应从图书馆的现状出发，构建一个结构合理、层次多样、专业突出的公安特色资源服务系统。[6] 唐德权认为，由于数字资源形式多样和容量增大等诸多因素影响，传统的图书馆数字资源建设模式已经不能满足公安院校图书馆特

---

[1] 谢小梅.试论我国公安院校图书馆特色数据库建设[J].图书馆工作与研究，2005(2)：62-63.
[2] 袁苏婕.谈公安院校图书馆特色数据库建设[J].辽宁警专学报，2006(2)：93-95.
[3] 周爱民.公安院校图书馆教育信息资源之整合[J].江苏警官学院学报，2008(6)：198-200.
[4] 易星.论公安院校图书馆特色专题数据库建设[J].图书馆论坛，2009(4)：106-108,48.
[5] 赵雯,苗琳.铁路公安特色数据库建设研究[J].铁道警官高等专科学校学报，2011(3)：23-26.
[6] 唐德权,周海兵.公安院校图书馆特色资源建设与安全保障研究[J].湖北警官学院学报，2013(8)：172-174.

色资源建设的需要，共建和共享数字资源成为公安院校图书馆资源保障体系的建设目标；研究云服务平台环境下的公安院校图书馆特色资源建设方法将具有重要的实际意义。[①] 南京森林警察学院（南京警察学院前身）图书馆馆员晁明娣、袁思本结合南京警察学院的文献资源建设情况认为，公安院校图书馆在充分研究本校办学特色基础上，建设特色鲜明的馆藏资源体系，对于公安院校学科建设和整体发展具有不可替代的重要作用；同时认为在建设特色资源的实践中，需要有效组织和利用网络资源，建立相关的网络资源导航库，以方便读者获取"一站式"的学术指南和服务，提高文献资源的检索效率。[②] 这些研究文献表明，公安院校图书馆人越来越重视馆藏特色资源建设的实际应用价值，并围绕相关主题进行了较为深入的探索。

三、公安院校自建特色资源的经验与不足

近三十年来，公安院校图书馆持续不懈地依托行业资源和现代化技术手段，建设了内容丰富、形式多样、特色突出的特色资源体系，不仅丰富了图书馆的馆藏量，也提升了公安院校图书馆的服务质量。

（一）公安院校在自建特色资源过程中坚持服务公安的宗旨

公安院校图书馆特色资源的建设是以本校的特色学科和重点学科为基础，针对某一学科或某些学科对特色信息资源知识进行建设。如中国人民公安大学图书馆的"公安报刊复印资料"、广东警官学院图书馆的"经济犯罪侦查专题视频资料库"等特色资源，都是满足公安院校学科与专业建设需求。中国人民公安大学图书馆的"公安学人"、中国刑事警察学院的"全国科技强警示范城市光盘目录"、湖北警官学院图书馆的"刑事技术专家案例数据库"，在传承公安文化方面更是发挥了独特的功能。公安院校图书馆自建的特色资源，不但满足了公安院校学科专业建设、人才培养与科学研究的需求，而且传承了公安文化，始终体现公安院校的特殊属性。

---

① 唐德权.基于云服务平台的公安院校图书馆特色资源建设[J].辽宁警专学报,2014(4)：102-105.
② 晁明娣,袁思本.基于办学特色的公安院校文献资源建设研究——以南京森林警察学院为例[J].科技情报开发与经济,2014(15)：116-118,122.

（二）公安院校在自建特色资源过程中探索合作共建共享的机制

公安院校的特色资源，其服务群体主要是公安学科的研究者、公安事业的贡献者，与地方院校图书馆的特色资源相比，其服务群体的范围更小、更集中。但文献信息资源共建共享是社会发展和进步的必然要求，也是公安院校教育事业发展的主要趋势。① 因而，公安院校图书馆特色资源在建设之初就选择了共建共享的合作原则。例如，1996年湖北公安高等专科学校（湖北警官学院前身）图书馆牵头，联合江苏、浙江、广东、天津等省市的公安院校图书馆，建设"中文公安文献篇名数据库"；随后中国人民公安大学图书馆牵头，联合全国15所公安院校图书馆建设"中文公安期刊全文数据库"等。开展特色资源建设，对图书馆的经费保障、专业队伍等方面的资源有着较高的要求，因而合作共建特色资源成为公安院校图书馆特色资源建设的重要特征。

（三）公安院校自建特色资源中存在的不足

随着公安院校的发展，公安院校图书馆用户对个性化、多元化的信息需求不断增长。特色资源已经日益成为公安院校图书馆馆藏资源建设的重要组成部分，同时也是公安院校图书馆核心竞争力的重要内容。但是各公安院校图书馆在特色资源建设方面存在低水平重复建设的问题，以各公安院校建设的案例库为例，各公安院校的案例库都是案例文档或文本的集合，没有采用公安实战中的关系型数据库，缺少可供学生操作的类似警务综合平台系统软件等。这不但导致公安院校课程实训环节与公安实战的脱节，同时也不利于公安院校毕业生与公安工作岗位的无缝衔接。另外，公安院校图书馆在特色资源管理方面还存在更新不及时的问题。这些问题不但直接影响公安院校图书馆特色资源的建设能力，而且影响公安院校的学科建设的效率。

在公安院校图书馆建设历程中，建设案例数据库得到各地公安院校图书馆的高度重视。20世纪90年代，中国人民公安大学、江苏警官学院、湖北警官学院、广东警官学院、山东警官学院等公安院校的图书馆就开始进行案

---

① 林世勇.21世纪公安院校图书馆馆藏资源特色建设[J].海峡科学,2009(2):67-68.

例数据库建设方面的探索。但在案例库建设早期，各地公安院校图书馆多采用收集案例文档或文本的方式，汇集成案例库。还有部分公安院校在公安机关的支持下，利用法制检查或案例评审等机会，汇集一批公安刑事执法、行政执法的案件卷宗，然后通过对这些案件卷宗的数字化建成案件卷宗库。这些案例库或卷宗库为公安院校刑事案件侦查、预审等相关课程的教学提供了支持，也满足了公安院校在校大学生、研究生等群体的部分需求。但是，随着公安执法规范化建设的推进，尤其是情报引导警务实践的发展，公安机关各部门、各警种都利用数据库技术建设了各类警察业务综合平台。如果能够借鉴公安行业中的警察业务综合平台建设的经验，利用数据库技术，建设一批公安院校特色馆藏数据库或公安情报研判平台系统软件，不但能够提高相关案例的采集速度与时效，而且能够提升公安院校图书馆的服务能力，让学生掌握与公安机关办案相类似的执法实训体验，从而更好地满足公安院校读者群体的需求。

第二节　公安院校图书馆特色资源建设的意义与原则

一、新时代加强公安院校图书馆特色资源建设的意义

特色资源是公安院校图书馆工作的主要内容，也是公安院校学科和专业建设的重要支撑，还是公安院校服务公安工作的重要环节。特色资源是图书馆资源的有机组成部分。公安院校在新时代建设特色馆藏资源，是学习贯彻习近平总书记重要讲话精神，推进公安队伍革命化正规化专业化职业化建设的具体体现。

（一）自建特色馆藏资源是公安院校在网络环境下加强文献信息资源建设的必由之路

公安院校图书馆既是为公安院校的教学和科研服务的学术性机构，也是公安院校人才培养、科学研究、社会服务和文化传承创新的重要支撑，还是全面提高公安高等教育质量的重要保障。公安院校图书馆自建特色资源，是公安院校在网络环境下加强文献信息资源建设的必由之路。

南京森林警察学院图书馆在建设特色资源实践中，始终牢记"公安姓党"的根本政治属性，立足公安院校的校情和发展阶段，坚持特色资源建设与应用相结合，坚持走符合公安特色的发展道路，发挥特色引领全局作用，建设森林公安教学参考案例库、濒危野生物种情报分析平台数据库等，强化特色资源在公安教育的基础作用。浙江警察学院结合浙江的"枫桥经验"，汇集绝大多数研究"枫桥经验"文献，建设"枫桥经验期刊库"，提高了公安院校读者与公安行业读者检索和获取"枫桥经验"研究文献的效率，同时也增强了浙江警察学院图书馆的核心竞争力。

（二）有利于增强公安院校图书馆特色资源建设的整体性、协同性

在建设特色资源的过程中，公安院校图书馆需要不断完善与不同教学部门间的协作机制，从而增强公安特色资源建设的整体性、协同性。

首先，公安院校图书馆需要认真调研本馆的用户需求或本校学科与专业设置的情况，确立建设特色资源库所需提供信息的学科主题范围。以濒危野生物种犯罪情报分析平台建设为例，野生动植物犯罪研究与野生动植物保护执法人才培养是南京森林警察学院科学研究与人才培养的重要内容，因而南京森林警察学院图书馆自2017年开始，就持续建设了濒危野生动植物犯罪情报中心网站和野生物种犯罪情报分析平台（野生动植物犯罪案例数据库管理系统）。

其次，公安院校图书馆需要研究特色资源库建设所涉及的学科及专业文献信息资源的分布、信息含量与相关程度等，并制定信息跟踪采集、分析评估、分类建库等工作细则，从而与学科建设、人才培养工作进行有机融合。南京森林警察学院图书馆在建设濒危野生物种犯罪情报分析平台的过程中，通过与侦查学院、刑事技术学院、信息技术学院、森林公安刑事物证鉴定中心等进行充分研究与协调，最终确定以已经结案的野生动植物犯罪判决书为信息来源，并将裁判文书网所公开的野生动植物犯罪案件判决书作为情报源，同时根据野生动植物犯罪研究的已有成果与研究需求，构建野生动植物犯罪的数据模型，将野生动植物犯罪的各类信息分解为案件基本信息、涉案人员信息、涉案物品信息、作案手段信息等部分（子库），并进行有机组合，以描述不同的野生动植物犯罪的特征，从而为大家系统认识和了解野生动植物犯罪提供新的视角。

再次，增强馆藏数字特色资源建设的开放性。在公安院校图书馆数字资源

建设过程中，需要学习和借鉴国内外各类资源数据库的建设技术和管理经验。公安院校数字资源平台技术的开放性，关系系统维护升级的成本。因此，其操作系统、存储架构、软件平台、网络架构等应充分利用当前的主流技术和标准，立足于国内最先进的系统设计理论，在经费许可的条件下，采用最先进的软件技术和开发工具。公安院校图书馆可以按主题或专题建立虚拟数据库和网上资源导航系统。这就要求公安院校图书馆在建设特色资源的过程中，需要关注平台软件开发的最新技术与成果，构建科学的特色资源数据库的数据处理流程、系统结构、主要功能模块和数据库设计方案。南京森林警察学院图书馆在建设濒危野生物种犯罪情报分析平台的过程中，基于野生动植物犯罪信息处理，即数据加工入库、数据更正修改、不当数据的删除，以及相关数据查询等业务，选定了基于 B/S 模式的三层结构（见图5-1），并根据科学研究与咨询咨政的需求，强化数据汇总、筛选与可视化的功能模块。同时，将濒危野生物种犯罪情报分析平台、濒危野生动植物犯罪情报中心网站、野生动植物执法培训平台、野生物种司法鉴定平台等进行组合，构建科学的网上资源导航系统。

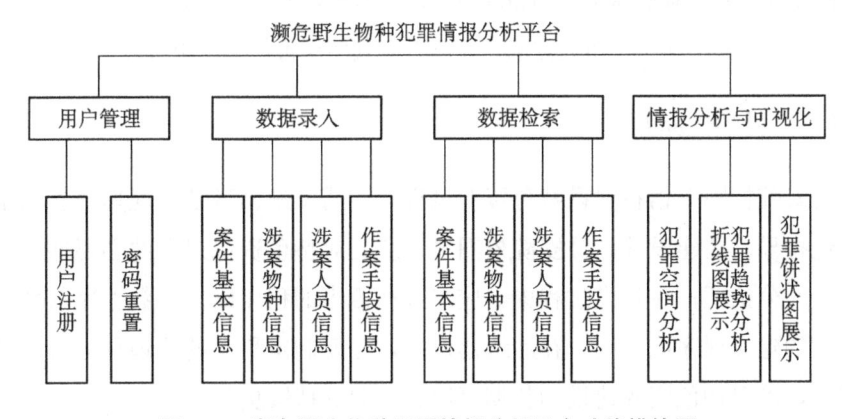

图5-1 濒危野生物种犯罪情报分析平台功能模块图

最后，加强馆藏数字特色资源服务的面向性。公安院校图书馆特色资源服务对象，主要是公安院校的在校本科生、研究生、教师团队、培训学员，以及公安机关民警。公安院校图书馆需要通过交互式的平台加强与读者的联系，同时积极开展宣传推广工作，让校内读者用户熟悉使用方法，校外读者用户了解其特色资源建设的内容，同时提供帮助指南和用户反馈信息的窗口，及时改进数据库建设的各项工作。南京森林警察学院图书馆在建设特色资源过程中，注重加强与读者的联系,具体表现在以下三个方面:一是加强与濒危野生动植物犯罪研究所等科研平台团队成员的联系,为其科学研究提供参考咨询;二是加强与打击非法野生动物贸易协会、野生动植物保护协会等学生社团的联系,并在 2022 年 12 月组织了第一届野生动物犯罪情报研判技能竞赛,既密切了与用户的联系,也丰富了校园文化;三是加强与侦查学院、刑事技术学院等教学院部的联系,为相关课程的情报整理、情报检索、情报研判等的实训教学提供支持和帮助。

二、公安院校建设特色资源的基本原则

(一)针对性原则

公安院校图书馆建设特色资源,并不要求将所有资源都长期保存起来,而是根据公安院校学科建设、人才培养、科学研究和社会服务的需要,将其中具有收藏价值的资源遴选出来,并进行长期保存。因此,公安院校图书馆在建设特色资源过程中,应当贯彻针对性原则,尽可能结合图书馆的馆藏特色和学校的学科特色,以及学校在全国公安院校体系中的布局特色进行考虑,同时还要立足现有的潜在的用户需求,面向教学和科学研究需求,充分考虑其使用价值和需求程度。

(二)科学性原则

公安院校图书馆在建设特色资源过程中,需要遵循科学的规划部署和正确的理论指导。在建设前,公安院校图书馆应当对特色资源建设的必要性、可行性进行充分论证;在建设过程中,应当选择恰当的程序语言与数据库软件,遵循科学的建设程序或流程;在后续建设中,需要制定科学的管理与运行维护规章制度,确保特色资源建设的长期可用、资源的持续更新。

(三)经济性原则

公安院校图书馆在建设特色资源过程中,需要坚持经济性原则。具体而言,公安院校图书馆在建设特色资源时,要遵循最优化原则,尽可能利用有限经费产生最大的社会效益与经济效益;在特色资源建成后,要完善相关管理制度、扩大特色资源的使用范围,以多样化的手段来发挥特色资源的利用价值,尽可能产生最大的社会效益与经济效益。

三、公安院校图书馆建设特色资源的方法

随着公安学、公安技术等学科的快速发展，公安院校的教师、研究生与在校本科生等读者群体需要查阅大量的与公安学科、公安行业、公安专业相关的教学科研信息，而公安学、公安技术等学科的数据资源分布在各个信息来源中，如中国知网等期刊论文数据库、裁判文书网等网络资源，其内容交叉重复，缺乏相应的重点与标准，这就给公安院校读者群体寻找学科、行业或专业相关的数据文献等带来不便。有鉴于此，公安院校图书馆建设特色资源的方法主要可以从两方面入手：一是文献数字化，二是自建数据库。

（一）文献数字化

文献数字化，就是将各类型文献转化成计算机可识别和处理的形式的过程。公安院校图书馆可以在符合版权法规、保密法规等规定的前提下，对有馆藏价值的书刊、报纸、论文、地方公安文献、行业性公安文献等普通文献资源，通过拍照（翻拍）、扫描、拷贝输出、打包生成 PDF 文件，达到对原件内容进行再生性保护和长期保存的目的。如浙江警察学院图书馆在 2021—2022 学年，加大纸电一体化建设力度，逐步将馆藏纸质文献，尤其是将公安科学类文献、政治法律类文献中应用较多的文献转化为电子文献。[①]

（二）自建数据库

1. 定位特色资源库的内容

公安院校担负着为公安育人、为公安献策的使命，因而公安院校的在校大学生、研究生和教师等读者群体需要了解公安行业的动态、共性问题和热点焦点问题。如浙江警察学院图书馆建设的"枫桥经验期刊库"，就结合了地方性公安行业资源、公安行业的热点问题等。"枫桥经验期刊库"不仅提升了传播"枫桥经验"的效率，为公安院校读者检索"枫桥经验"研究文献提供了便利，而且为传承"枫桥经验"提供了支持。

为满足公安院校学科建设、人才培养、科学研究与社会服务等需求，公安

---

① 参见浙江警察学院图书馆官网 2023-11-03 资讯。

院校的教师团队、智库团队需要有功能完备的公安行业信息采集与分析设备。因此，公安院校图书馆作为公安院校的文献资源中心，在建设特色资源数据库时，需要充分调研公安院校不同学科建设、不同读者群体对于公安特色行业资源的需求，并确定特色资源数据库的内容。

以南京警察学院图书馆建设濒危野生物种犯罪情报分析平台为例，生态生物安全与野生动植物犯罪治理在南京警察学院的学科建设、人才培养、科学研究、社会服务等方面具有重要地位；国内外的野生动植物犯罪案例资源、国内外的野生动植物犯罪治理政策法律文本资源、国内外打击野生动植物犯罪的最新执法技术信息，都是南京警察学院建设发展、南京警察学院的读者群体所关注的信息资源。因此，南京警察学院图书馆在广泛调研的基础上，决定将野生动植物犯罪案例数据等信息资源数据库建设作为其馆藏特色数据库建设的重点。

2. 建立数据库平台

以南京警察学院的濒危野生物种犯罪情报分析平台为例，在数据库结构方面，选择了四个模块，分别是用户管理、案件数据采集（数据录入）、情报查询（数据检索）、情报分析与可视化（数据分析）等。其中，在用户管理模块设计上，学校充分考虑数据库安全性要求及不同层次用户的需求，对用户进行分级管理和密码管理；在数据录入模块设计方面，根据构建的案例模型采用分表设计的思路，将数据录入分为案件基本信息表、涉案物种信息表、涉案人员信息表、作案手段信息表等；在情报分析与可视化模块方面，充分借鉴公安实务部门警察业务综合平台的数据可视化思路，对相关数据的筛选、汇总的结果进行可视化展示。

在数据库管理系统的选择方面，充分考虑 MySQL 数据库、Oracle 数据库、SQL Server 数据库的安全性、可扩充性等特点。南京警察学院图书馆在建设濒危野生物种犯罪情报分析平台过程中，在广泛调研后选择了 Oracle 数据库，为该馆藏特色资源的后期应用与维护提供了便利。

3. 选择恰当的建设方式

公安院校在建设馆藏特色数据库过程中，可以采用本校图书馆自建馆藏特色数据库的方式，也可以选择与其他公安院校合作建设馆藏特色数据库的方式，还可以选择服务外包的方式，与专业的科技公司合作建设馆藏特色数库。但无论选择何种方式建设数据库，都需要与本校的相关学科团队保持密切的沟通、合作，可以邀请相关学科团队成员加入，因为馆藏特色数据库最终是为满足公安院校特定读者群体的需求、为公安院校的特定学科建设和特定领域的科学研究服务。公安院校的相关学科团队等读者群体是该馆藏特色数据库的主要用户。

南京警察学院图书馆在建设濒危野生物种犯罪情报分析平台伊始，就与侦查学院、刑事技术学院等学科建设团队保持密切合作，并听取相关教授、教师的建议与意见，确定数据库的数据采集范围、数据表单相关字段的属性，以及数据汇总与筛选和可视化展示的内容等，随后与专业的软件开发公司合作，确保特色资源从开发到应用等全过程的高效率。

4. 维护与运行平台

公安院校特色馆藏数据库平台的维护与运行，包括特色馆藏数据库的数据持续采集、数据库功能的持续更新，以及为保障特色馆藏数据库功能发挥的日常管理等。南京警察学院图书馆还针对濒危野生物种犯罪情报分析平台建立相关的管理规章制度，以保障其数据的安全性，从而方便读者群体利用其馆藏特色数据库资源。

南京警察学院图书馆在建设濒危野生物种犯罪情报分析平台维护与运行中，鼓励侦查学院的相关教师利用该平台开展相关课程的实训，通过犯罪情报学等相关课程实训教学等方式，采集大量的野生动植物犯罪数据，同时也鼓励从事相关领域的教师、学生在科学研究、创新训练中利用该情报分析平台及其数据。

第三节　公安院校图书馆特色资源建设的战略

高校图书馆既是一个管理知识的场所或机构，又是知识创新的平台。公安院校图书馆建设特色资源，是公安院校图书馆实现知识创新的重要内容和方法，也是促进公安院校图书馆发展的重要战略。

一、完善公安院校图书馆特色资源建设的基本原则

公安院校图书馆建设特色资源，需要遵循以下基本原则。

(一) 立足现实找特色原则

公安院校图书馆应结合公安院校的实际情况，找准特色资源的方向和定位，以学科建设、行业服务、公安文化等为重点，建立公安院校特色馆藏资源体系。

(二) 共建共享协作原则

建设特色资源是一项庞大的工程，需要大量的人力、物力和财力。为建设好特色资源，公安院校图书馆不仅需要与校内的各教学院部、其他职能部门之间开展合作，还需要与其他公安院校图书馆、高校图书馆、公安行业实务部门等开展合作，以实现资源共享和优势互补，从而提高资源的利用效率和效益。

(三) 服务学科建设和公安实战原则

公安院校图书馆在建设特色资源的实践中，应紧密结合本校的学科建设和专业设置，以学科为导向，结合服务公安实战的需求，深入挖掘和整合相关领域的特色资源，为公安院校教学、科研以及实战提供强有力的支持。

(四) 标准化和安全性原则

标准化原则要求公安院校图书馆在建设特色资源过程中，遵循国内和国际的相关标准规范，确保特色资源的标准化和互操作性，提高资源的兼容性和可拓展性。安全性原则则要求公安院校图书馆在建设特色资源过程中，注重资源的安全性和可靠性，如加强对资源的保护和备份，以及防范黑客攻击和病毒入侵等安全风险，从而确保特色资源的永久保存和可用性。

公安院校图书馆建设特色资源的发展战略，包括个体公安院校图书馆建设特色资源的战略和整体公安院校图书馆建设特色资源的战略。前者是关于特定公安院校图书馆从该校发展定位与学科建设等实际出发，面向未来考虑该公安院校图书馆的特色资源建设；后者是各地公安院校图书馆作为一个整体，实施建设公安院校特色资源的战略。

二、公安院校图书馆特色资源发展战略的制定

(一) 个体公安院校图书馆特色资源建设的发展战略

按照战略管理的方法，各公安院校图书馆在制定建设特色资源发展战略的过程中，需要梳理特色资源建设的背景，明确特色资源建设的目标任务，组织人员成立专门小组，科学地论证发展战略。

1. 梳理特色资源建设的战略背景

任何建设特色资源战略的制定或形成，都有一个战略背景，即战略的基础或环境。南京警察学院图书馆在建设濒危野生物种犯罪情报分析平台时，梳理了公安行业在维护国家生态生物安全、打击野生动物犯罪的现实，认真贯彻落实习近平法治思想和习近平生态文明思想，了解依法严厉打击危害珍贵濒危野生动物、危害国家重点保护植物等相关犯罪活动的社会背景，同时把握南京警察学院的学科建设现状与将来的需求，并参考了公安院校图书馆在服务公安行业实战需求方面的信息。

2. 明确特色资源建设的目标任务

在战略规划过程中，公安院校图书馆需要从历史和现实的角度确定建设特色资源的目标任务。南京警察学院在建设濒危野生物种犯罪情报分析平台的实践中，明确指出其目标任务是"满足本校学科建设、服务教师科学研究、服务公安实战需求，通过调查和预测这些需求，图书馆会利用可获得的最好信息技术，向本校读者提供高质量的野生动物犯罪信息、情报研判技能培训等服务，向上级主管部门提供野生动物犯罪及执法领域的相关咨询"。

目标任务分为总的目标任务和阶段性的目标任务。总的目标任务，是一种多层目标的集合；而阶段性的目标任务，则是在特定阶段必须实现的单层目标任务，如建设汇集行业特色资源的数据库、建设特色资源利用的效果配套规章制度等。在建设特色资源的实践中，南京警察学院图书馆依托濒危野生物种犯罪情报分析平台等特色资源，定期组织学生开展野生动物犯罪情报竞赛，在丰富校园文化的同时，提升了学生的执法技能，从而坚定了学生从事公安工作的理想信念。

3. 组织特色资源建设的专门小组

专门小组通常由一批具备与特色资源建设相关业务知识的馆员组成，图书

馆的领导当然要名列其中。如果有可能，专门小组应当吸收公安院校相关教学院部的教师参加。公安院校建设特色资源的专门小组，需要在其本职工作以外，完成一定数量的特色资源建设工作，因此需要有一个相对完整的工作规范，如规定每一项任务的时限后，专门小组的成员应尽可能在规定的时限内完成相关工作任务。

（二）公安院校图书馆特色资源建设的行业发展战略

制定公安院校图书馆特色资源建设的行业发展战略，需要有一个牵头的组织方。公安院校图书情报工作委员会可以在这个方面发挥强大的组织协调功能。

早在2004年10月，公安院校图书情报工作委员会在第一届常务理事会第一次工作会议上就提出"在金盾网上开拓公安文献信息平台""拓宽公安院校图书馆服务领域，探索服务于公安实践的途径"的超前特色资源建设战略。因此，在当前公安科技强警、公安大数据战略正向纵深发展的社会背景下，我们有理由期待，公安院校图书情报工作委员会协同全国公安院校可以制定出更佳的公安院校图书馆特色资源建设的整体战略。

案例1　公安院校图书馆特色馆藏资源建设案例
——濒危野生物种犯罪情报分析平台

一、建设目的与意义

生态文明建设是关乎中华民族永续发展的根本大计。野生动物犯罪不但破坏生物多样性、威胁生态安全，而且引发一系列社会问题、威胁生态生物安全与社会稳定。党的十八大以来，以习近平同志为核心的党中央站在坚持和发展中国特色社会主义、实现中华民族伟大复兴中国梦的战略高度，把生态文明建设摆在全局工作的突出位置。近年来，公安部要求全国公安机关认真贯彻落实习近平法治思想和习近平生态文明思想，依法严厉打击危害珍贵濒危野生动物、危害国家重点保护植物等相关犯罪活动。

在公安大数据战略背景下，收集不同地区、不同部门的野生动物犯罪案件信息，提供给公安院校的在校本科生、研究生和教师等读者群体，有助于提升公安院校研究野生动物保护执法的效率。但是，当前公安工作中对于野生动物犯罪信息的管理存在严重不足：一是管理方式较为粗放，在信息采集过程中未能区别不同物种、不同的野生物种制品形态；二是难以对野生动物犯罪动态进行精准监测；三是难以及时发现野生动物犯罪中的热门物种与犯罪热点地区。野生动物犯罪信息管理的不足，制约了公安大数据战略在进一步提升野生动物保护执法领域的发展。

本项目以习近平生态文明思想为指导，研究野生动物犯罪信息管理方法，建设濒危野生物种犯罪情报分析平台；将分散在各地公安、法院、海关等部门中没有得到广泛利用的案件资源组织起来，进行科学管理，为用户提供野生物种犯罪检索与咨询服务，进一步推动野生物种犯罪研究成果的交流利用与转化，进一步提高南京森林警察学院的学术影响力，促进野生物种犯罪相关学术研究与创新，发挥南京森林警察学院在国家生态建设、维护国家生态生物安全领域的重要作用。

二、建设内容

本项目着眼于有效组织野生物种犯罪案件信息资源的数据库，对构建野生动植物犯罪的数据模型、建立规范化描述野生动植物犯罪的元数据标准、建设濒危野生物种犯罪情报分析平台的有关技术、读者用户的需求、设计和开发等方面进行了系统的研究和详细阐述。

第一，构建了野生动植物犯罪的数据模型。对野生物种犯罪进行数据建模，是建立野生物种犯罪数据库的基础，也为用户基于分类方式系统访问和检索野生物种犯罪情报分析平台提供了重要手段。本项目团队认识到现有野生动植物犯罪数据库的不足，在借鉴国内外野生动植物犯罪数据库建设成果的基础上，构建了野生动植物犯罪的新的数据模型；将野生物种犯罪的各类信息分为案件基本信息、涉案人员信息、涉案物种信息、作案手段信息等部分，并进行有机组合，以描述所有的野生物种犯罪的特征，以及不同案件间的内在关联；还为用户系统性认识和了解野生动植物犯罪提供了新的视角。

第二，建立了野生动植物犯罪的元数据规范。本项目团队认为，建立野生物种犯罪的元数据标准规范，既能保障对野生动植物犯罪进行规范化标准化的描述，又有助于形成野生动植物犯罪的完善的研究规范，促进野生动植物犯罪信息的利用与共享。野生动植物犯罪的元数据包括案由、发案省区、罚没地点、查处日期、办案单位、简要案情、涉案价值、案件发现方式、涉案物种类别、罚没物品（物种）形态、罚没数量、数量单位、保护等级、鉴定机构、处理方式、罚没物品价值、涉案人员姓名、出生日期、性别、职业、籍贯、家庭住址、罪名、刑罚种类、刑罚幅度、刑罚（量刑）单位、涉案物品源头地、中转地、消费地、运输方式、隐藏方式、联络方式、支付方式、其他作案特点、猎捕工具、猎捕方法、猎捕区域类型、捕猎时间类型等40个元素构成。

第三，从软件开发的角度，介绍了相关开发技术，描述了濒危野生物种犯罪情报分析平台的建设目标、用户角色及其功能需求，阐述了数据库数据处理流程、系统体系结构、主要功能模块、数据库物理设计方案以及对整个系统的分析、设计及实现进行了详尽的说明。本项目团队认为，濒危野生物种犯罪情报分析平台信息处理包括数据加工入库和野生物种犯罪信息利用两个方面的内容，系统数据处理流程如图5-2所示。濒危野生物种情报分析平台采用基于B/S模式的三层结构，用户对于数据的访问请求，通过表示层提供的用户界面建立请求，并经应用层中的各种应用系统转换为对数据层的数据库服务器的请求；数据层的系统处理完请求后，将处理结果返回给应用层，然后再传递给表示层，由表示层来显示和输出用户所需的信息。整个系统的结构如图5-3所示。

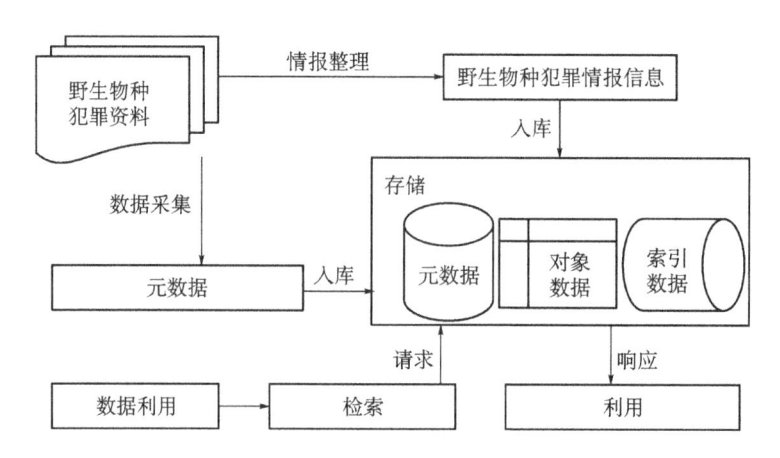

图5-2 濒危野生物种犯罪情报分析平台数据处理流程图

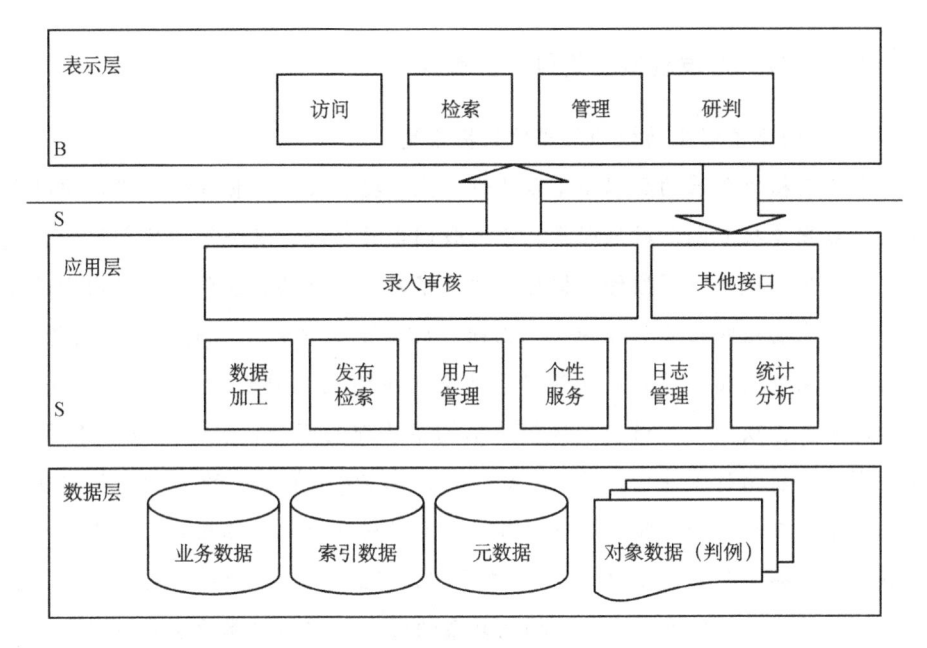

图 5-3　濒危野生物种犯罪情报分析平台结构图

基于需求，濒危野生物种犯罪情报分析平台的功能主要分成 4 大模块，分别是用户管理、案件数据采集（数据录入）、情报查询（数据检索）、情报分析与可视化（数据分析）等。

三、学术价值、实践意义和社会影响

本成果立足贯彻习近平生态文明思想、维护生态生物安全的时代需求以及促进野生物种犯罪治理的研究、提升我国野生动植物保护执法能力，加强野生物种犯罪治理与保护执法相关学科建设的实际，提出建设濒危野生物种犯罪情报分析平台，并紧紧围绕建立濒危野生物种犯罪情报平台，调研国内外野生动植物犯罪数据库研究成果，构建野生动植物犯罪的数据模型；描述野生物种犯罪的元数据、分析用户需求、设计系统体系架构、功能模块以及数据库并开发实现相关功能，从理论与实践结合上进行了研究。

本成果为实现对野生物种犯罪案件资源的组织管理以及开发再利用奠定了基础，将有助于推动我校野生动植物犯罪治理研究、保护执法研究等学术成果交流应用和普及转化，进一步提高我校在野生动植物犯罪与保护执法研究领域的学术影响力，产生更广泛的社会效益。

四、重要科学发现或主要科技创新点

（一）构建了野生动植物犯罪的数据模型

野生动植物犯罪的数据模型是建设野生动植物犯罪数据库的前提，同时也是决定数据库功能的基础性因素。早前我国森林公安、海关等执法部门各自建立了涉野生动植物犯罪案件数据库，收录了野生动植物犯罪信息，但由于缺乏科学的野生动植物犯罪数据模型，因而在信息采集过程中未能区别不同物种、不同的野生物制品等信息，也忽略了涉案动植物及其制品的来源地、中转地、消费地等数据项，以致出现了数据库结构不合理的问题，影响了数据库功能。濒危野生动植物种贸易国际公约（CITES）在2016年发布的《CITES非法贸易年度报表制作与提交指南》中推荐了野生动植物犯罪数据报表。该报表已成为联合国毒品与犯罪问题办公室（UNODC）"世界野生动植物非法贸易系统"（WISE）的基础，但也存在不能描述复杂的野生动植物犯罪的缺陷与不足。

本成果在借鉴国内外野生动植物犯罪的数据模型基础上，构建了一种新型的野生动植物犯罪数据模型，即将案件基本信息、涉案物种信息、涉案人员信息、作案手段信息（包括非法贸易手段、非法捕猎手段等）进行有机组合。本成果所构建的野生动植物犯罪数据模型，不但能够描述各种野生动植物犯罪的外在特征，而且可以揭示不同野生动植物犯罪间的内在关联；不但可以促进野生动植物犯罪情报分析研判的规范化，而且可以基于数据挖掘技术对指定案件与历史案件进行关联分析。

（二）建立了野生动植物犯罪的元数据规范

野生物种犯罪的元数据，是用来描述野生动植物犯罪的中介数据，其功能是描述数据库所收藏数据的内容或特色，进而达成协助数据检索的目的。公安部多年来一直在推动公安行业的元数据标准化建设，但野生动植物犯罪领域的元数据研究仍很薄弱。

本成果在借鉴国内外研究成果基础上，建立了符合公安行业需求的野生动植物犯罪元数据规范。住址、罪名、刑罚种类、刑罚幅度、刑罚（量刑）单位、涉案物品源头地、中转地、消费地、运输方式、隐藏方式、联络方式、支付方式、其他作案特点、猎捕工具、猎捕方法、猎捕区域类型、捕猎时间类型等40个元素构成。

表 5-2　濒危野生物种犯罪情报分析平台数据元一览表

序号	名称	英文名称	定义
1	案件基本信息	Brief of the case	野生动植物犯罪案件的基本信息
1.1	案由	Offence	执法机构查处时指控的罪名
1.2	发案省区	Province	案件发生的省、自治区、直辖市
1.3	罚没地点	Location of incident	罚没涉案野生动植物制品的地点
1.4	查处日期	Date of seizure	罚没涉案野生动植物制品的日期
1.5	办案单位	Detecting agency	执法机构名称
1.6	简要案情	Case	简要的案件事实
1.7	涉案价值	Estimated value	罚没物品的价值总和
1.8	案件发现方式	Method of detection	发现犯罪案件的方法
2	涉案物种信息	Involving species	犯罪所侵犯的野生物种资源情况
2.1	涉案物种类别	Species	野生动植物保护名录所列物种名称
2.2	罚没物品形态	Description of specimen	罚没野生物种的样本形态，如象牙
2.3	罚没数量	Quantity	罚没野生物品数量
2.4	数量单位	Unit	如千克、头（只）等
2.5	保护等级	Degree	国家规定的保护等级，如国家一级
2.6	鉴定机构	Forensic agency	鉴定机构名称
2.7	处理方式	Disposal of confiscated specimens	对罚没濒危野生物的最后处置情况
2.8	罚没物品价值	Cost of the seizure	具体每一件罚没物品的价值
3	涉案人员	Criminal	破坏野生动植物资源的犯罪人情况

(续表)

序号	名称	英文名称	定义
3.1	姓名	Name	
3.2	性别	Gender	
3.3	出生日期	Date of birth	
3.4	职业	Job	
3.5	籍贯	Nationality of offenders	
3.6	家庭住址	Address	
3.7	罪名	Crime	
3.8	刑罚种类	Sanction	
3.9	刑罚幅度	Quantity of Sanction	
3.10	刑罚单位	Unit of Sanction	
4	非法贸易手段	Method of illegal trade	非法收购运输出售走私等犯罪手段
4.1	物品源头地	Alleged country of origin	非法野生物的来源国（地）
4.2	中转地	Country(ies) of transit	非法野生物的中转国（地）
4.3	消费地	Alleged final destination	非法野生物的目的地
4.4	运输方式	Mode of transport	运输罚没濒危野生物的方式
4.5	隐藏方式	Method of concealment	隐藏濒危野生物的方法
4.6	联络方式	Contact	犯罪人寻找买家或卖家的通信方式
4.7	支付方式	Payment	支付货款的方式
5	非法捕猎手段	Method of illegal poaching	非法捕猎动物的情况
5.1	捕猎工具	Hunting tool	捕猎的工具
5.2	猎捕方法	Hunting method	捕猎的方法
5.3	猎捕区域类型	Area of illegal hunting	捕猎的区域类型
5.4	捕猎时间类型	Period of illegal hunting	捕猎的时间类型

案例2 野生物种保护执法实训系统（数据库）建设方案

一、项目概述

（一）项目名称

野生物种保护执法实训平台系统（数据库），简称"实训平台"。

（二）建设内容及目标

"实训平台"建设的主要内容包括：整合现有的野生动植物执法培训平台、濒危野生物种犯罪情报分析平台、濒危野生动植物犯罪情报中心网站等资源，并建设符合学校侦查学科建设、食药环专业建设需求的野生动植物犯罪侦查实训平台，最终形成一个集教学、练习、模拟办案、考试、实战应用等功能于一体的教学平台，全面改进和提高野生动植物执法教学训练工作，为食药环侦民警/学生快捷、高效地研习野生动植物执法专业理论、全面提升野生动植物执法专业知识运用能力和野生动植物执法实战能力提供强有力的保障。

食药环侦民警/学生可以通过登录"实训平台"设定学习目标，进行自主学习，同时，通过案例研修加强对野生物种保护执法工作的理解，通过仿真训练进行模拟办理经济犯罪案件，增强从立案、侦查到善后工作的实操能力。

食药环侦民警/学生通过登录"实训平台"进行线上练习和训练可以极大地节省时间和成本，既降低了对环境等客观因素的要求，又能结合实际案例紧密贴合实际，实现在更短的时间和成本内培养更高素质人才的目标。

"实训平台"还将建立线上讨论平台，可用以实现野生动植物执法类所有的野生动植物执法学生、民警、指挥员、专家通过网络进行全方位、全天候的交流，建立有效的学习及研讨机制。

平台建设支持国产化适配。

（三）建设周期

本项目基本建设期为三个月，经示范应用后，全面投入使用。
"实训平台系统"将根据国家法律法规的更新变化、野生动植物执法领域理论与实践取得的最新成果以及广大用户的反馈意见不断更新、完善。

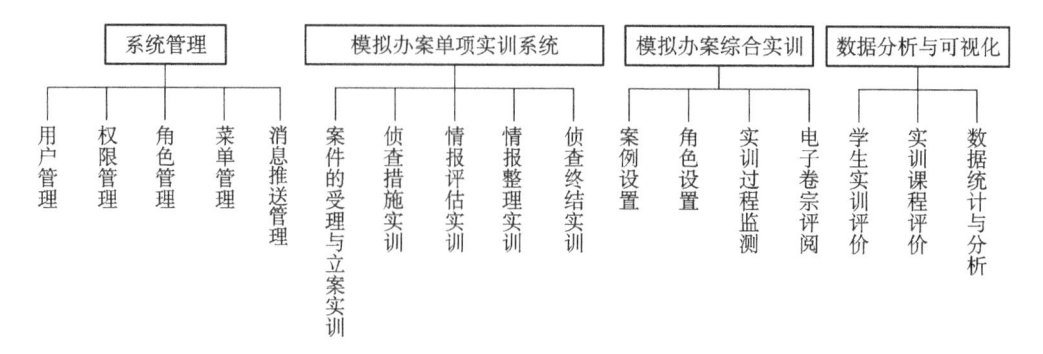

```
┌─────────────┐    ┌──────────────────┐    ┌──────────────┐    ┌──────────────────┐
│  系统管理   │    │模拟办案单项实训系统│    │模拟办案综合实训│    │数据分析与可视化  │
└─────────────┘    └──────────────────┘    └──────────────┘    └──────────────────┘
```

用户管理 / 权限管理 / 角色管理 / 菜单管理 / 消息推送管理 ‖ 案件的受理与立案实训 / 侦查措施实训 / 情报评估实训 / 情报整理实训 / 侦查终结实训 ‖ 案例设置 / 角色设置 / 实训过程监测 / 电子卷宗评阅 ‖ 学生实训评价 / 实训课程评价 / 数据统计与分析

图 5-4 野生物种保护执法实训平台系统示意图

二、项目建设方案

（一）系统管理

1. 用户管理

（1）用户登录。食药环侦民警/学生使用自己的账号登录，可以使用系统中食药环侦民警/学生权限的相关功能。

（2）用户注册。系统采用邀请注册制，管理员可以批量导入食药环侦民警/学生的信息，来注册其登陆系统的唯一账号，该账号仅限本人使用，用于学习、考试等。注册后需要后台系统进行核验，身份通过后方可登录系统。

（3）注册用户审核。超级管理员查看注册的用户列表及信息，对注册用户进行审核，支持单个审核和批量审核操作，对于不通过的写明原因。

（4）注册次数记录。对用户的注册情况进行记录，管理员可以查看同一个手机或者用户信息的注册情况，若为恶意注册的，可使用黑名单功能，禁止注册。

（5）黑名单管理。对纳入黑名单的手机或者身份证，系统自动直接拒绝其进行注册相关操作。黑名单用户不会进入审批列表。

2. 权限管理

根据食药环侦民警/学生、管理员等角色划分不同，授予不同的操作功能、表单、操作权限确定到单独功能增加、删除、修改等节点。

3. 角色管理

根据操作角色确定功能，如超级管理员、管理员、视频管理员、试题管理员、实训教官等。根据食药环侦民警/学生在实训项目中的角色安排,可以分为侦查大队领导、侦查员、情报分析员等角色。

4. 菜单管理

针对菜单显示功能进行管理。

5. 消息推送管理

实现短信或应用小程序(App)消息推送。利用短信或者 App 推送功能进行消息的推送。

(二) 基础支撑平台

1. 应用支撑平台

有效统一系统的机构、人员与权限,实现各应用系统的统一配置,让各应用系统之间复用组件功能、共享服务、共享数据、统一架构、统一接口标准,最终实现各单位信息化建设的标准化、统一化、协同化、平台化。

(1) 统一用户。实现应用系统中的用户(实训项目中的学生角色外)、机构以及授权、鉴权统一管理。构建一个统一的、标准的用户数据信息,实现不同用户群体之间的统一认证,将大量分散的信息和系统进行整合和互联,形成整体的系统认证中心和用户数据信息中心。提供的主要功能及服务为统一用户管理,独立权限管理,统一授权,统一认证,认证授权接口,标准数据接口,统一登录入口。

(2) 统一配置。实现各应用系统参数、公用参数统一维护、独立分发。采用统一、标准的系统配置表单源,让不同系统的公共配置、特殊配置实现远程维护与分发,解决系统管理员不能够统一维护各系统配置的问题。提供的主要功能及服务为统一配置管理,系统配置分发,分发调用接口,同步接口,监听服务等。

(3) 公共数据。提供各应用系统基础数据、公共数据字典统一维护、实时共享,让各应用系统的基础数据表、代码表能够统一维护、方便调用,提供的主要功能及服务为公共数据、基础代码、标准数据接口等。

(4) 公共服务。提供稳定、可靠的公共基础服务,统一开放、共享集成,实现各应用系统的基础服务功能,如日志服务、定时服务、安全加密服务、消息服务等提供的主要功能及服务包括服务注册、服务启动(关闭),服务状态、服务运行日志,服务调用接口,服务部署等。

（三）消息中心

消息中心，将用户任何事务消息进行统一队列管理，做到定时消息提醒、定时事件触发，实时监控任何类型的消息，将消息通过短信或其他通信方式快捷通知相关人员，实现利用消息，跟踪了解学习情况、学习进度等，方便用户使用。

（四）组件开发平台

1. 日程管理组件

为了辅助用户按照学习计划完成学习，用户可以通过日程组件对个人的时间进行管理，如事宜安排、行程计划、作息安排、备忘等。该组件可以让用户灵活方便地设置个人日程，可按日、周、月、年多种视图展示，统一日程消息，可按在线、邮件、短信等多种接收方式设置日程提醒。

2. 富文本组件

通过 VML＋JS 技术自主开发实现类 word 在线图表编辑器，在任务编辑输入框，用户可自定义内容，选择输入，为用户带来更多信息表达方式。该富文本组件目标更注重于应用。如：

（1）提供文本粘贴和 word 粘贴两种不同的粘贴方式；

（2）当 word 文档辅助的时候可以通过专门的打开操作，保留图片等设置；

（3）提供快捷录入，内置常用语；

（4）允许全屏编辑，在文档内容比较多的时候颇为重要；

（5）提供表格，用于制作规范报表的工具；

（6）提供图形系列工具，用于表达流程图等用文字无法表达的信息；

（7）允许上传媒体内容。

3. 搜索组件

通常我们所见的搜索引擎，是对完全公开的信息进行索引搜索，但是在系统内部的数据，每个个体能接触到的信息范围是不相同的，部分人的信息范围较广，部分人的信息范围较窄，如果采用常规的索引搜索，将不能解决搜索范围的动态定义及数据过滤。针对这种情况，我们采用了按权限、动态过滤索引结果的处理方法，运用权限数据过滤、中文切词实现全文检索，将搜索出的数据库信息、文档内容、附件信息按不同的权限范围，准确地呈现给搜索者，从而满足了针对搜索结果信息按不同权限进行数据分发的需求。

该组件中，在搜索栏中输入要查找的关键字，在搜索结果列表中就会罗列出相关信息，提供全系统范围内的内容检索，方便快捷地定位所有信息，实现数据过滤型搜索。

三、应用系统建设

（一）在线学习管理

在线学习管理模块提供了在线视频、在线文章、学习计划等学习管理工具。

（1）在线视频学习。野生动植物执法培训系统提供在线视频学习功能，实现对视频文件等的在线学习，记录学习情况，提供学习包括视频问答、视频星级评价模块、视频播放数等，通过视频问答方式实现防作弊，通过积分控制实现食药环侦民警/学生学习规范化管理。

（2）在线文章学习，包括文章学习、文章点赞评价，通过积分控制实现食药环侦民警/学生学习规范化管理。

（3）视频随机问答。针对网络学习过程中存在的点击即算学习所导致的无法控制完整学习过程的问题，我们通过视频随机问答的功能，在视频学习过程中随机弹出验证问题，需对验证问题进行解答，否则无法继续观看视频。

（4）制订学习计划。食药环侦民警/学生依据自身情况设置学习计划。系统通过智能规则引导学习计划的制订，包括学习目标、学习方法、学习路径等，支持多个学习计划制订。

（5）学习自动提醒。系统依据用户定义好的学习计划，生成学习日程，进行学习提醒，可通过短信或者App消息提醒用户及时完成学习。

（6）我的学习。系统提供一个访问平台——各种信息资源的入口，集成消息中心内容，用于接收以及展示所有消息，对消息进行分类查看。食药环侦民警/学生可以查询已完成学习计划、未完成学习、学习成果、已完成和未完成的学习的课程情况等，同时支持历史练习和历史试卷的查询。

（7）学习计划管理。系统管理员拥有为食药环侦民警/学生设定学习计划及计划的增加、修改、删除、查询等管理权限。如该学习计划是否已为食药环侦民警/学生学习所使用，并且以此判断学习是否完成，是否可以开始考试。

（8）学习课程管理。对学习课程资源进行管理，包括视频管理、视频上传、文章管理、文章发布、课程管理、课程分类等。

① 课程目录。课程目录管理主要用于教师进行课程目录的编辑，课程目录可分为章节、知识点两个层级。如课程章节下设有知识点，点选课程结构，会相应展开点选章节下相关的知识点信息。

② 课程管理模块。主要为考务教师使用，实现课程名称、课程编号的管理，以及禁用启用等功能。

（二）在线练习管理

在线练习模块提供了在线练习、练习纪录、在线试卷、在线考试等管理工具。

1. 在线练习

食药环侦民警/学生依据设置的学习计划和完成的学习情况，系统自动生成练习试卷，对试卷进行在线答题。

（1）在线答题。依据系统自动生成的题目进行答题，包括单选、不定项选择、判断和案例，其中案例题为在纸上答题，提供已答对或答错的选项，用户根据答案解析来判断对错。

（2）答案解析。提供答案解析，可以在线实时查看答案解析。

（3）试题收藏。支持对当前试题进行收藏，收藏后自动生成错题本，可在错题本中进行统一的查看和回顾。

（4）题目反馈。学员在练习的时候，对题目有疑问，可以对题目进行问题反馈，提供题干有误、题干展示错乱、解析错误、答案错误等选项，支持手动编辑提交。

（5）答题卡。系统自动生成答题卡，答题卡上显示填写情况，用户可以通过答题卡切换到具体的某项题目内，对题目进行修改。

（6）练习报告。用户提交后，系统自动分析结果，生成练习报告，显示难易度、用时、完成答题数、正确/错误量等，同时支持错题解析的查看。

2. 练习记录

提供对用户练习记录结果的查看。

（1）练习统计，包括总的练习时长、总答题量、正确率等。

（2）练习列表，支持对已完成的练习卷的查看。

（3）错题本。查看记录的错题本，支持对错题本的维护，包括解题思路的填写、附件上传等，支持对错题的自定义标签，提供标签进行分类和查询功能。

3. 在线试卷

系统提供固定试卷和随机试卷，系统依据学时制订的学习计划以及完成的学习任务，自动生成相关试卷。用户可以通过在线填写，检查对知识的掌握情况。按不同年级、不同学习目标、不同用户类型生成不同试卷。同时用户可以依据考试状态查询需要完成的课程学习。

（1）全部试卷。系统显示所有的试卷，显示不同年份、不同类型的试卷。设置试卷完成的条件，部分试卷的填写，需要完成相关视频的学习等。

（2）试卷智能生成及推送。教师/管理员通过后台使用资源管理功能，录入固定试卷，依据规则平台定义的学习类型、学习目标以及学习的完成情况，推送给不同的食药环侦民警/学生。

系统自动生成试卷，依据智能规则平台的考试规则，针对学习目标、学习深度等推送自动随机生成模拟试卷，推送给不同的食药环侦民警/学生。

4. 在线考试

（1）智能试卷。针对食药环侦民警/学生所学习的内容随机生成测试题（单选、多选、填空、判断对错等），由食药环侦民警/学生点选作答。确认完成后点击提交，即时显示成绩。

（2）指定试卷考试。最终的结业考试，在线进行考试，包括案例分析等主观题回复，考试完成后，在指定时间内，由指定的教师进行评卷，提供最终成绩。考试通过后可获得系统颁发的结业证书。

（3）结果查询。查询管理模块实现学生查看个人考试相关信息及分数、状态等功能，支持对自己参加的考试的成绩及成绩详细信息、错题信息等的查询。

（三）在线讨论

系统设置自由讨论区和专题讨论区。用户针对学习中出现的问题或者实践中出现的案例提出问题，进行实时讨论。系统内所有用户都可以参与回复讨论，包括以下方面。

1. 专题讨论

指定管理员/用户类型发布关于某个主题的专题，依据需要设置专题内讨论议题的发布权限，发布后系统依据议题的回复情况、浏览情况等，设置为热议问题和最新提问，所有用户都可以参与问题的讨论。

(1) 最新专题。系统显示最新发布的专题信息，包括专题名称、最新讨论议题、最近更新时间、专题浏览次数等。

(2) 所有专题。显示所有的专题数量，列表显示专题封面、专题名称、专题描述、最新更新时间、专题浏览次数等信息。

(3) 专题发布。管理员/用户类型发布关于某个主题的专题，依据需要设置专题内讨论议题的发布权限，可为某些固定用户，也可以为系统内所有用户。

(4) 关注专题。支持对专题的关注，关注后在"我的关注"中进行查看。

(5) 议题智能排布。依据专题中的问题发布的时间和热度情况，分为正在热议和最新提问两种类型，便于用户用不同的方式进行查看和回复。

(6) 议题回复。对每个议题进行回复，实名显示回复人姓名和基本信息，支持图文回答和视频回答等模式。

2. 自由讨论区

食药环侦民警/学生在学习过程中发现了问题，可以在自由讨论区进行"提问题"，让系统内所有用户参与问题的自由讨论。

(1) 议题发布。食药环侦民警/学生，可以自由发布议题，包括议题名称、议题背景、条件等详细信息，支持标签的自定义编辑。

(2) 智能标签。用户发布议题时系统会依据发布的议题标题，自动填充相应的标签，支持标签的删除和自定义填写。

(3) 议题回复。对每个议题进行回复，实名显示回复人姓名和基本信息，支持图文回答和视频回答等模式。

(4) 议题邀请。系统自动推荐在系统内回复过相关问题的用户，进行勾选后可发布回复邀请。

3. 我的关注

对关注专题和收藏问题进行查看，包括以下两个方面。

(1) 我关注的专题。用户可以查看自己关注的专题。

(2) 我的收藏。用户可以随时查看所收藏的相关内容。

(四) 统计分析

对课程的学习完成情况，包括学习计划、练习情况、考试情况、互动情况等进行统计分析，对课程热度、课程好评度、学习积分等进行排序。

1. 成绩管理

成绩管理分为在线考试成绩、平时成绩、课程总成绩等功能。

（1）在线考试成绩。实现管理员进行网上考试成绩的查询、重新生成本次考试成绩等操作功能。根据"姓名""学号""考试课程""课程编号"和"总分标记"等检索条件，可以查询到考试成绩信息，结果以列表形式展现。

（2）平时成绩。管理员用户可以实现平时成绩的查询和详情查看。可以查询到相应学生的平时成绩信息。平时成绩包括练习成绩、测试成绩等。

（3）课程总成绩。可以实现总成绩的查询、总成绩合成、多种导出、详情查看等操作。

2. 实训任务管理

实训任务管理分为模拟办案单项实训任务、模拟办案综合实训任务。

（1）实训项目。根据"实训项目""实训编号""相关课程""实训教官"等检索条件，可以查询到实训项目信息，结果以列表形式展现。

（2）实训评价。根据"实训项目""实训评价""评价等级""实训学生"等检索条件，可以查询到实训成效信息，结果以列表形式展现。

（3）实训状态。根据"实训项目""实训起始时间""实训结束时间""实训学生"等检索条件，可以查询到实训成效信息，结果以列表形式展现。

3. 积分管理

通过食药环侦民警/学生参与学习获得积分方式解决网络学习质量问题，实现对学习的量化考核管理以及评优等，结合防作弊技术实现食药环侦民警/学生只有完整参与学习才能获得积分，包括以下方面。

（1）积分配置。通过维护积分种类、积分动作及对应分值，通过积分计算、积分等级的维护、积分排行规则等多种配置，建立一套完整的学习积分体系。

（2）积分来源。课程学习、在线练习、在线考试、专业课程实训、专业综合实训等。

（3）积分排名。可以按照不同维度排名，提高全员学习的积极性。

（4）积分统计。食药环侦民警/学生可查看本人的积分总值和每笔积分的明细；实训教师、管理员等可以查看所有学员的积分、班级或实训小组的积分。

四、专业课程（模拟办案）实训系统

食药环侦民警/学生运用"专业课程实训"，根据相关专业课程大纲要求，针对系统给定的案件情况（相关情况是专家总结、提炼已经破获的单个或多个经典案例的复杂状况而精心设计的、既属于真实又远远超越真实复杂程度的案件情况），根据《中华人民共和国刑事诉讼法》《公安机关办理刑事案件程序规定》的要求，完成立案、侦查、结案、情报评估与研判等工作，充分体现食药环侦民警/学生的设计性和创造性。

通过系统提供的刑事法律文书模板和审批流程，食药环侦民警/学生在平台上完成法律文书、侦查措施与谋略、情报分析的训练，进而深刻掌握野生动植物保护执法的侦查程序、业务知识。

专业课程实训，要贯彻"参与式""体验式"教育训练理念，通过实训提升训练者的程序意识和执法规范化意识。

（一）案件的受理

系统提供情景案例，生成图文、视频等多种方式的案例进行模拟办案。食药环侦民警/学生登录系统后，调用系统提供的公安刑事法律文书模板，针对报案人而制作笔录、开展立案前的调查核实，并完成案件受理登记表、立案呈请文书以及情报分析表单等工作。

（二）现场勘查实训

系统提供情景案例，进行模拟办案。食药环侦民警/学生根据系统提供的案件信息，自主完成现场保护、现场勘验、现场物证的发现与提取、现场绘图、现场照相、案件分析等任务，并在登录系统后调用系统提供的公安刑事法律文书模板，制作现场勘验笔录等法律文书和相关情报表单。

系统将相关法律文书、表单中的案件信息、人员信息、涉案物品信息等自动汇集到相关案件数据库、审理人员（涉案人员）数据库、文书（电子卷宗）数据库、涉案物品数据库。

系统通过食药环侦民警/学生在办案过程中的操作表现，分环节并最后综合为其进行得分判定。

（三）侦查措施训练

系统提供情景案例，生成图文、视频等多种方式的案例进行模拟办案。食药环侦民警/学生根据系统提供的案件信息，自主完成调查讯问、侦查讯问、搜查、辨认等侦查措施，并在登录系统后调用系统提供的公安刑事法律文书模板，制作案件询问、讯问、检查、辨认、搜查、侦查实验等笔录，相关侦查措施的呈请文书，相关强制措施的呈请、审批文书、通知书等，以及情报分析表单等。

系统将相关法律文书、表单中的案件信息、人员信息、涉案物品信息等自动汇集到相关案件数据库、审理人员（涉案人员）数据库、文书（电子卷宗）数据库、涉案物品数据库。

系统通过食药环侦民警/学生在办案过程中的操作表现，分环节并最后综合为其进行得分判定。

（四）侦查终结训练

系统提供情景案例，生成图文、视频等多种方式的案例进行模拟办案。食药环侦民警/学生登录系统后，根据系统给出的案件名称与编号，检索系统中与该案件相关的法律文书、证据材料、表单，对相关证据材料进行单项审查；综合所有案件证据材料的审查情况，对该案件是否符合结案条件做出判断；调用系统提供的公安刑事法律文书模板，制作案件侦查终结报告、起诉意见书等，并形成规范的电子卷宗。

系统为通过教师审核的电子卷宗自动编号，汇入电子卷宗数据库。

系统通过食药环侦民警/学生在办案过程中的操作表现，分环节并最后综合为其进行得分判定。

（五）情报评估与研判训练

（1）情报评估实训。系统提供相关情报表单，进行情报评估训练。食药环侦民警/学生登录系统后，根据分派的任务，制作相应的情报表单；调用系统提供的情报分析工具，对每一份情报表单的内容，从情报来源、真实性等方面进行评估，并关联相关案件、提出处置建议。

（2）情报研判实训。系统提供相关情报表单，进行情报研判训练。食药环侦民警/学生登录系统后，根据分派的任务，检索相关案件数据库，制作相应的情报表单；调用系统提供的情报分析工具，对多份相关的情报表单，应用相关情报研判方法，开展犯罪行为模式分析、犯罪趋势分析、犯罪热点地区分析等，并关联相关案件，提出处置建议，形成情报研判产品。

系统将对通过教师审核的情报产品（情报表单、情报研判报告等）自动编号，汇入相关情报产品数据库。

系统通过食药环侦民警/学生在办案过程中的操作表现，分环节并最后综合为其进行得分判定。

（六）司法鉴定训练

系统提供情景案例，生成图文、视频等多种方式的案例进行模拟司法鉴定。食药环侦民警/学生登录系统后，调用系统提供的司法鉴定工具，分析检材特征，并形成司法鉴定文书。

系统将对通过教师审核的司法鉴定产品（情报表单、鉴定结论等）自动编号，汇入相关法律文书（电子卷宗）数据库。

系统通过食药环侦民警/学生在鉴定过程中的操作表现，分环节并最后综合为其进行得分判定。

五、专业综合（模拟办案）实训

利用涉濒危野生动植物犯罪情报中心的案例资料，设立基础库配置、仿真案例中出现的角色、场景等可进行统一配置，配置后，在案例设置时可进行引用。

针对给定的案件情况（相关情况是专家总结、提炼已经破获的单个或多个经典案例的复杂状况而精心设计的、既属于真实又远远超越真实复杂程度的案件情况），设置案件的角色、场景、剧情及对剧情关键节点，自动生成案件情景。

（一）学生分组

由一组食药环侦民警/学生（5～10人）按照侦查大队分设为大队长、侦查员、情报分析员等不同角色，根据案件情景，调用系统提供的公安刑事法律文书模板、情报分析工具，完成从立案、侦查、结案等一系列工作。也可由实训教师制定参与实训人员的不同角色。

（二）法律文书模板调用及电子卷宗制作

系统为通过教师审核的法律文书、情报表单、情报研判产品、电子卷宗等自动编号，汇入相关数据库。

系统通过食药环侦民警/学生在办案过程中的操作表现（录制或上传的视频资料）以及卷宗材料等，最后综合为其进行得分判定。

六、野生动植物执法专家知识库

建立野生动植物执法专家知识库，用户可以通过知识库系统轻松学习、随时查阅，应急查询野生动植物犯罪侦查与防控相关的法律法规、司法解释、知识、理论及方法和技巧等。

通过将法律法规规则化和知识化，用于在线学习、在线答疑、关键词/错题联想；通过智能规则实现对案例与法规结合，可以快速找到对应的法律法规，并匹配历年经典案例/典型案例；通过对案例等的语义智能分析、语义智能理解实现对学习的个性化推荐，同时可以结合最新热点自动为学员推荐学习资料。

（一）法律法规库

录入国家有关野生动植物保护的法律法规，对常用的法律法规等指导性知识文档进行采集和创建，完成存储和管理以及版本控制。可以按照设定的类别任意添加和创建。通过知识积累和数据挖掘，确保法律法规文档正确、一致和有效。

（二）典型案例管理库

利用濒危野生动植物犯罪情报中心网站、濒危野生物种犯罪情报分析平台，录入近年来野生动植物犯罪各类典型案例，对案例和法规进行强关联，实现案例和法规的关联管理。

七、规则引擎

建设和开发成熟稳定的智能规则引擎，通过规则设置，自动生成学习计划、学习要求等。

智能规则引擎、实现应用系统控制逻辑与业务决策逻辑的分隔独立；提供可变参数服务接口，使得变更数据结构不影响服务接口和应用系统。

支持高性能、高可靠性的分布式集群部署架构，具备热插拔扩展能力，提供高可靠性、高性能、高扩展能力。

采用动态的数据映射技术，数据库表结构变化无须修改程序并重启服务器，实现完全的动态。

支持内存数据库，实现海量内存计算，管理海量内存的合理使用、释放，提供规则运算的高速度。

支持多规则库、多规则引擎集群部署。

提供元规则及元规则引擎，提高规则库的可管理性，提高规则运算速度。

提供可视化的、基于可扩展标记语言格式（XML 格式）的规则编辑工具，支持产生式、书写式多维决策树等多种规则定义方式，方便业务人员、技术人员协同进行规则定义，尤其是复杂规则的定义。

提供规则编译功能，将规则、规则集转换为可执行代码，使得规则引擎除了可以保证单次调用规则的性能，还能使系统不再受限于同时在线数。规则引擎不会因为同时调用的负载高而影响性能。

提供规则、规则集的版本控制功能，并且将版本注册于元规则，实现多个版本并行可用。

提供可视化的规则库、规则集、规则关系展现工具，方便分析规则关系。

提供规则运行监控功能，方便查询、追踪规则运行轨迹。

具备智能分析和自我学习的处理引擎。

提供规则运行效果统计功能，对规则按照使用率进行排序统计。

第六章　公安院校图书馆文化建设

杰西·H.谢拉（Jesse Hauk Shera）认为，图书馆是由文化浇铸出来的。作为文化与教育事业的混合体，图书馆既承载着促进教育、发展教育的职责，同时也肩负着保存文化、弘扬文化的使命。[①]

公安院校文化是公安院校学生成才的文化环境，也是公安院校培育合格人才的重要载体。公安院校图书馆是公安院校的重要育人场所，也是公安院校校园文化的重要阵地。藏书与阅读是大学图书馆的基本功能，围绕其功能而产生的图书馆文化，是公安院校文化的重要组成部分。2004年12月，《教育部 共青团中央关于加强和改进高等学校校园文化建设的意见》中强调，高等学校校园文化是社会主义先进文化的重要组成部分。加强校园文化建设对于推进高等教育改革发展、加强和改进大学生思想政治教育、全面提高大学生综合素质，具有十分重要的意义。公安院校图书馆不仅是公安院校的文献信息中心，同时也是公安院校的重要文化设施，因而公安院校图书馆怎样以自己的文献资源、文化设施、文化创造和文化服务去支持和推进公安院校图书馆的文化建设与发展，是公安院校图书馆人需要加强思考的课题。

第一节　公安院校图书馆文化建设概述

图书馆是人类保存与获取知识信息的社会文化机构。公安院校图书馆既是公安学与公安技术等学科知识保存与获取的公安教育文化机构，也是我国公安文化建设的重要力量，还是公安院校履行其职能的文化设施，在整个公安文化体系建设中具有十分重要的作用。

---

① 姜海，许竹萍.图书馆文化体验理念的解析与实践[J].图书馆学刊，2014(11)：8-11.

一、公安院校的校园文化概念

不同的学者对于文化有着不同的定义。英国学者泰勒在《原始文化》一书中认为:"文化是一个包括知识、信仰、艺术、道德、法律、风俗以及人类在社会里所拥有的一切能力与习惯。"而同时期法国的启蒙思想家则认为,"文化是一种教养,一种能够通过教育来获得的良好教养,以及文学、艺术和科学方面的修养"。而在中国历史上,文化曾经是"以文教化"和"以文化成"的总称。其实,文化是指人民在长期社会实践中形成的,被绝大多数社会成员所认可的社会意识和社会心理,以及与之相适应的社会规范和行为方式的总和。[①] 大学文化则是社会文化的重要组成部分,是指学生以及教师在大学校园里的教学、科研活动中形成的,且被大学校园的相关群体所认可的一种意识与心理,以及与之相适应的校园规范和行为方式的总和。我国大学文化是中国社会主义先进文化的重要组成部分。

作为高等教育的重要组成部分,公安院校的校园文化是指公安院校的在校学生与教师等群体,在开展公安学、公安技术等相关学科建设、课程教学、科学研究等过程中,形成的一种与公安行业或公安工作密切关联的社会意识与社会心理,以及与之相适应的校园规范和行为方式的总和。公安院校的各类教学、科研、管理行为,公安院校的警务化管理制度以及公安院校的设施等环境,都是公安院校校园文化的内容。因此,公安院校的校园文化,是以公安院校(包括图书馆等场所)为载体,公安院校的相关群体(在校学生以及教师)等在对公安行业的相关知识进行传承、整理、交流和创新过程中形成的一种文化系统,包括公安院校学科建设、人才培养、科学研究与社会服务相关的价值观念、行为方式、制度体系与建筑风格等。与普通高校校园文化的内涵相同,公安院校的校园文化通常包括四个层面:一是物质文化层,即具有校园文化的物质载体;二是观念文化层,即公安院校环境中与人头脑中所拥有的信念、观念体系;三是制度文化层,即公安院校的各类规章制度、公安院校的校园文化行为规范;四是方式文化层,包括公安文化在内的各种精神文化传播的组织与设计。

---

① 林平.公安高等院校大学文化的培育研究[M].南京:南京大学出版社,2013:5.

美国学者沃勒认为，大学校园文化是在学校中形成的特别文化。[①] 公安院校的校园文化，就是在公安行业色彩浓厚的大学校园里形成的特别的文化。因而，公安院校的校园文化，与公安文化、大学文化等之间存在着密切的联系。换言之，公安院校的校园文化，是大学文化的组成部分，同时也是公安文化的组成部分，但又不是公安文化与大学文化的简单交叉。公安院校不仅要以文化人，培养大学生的人文素质，还要按照对党忠诚、服务人民、执法公正、纪律严明的总要求，锻造高素质公安人才。

二、公安院校文化建设的研究探索

近二十年来的文献研究表明，公安院校图书馆人并没有忽视公安院校图书馆对于公安院校文化建设的支撑作用。经检索中国知网，共检索出6条文献，其中较早的文献是2003年河南公安高等专科学校图书馆馆长李福恩和副馆长胡波关于探讨公安院校图书馆在校园文化建设中作用的文章，较近的是2021年中国人民警察大学图书馆馆员侯晓娜关于公安院校图书馆思想政治职能的分析。

河南公安高等专科学校图书馆的胡波、李福恩认为，公安院校图书馆在校园文化建设中应该成为思想政治教育的重要阵地，同时也是校园文化文献记录的收藏者和校园文化的重要组织者、倡导者。[②] 湖北警官学院图书馆馆长刘生元提出公安院校图书馆在校园文化建设中应发挥思想导向、文化再塑和精神熏陶三个方面的作用。[③] 山东警察学院图书馆的学者张惠霞指出，公安院校图书馆在文化建设中，除了普通图书馆所应具备的基本文化氛围，还应立足公安特色。[④] 铁道警官高等专科学校图书馆馆员赵雯阐述了公安院校图书馆促进公安院校文化建设的四个途径，包括提高馆藏资源质量、加强阅读引导、开展读者活动和加强图书馆自身文化建设等。[⑤] 中国人民警察大学图书馆馆员侯晓娜认

---

① 王春彦.以学校文化建设为切入点　促进学校发展[J].基础教育参考,2015(3):38-40.
② 胡波,李福恩.公安院校图书馆在校园文化建设中的作用[J].河南公安高等专科学校学报,2003(3):61-64.
③ 刘生元.公安院校图书馆与校园文化建设[J].湖北警官学院学报,2003(4):78-80.
④ 张惠霞.谈公安院校的图书馆管理工作[J].中国管理信息化,2011(15):48.
⑤ 赵雯.公安院校图书馆参与校园文化建设研究[J].湖北经济学院学报(人文社会科学版),2012(12):221-222.

为，公安院校图书馆应当立足自身资源、环境、服务和文化阵地优势，发挥立德树人作用。[①] 广东警官学院图书馆的副研究馆员易星等人认为，传播红色文化是图书馆的历史使命和责任担当，智慧图书馆在红色文化传播中具有优势，公安院校图书馆可以从资源建设和主题服务两大方面进行提升。[②] 这些研究文献不仅折射出，公安院校图书馆人在关于图书馆如何实现公安院校"为公安育人"目标方面所做出的理论探索，也体现了公安院校图书馆人的情怀。

三、公安院校图书馆在校园文化建设中的作用

公安院校图书馆是公安院校建设大学文化、传承大学精神的载体。公安院校图书馆本身就是提供丰富知识、智慧的场所，不论是读者教育培训、图书文献借阅、图书馆文化活动，还是图书馆建筑、阅览室文化氛围，时时处处都蕴含着智慧之光。公安院校的学生就是在这样的文化氛围里学习知识，成长成才。

（一）公安院校图书馆与普通大学图书馆一样，是培养校园文化的重要场所，担负着建设校园文化的职责

图书是人类智慧的结晶，图书馆是组织读者用户共同使用图书的场所，但高校图书馆并不只是各类型图书文献信息资源的随意堆积，而是经过精心选择和组织的具有特定功能的知识载体，因而高校图书馆丰富的馆藏资源对人类文化的传承起着不可估量的作用。如美国学者杜威认为，图书馆是高校的广义上的教师，其通过图书等文献信息资料传递知识，为读者提供全方位、终身的教学资源，对教育的发展起到促进作用。2016 年，教育部印发的《普通高等学校图书馆规程》第 2 条规定，"高等学校图书馆是学校的文献信息资源中心，是为人才培养和科学研究服务的学术性机构，是学校信息化建设的重要组成部分，是校园文化和社会文化建设的重要基地"；同时在第 3 条中要求高等学校图书馆"应充分发挥在学校人才培养、科学研究、社会服务和文化传承创新中的作用"。

---

① 侯晓娜.公安院校图书馆思想政治教育职能的 5W1H 分析[J].武警学院学报，2021（7）：71-75.

② 易星，黄美，刘如娣.红色文化传播视角下的智慧图书馆建设[J].工程技术研究，2021（23）：187-190.

（二）公安院校图书馆建筑不仅是校园文化的空间物态形式，也是阅读文化的物质载体

图书馆建筑的外形、阅览室的布置，都具备独特的风格和文化内涵，能潜移默化地影响公安院校在校本科生、研究生和教师等读者的观念与行为。[①]"不同文化背景、不同国度、不同时代所造就的图书馆建筑风格不同，其文化积淀、文化底蕴也不尽相同。"如大英图书馆建筑给人的感觉就是"仿佛置身于幽雅明快的知识宫殿，在林立的、神形各异的雕塑中，人们仿佛在追寻着人类文明的足迹"[②]。同样，高校图书馆的建筑对保护图书文献资源起了重要作用，为在校学生和教师的学习、科研活动提供了空间，为高校的学术交流提供了场所，同时还以图书馆建筑的外形及阅读环境潜移默化地影响和塑造高校的读者群体，引导他们关注并接受公安行业的风尚，激励他们潜心学习、严谨治学。

（三）公安院校图书馆开展读书节等各类文化活动，发挥了大学文化育人的重要平台作用

首先，重视中华优秀传统文化与图书馆各项服务内容的深度融合。比如，我们可以利用图书馆现有条件，筹办各地区图书馆的中华传统文化体验中心，面向市民朋友提供书法、国画、诗词、剪纸等公益培训；我们可以为纪念名人的学术研究活动提供场所，为出版物、手稿、档案和其他实体资料建立一个整合的工作坊以保存人类智慧；我们可以开展艺术品展览、对外艺术交流等文化艺术活动，全面提升各类读者的文化素质，形成良好的社会风气，以凸显图书馆的教育启迪与感化作用。其次，图书馆应主动与所在区域各个学校合作，有序开展中国传统文化体验活动，辅助传统文化融入日常教学活动，可以联合学校举办中华诗词大赛等相关培训和活动；同时，应该注重长效合作机制的建立和完善，注重特色文化服务的拓展，以引领城市、社区、基层、个人等不同层面的文化发展，从而助力文化强国的实践探索。

---

① 贾霄燕.高校校园文化建设探索[M].石家庄：河北人民出版社，2015：134-171.
② 黄建铭.图书馆文化研究[M].福州：海风出版社，2007：103-104.

在公安院校中，图书馆不仅担负着汇集文化资源的功能，还承担了建设和传播公安文化的工作。图书馆是公安院校的校园文化建设的重要基地，是公安院校的文化中心，也是公安院校的校园文化象征。

四、各地公安院校图书馆助力校园文化建设的现状

各地公安院校图书馆在助力校园文化建设的实践中，不但实现了图书馆在建筑物、阅读空间、文献资源体系等硬件上的完善，而且用馆藏的红色资源为读者群体学习传统文化、红色文化、公安文化提供了支持，为他们开展一系列学术交流研讨和校园文化活动提供了硬件设施。各地公安院校图书馆及图书馆人通过持续努力，将公安院校图书馆打造成为一届又一届公安院校毕业生魂牵梦绕的"圣地"。

（一）为公安院校的校园文化建设提供支持

首先，随着各地公安院校图书馆文献资源建设能力、图书馆服务能力的持续提升，公安院校图书馆馆藏中的与人文学科相关的纸质图书文献、数字文献资源数量持续增加。这些与人文社科相关的文献资源，为培养公安院校在校学生的文化素养和大学精神提供有力的支持。其次，很多公安院校结合全国或本地公安行业，建设了"公安学人""全国科技强警示范城市光盘目录""刑事技术专家案例数据库"等特色资源。这些特色资源为传播、传承公安文化发挥了重大作用（见表6-1）。

表6-1　部分公安院校图书馆自建的特色公安文化资源

序号	公安特色文化资源	建设院校	备注
1	公安学人	中国人民公安大学图书馆	
2	全国科技强警示范城市光盘目录	中国刑事警察学院图书馆	
3	枫桥经验期刊库	浙江警察学院图书馆	
4	警察史研究题库	山东警官学院图书馆	
5	刑事技术专家案例数据库	湖北警官学院图书馆	
6	预审探索	四川警察学院图书馆	

(续表)

序号	公安特色文化资源	建设院校	备注
7	数据化警务办公系统	福建警察学院图书馆	
8	全省公安英模数据库	云南警官学院图书馆	筹建中

(二) 满足公安院校师生的文化需求

近年来，各地公安院校图书馆结合各自的校情馆情，先后举办了读书节等一系列精彩纷呈的阅读推广活动，让师生感受阅读的乐趣，挖掘书籍中深层次的精神内涵。例如，中国人民公安大学图书馆与该校中华优秀传统文化研究会联合举办读书交流会等活动，宣传中华优秀传统文化，并鼓励青年学生在生活中做正气凛然的大丈夫、在工作中做秉公执法的好警察。中国刑事警察学院图书馆联合该校宣传处、学生处、研究生院共同开展以"阅享新时代　书香伴青春"为主题的第十届读书月活动，吸引该校近千名师生读者参与，展现该校读者爱读书、读好书、善读书的精神风貌和浓厚的书香氛围。中国人民警察大学图书馆组织了专题读书交流分享会，不但展现了该校丰富多彩的阅读文化氛围，而且弘扬了时代精神，坚定了师生的理想信念。南京警察学院图书馆利用读书节活动，引导该校师生以学增智，在阅读中启迪思想智慧，努力弘扬中华优秀传统文化，以学铸魂，寻找理论的滋养、精神的支柱，在阅读中坚定理想信念。

(三) 系统呈现学校办学理念、文化积淀和教育成果

中国人民公安大学、中国刑事警察学院、中国人民警察大学、郑州警察学院等部属院校，以及山东警察学院、河南警察学院、浙江警察学院、江西警察学院等地方公安院校都建设了校史馆，并组织新生参观校史馆，在全面展示公安院校的光辉历史和办学成就的同时，增强了公安院校读者群体对学校的认同感、融入感和使命感。公安院校图书馆通过建设校史馆，帮助学生坚定从事公安工作的理想信念，让他们走上公安工作岗位后继续发扬和传承警院精神，砥砺前行。

第二节　公安院校图书馆助力校园文化建设的原则与内容

公安院校是为社会培养合格的公安后备人才和开展公安研究的重要阵地，

公安院校校园文化建设有助于培养公安院校在校学生以及青年教师的全面发展能力。公安院校图书馆在公安院校校园文化建设中充当着特殊的角色，有着独特的地位，具有极其重要的作用。

一、公安院校图书馆助力校园文化建设的工作原则

公安院校图书馆在图书馆文化建设中，要坚持以习近平新时代中国特色社会主义思想为指导，深入学习贯彻习近平法治思想和习近平总书记关于新时代公安工作、教育工作的重要论述，全面贯彻新时代党的建警治警方针和教育方针，坚持以下五个原则。

（一）始终坚持正确导向

公安院校图书馆要在助力校园文化建设中强化政治引领，牢牢把握社会主义先进文化的前进方向，紧紧围绕举旗帜、聚人心、育新人、兴文化、展形象的使命任务，推进公安院校的文化建设。

公安院校图书馆的制度建设、阅读环境建设、文献资源建设、馆员队伍建设等，都需要紧密联系公安院校的文化形象与文化服务。公安院校的军训等严格警务化管理，要求公安院校本科生、研究生在公安院校学习、生活、科研过程中，用较短的时间同时完成从中学生向大学生、从普通学生向预备警官的转变。① 公安院校图书馆则以润物细无声的方式，与警务化管理一道帮助公安院校在校学生完成艰难的心理调适和人格完善过程。因此，各地公安院校图书馆都以丰富的图书文献信息资源、先进的信息设备、专业的馆员队伍等，助力校园文化建设，以促进公安院校文化精神的形成与发展。

（二）突出读者至上的理念

维护国家安全和社会稳定、守护人民的幸福和安宁，是人民警察的神圣职责。培养公安人才，是公安院校的神圣使命。我们要突出读者的主体地位，充分调动公安院校在校学生和教师等读者的积极性、主动性、创造性，使不同的读者群体更好地参与公安院校图书馆组织的各类文化活动，以培育读者的文艺

---

① 钱洁.公安院校警务化管理与学生人格塑造［J］.江苏警官学院学报，2006(1)：195-197.

兴趣，享受校园文化活动，进而激发读者的文化热情。

（三）强化品牌引领

公安院校图书馆人要提高政治站位，强化责任担当，丰富思路举措、创新形式方法，挖掘以公安英模精神为思政元素的特色教育资源，打造具有公安特色、符合公安院校实际的公安院校校园文化；公安院校图书馆要聚焦公安院校的特色，不断提高图书馆队伍的凝聚力、战斗力，提升公安院校图书馆的文化软实力，打造特色读书节等一批叫得响、能复制、可推广的服务品牌，扩大公安院校图书馆的文化服务知名度、影响力。

（四）注重工作实效

作为公安院校的文化建设部门，公安院校图书馆要坚持需求导向，创新思路理念、工作机制和方式方法，推动公安院校图书馆提升服务效能，着力提高公安院校图书馆文化服务覆盖面和适用性。公安院校图书馆人要坚持铸警育魂的导向，在为公安院校师生提供更加舒适、整洁的学习环境的同时，以思想内涵教育为主线，有效推进公安院学生校忠诚意识塑造；通过形式多样的读书节等阅读推广活动、内容丰富的学术讲座，在公安院校内着力营造学习英模、崇尚英模、争当英模的浓厚氛围，为推动公安院校特色化高质量发展，持续推进公安教育正规化专业化职业化建设做出实实在在的贡献。

二、助力校园文化建设的工作内容

公安院校图书馆在助力校园文化建设中，要明确"培养什么人"这一教育核心问题，贯彻全方位育人理念。

具体工作内容包括以下几个方面。

（1）加强文献资源建设，为公安院校建设大学文化、公安文化提供文化资源。公安院校图书馆的馆藏文献的内容，影响着公安院校在校本科生、研究生和教师的知识结构、文化修养。公安院校图书馆的文献资源建设的质量，既是公安院校开展大学文化建设、公安文化建设的基础，也是公安院校文化建设水平的反映。因此，公安院校图书馆在文献资源建设方面，首先，要以习近平新时代中国特色社会主义思想为指导，深入学习贯彻党的二十大精神，牢固树立为公安教育服务理念,全面贯彻新发展理念,坚持以在校本科生、研究生为中心,以社会主义核心价值观为引领,坚持改革创新,提升校园文化服务的品质。其次,要对馆藏公安研究的原始经典文献进行深入了解与研究,并在此基础上进行二次开发,建设公安院校图书馆馆藏特色数据库,更好地服务于公安院校的公安学、公安技术等学科建设。如浙江警察学院图书馆通过建设"枫桥经验"期刊库,不仅收集和保存大量的关于"枫桥经验"的研究文献,而且让"枫桥经验"通过读者对相关研究文献的检索、阅读与研究而得到更广泛地传播。再次,在体现图书馆的学术研究会功能的同时,为培养在校本科生、研究生学习公安文化、强化公安精神的兴趣提供支持。

(2) 加强阅读环境建设,为公安院校传承大学精神、公安精神提供文化条件。公安院校图书馆既是公安院校开展文化活动的场所,同时也是校园的文化景观。图书馆的各种区域空间和设施,能够在一定程度上体现公安院校的文化特色。在信息化时代,阅读已经十分便利,但是沟通与交流的平台相对短缺。图书馆应经常性地开展与文化传播有关的各种活动,作为社区文化交流平台,多举办有针对性的专题读书会、研讨会,让公安院校在校学生以图书馆为掌握公安行业最新信息的平台或基地,通过阅读来了解公安行业的热点问题或社会焦点问题。通过阅读环境建设,图书馆成为校园文化交流的平台,大学精神、公安精神就可以通过丰富多彩的图书馆文化活动融入每个在校本科生、研究生的心中。因此,在现代信息社会背景下,加强公安院校图书馆的阅读环境建设,提高图书馆阅读的科技含量,有助于发扬公安院校在校本科生、研究生的大学精神、公安精神。

(3) 开展各种校园文化活动,为培养公安队伍后备人才营造良好的文化氛围。不同的高校,由于不同的历史传统而形成不同的校风与文化。[①] 公安院校图书馆可以利用其特色的校园文化资源,举办各类丰富多彩的校园文化活动,如充分利用读书节,开展文献检索技能竞赛,以提升公安院校在校本科生、研究生利用图书馆图书文献资源的能力;开展办公软件(Word、Excel 等)、数据库管理软件、数据分析软件等应用技能竞赛,以提升公安院校在校本科生、研究生的科学研究能力;开展公益讲座、学术讲座,以实现对公安院校在校学生、教师等读者群体的价值引领;举办各种不同类型的展览,以熏陶公安院校

---

① 侯旭红,龙世彤.高校图书馆与校园文化建设[J].内蒙古科技与经济,2020(8):134-136.

在校学生和教师等读者群体的身心，弘扬优秀传统文化，传承优秀公安文化；邀请公安院校的教授、专家举办真人图书馆活动，利用公安院校内成功人士的经验，激励公安院校的读者群体刻苦学习、刻苦钻研；开展形式多样的阅读推广活动，推动公安院校在校学生阅读公安学、公安技术等学科的经典文献，让在校学生的大学精神、公安精神得到升华。当阅读形成习惯后，公安院校在校学生就会体验到阅读的快乐，并能对大学文化、公安文化有所感悟。图书馆还可以组织小型讨论式读书交流会、读书沙龙等，帮助读者通过交流互相启发、共同提高。

三、制约公安院校图书馆在公安院校文化建设中发挥作用的因素

当前公安院校图书馆在公安院校文化建设实践中存在的不足或短板，主要体现在以下几个方面。

（1）馆藏图书文献资源不能满足公安院校的大学文化与公安文化建设的需求。公安院校图书馆是公安院校校园文化的重要载体与传承者。作为公安院校教学科研活动的重要参与者，图书馆拥有丰富的馆藏资源和多元的服务方式，在公安院校的校园文化建设中具有不可替代的地位与作用。馆藏图书文献资料是公安院校开展大学文化建设、公安文化建设的基本条件。长期以来，公安院校图书馆在文献资源建设方面由于经费和观念等制约因素，出现了馆藏图书文献资料不能满足公安院校在校学生开展大学文化、公安文化建设需求的问题。

（2）图书馆的阅读环境不能满足公安院校的大学文化与公安文化建设的需求。图书馆的阅读环境是公安院校开展大学文化建设、公安文化建设的重要文化设施。各地公安院校图书馆为公安院校在校学生、教师等读者群体提供了轻松自由的学习场所，尤其是那些建筑典雅、气魄宏大、整洁优美、温馨怡人的阅读空间更成为读者的精神家园。不同于普通高校图书馆，公安院校图书馆所悬挂的警徽、图书馆内读者身穿的警服、馆藏的公安期刊报纸、公安行业研究文献，构成公安院校图书馆的特殊文化氛围，形成公安院校图书馆的独特风景。这种文化环境为培养公安院校在校学生和教师等读者群体的公安文化提供支持。因而，公安院校的在校学生以及教师不但能够在图书馆获得公安行业的信息，而且能够增强自身的公安行业职业的素质。我们可以通过图书馆的空间

设计，在吸引读者阅读的同时，充分体现公安院校的办学宗旨和精神。在信息时代，图书文献资源载体形式多样，大量的数字化文献资源在阅读时对阅读工具、阅读环境提出了较高的要求。如公安院校众多的在校学生也习惯于通过平板电脑、个人手机、电子阅读器等方式来登录公安院校的馆藏电子数据库，但部分公安院校图书馆没有提供免费的 Wi-Fi 和显示屏等配套设施，从而出现图书馆的阅读环境不能满足公安院校在校学生开展大学文化、公安文化建设需求的问题。

（3）图书馆组织的校园文化活动不能满足公安院校大学文化与公安文化建设的需求。各地公安院校图书馆纷纷组织了众多的阅读推广、学术交流等校园文化活动，这些活动不但丰富了校园文化生活，而且能够以"润物细无声"的方式影响公安院校在校大学生、研究生和教师等读者群体的思想，从而培养他们的大学文化、公安文化。但是，部分公安院校图书馆所组织的活动形式单一，未能引发在校大学生、研究生的阅读兴趣，也未能促进他们的互动交流，从而出现图书馆组织的校园文化活动不能满足公安院校在校大学生、研究生开展大学文化、公安文化建设需求的问题。

第三节　公安院校图书馆与校园文化建设实践

公安院校图书馆是公安院校的文献资料中心，同时也是在校本科生、研究生学习或获取知识的第二课堂，是公安院校教师开展公安学、公安技术等学科研究的重要学术交流场所。因而，公安院校图书馆是公安院校建设大学文化、公安文化，传承大学精神、公安精神的重要载体与传承者。习近平总书记在 2019 年全国公安工作会议上强调，坚持政治建警、改革强警、科技兴警、从严治警，履行好党和人民赋予的新时代职责使命。公安院校作为培养公安队伍后备人才的场所与机构，开展大学精神建设和公安文化建设，培养公安院校在校本科生、研究生从事公安工作的专业知识和技能与忠诚意识，对公安院校建设具有重要的战略意义。公安院校图书馆不仅体现出公安院校的精神，还承载了公安院校的文化内涵，在营造公安警察价值观、打造具有公安行业特点、公安行业气派、公安行业风格的校园文化方面具有独特的优势。

一、公安院校校园文化建设的主要任务

（一）重视和加强公安院校的大学文化建设，培育积极的公安院校大学文化

公安院校与普通的大学院校相比，在校园文化建设方面既有相同点也有不同点。公安院校与普通大学院校一样，需要通过校园文化建设来凝聚教职工、陶冶在校学生。公安院校与普通大学院校在校风建设方面的不同点，则集中于其公安行业色彩，即公安院校需要通过校园文化建设来弘扬公安精神，发展公安文化，并实现对公安行业的引领。因此，加强公安院校的校园文化建设，对于推进公安高等教育改革发展，加强和改进公安院校在校本科生、研究生的思想政治教育，全面提高公安院校在校本科生、研究生的综合素质，具有十分重要的意义。公安院校的大学文化建设需要以理想信念教育为核心，对在校学生、教师等群体进行正确的世界观、人生观和价值观教育；让在校学生、教师等群体在学习、工作中适应外部环境的同时进行内部整合，在不断解决各类犯罪治理与社会管理相关问题过程中养成公安院校所有成员都认同的价值准则和行为规则。因而，公安院校在校园文化建设中，一是要以爱国主义教育为重点，对公安院校的在校学生深入进行民族精神教育；二是以政法民警的职业道德规范为基础，对公安院校的在校学生深入进行道德教育；三是以对公安院校的在校大学生全面发展为目标，深入进行素质教育。要将德育与智育、体育、美育有机结合起来，寓教育于公安院校的文化活动之中，促进在校大学生的思想道德素质、科学文化素质和健康素质协调发展。在实践中，各地公安院校图书馆在工作中突出了公安特色，充分发挥了思想文化阵地的作用，将思想政治教育、学科服务融入图书馆立德树人、政治育人、管理育人、服务育人之中，着力培养忠诚责任奉献的预备警官。

（二）要重视和加强公安院校的文化建设，培育良好的公安文化

公安文化是公安机关及其人民警察的思维系统与文化活动的总和，强调的是公安作为一个行业或职业群体所拥有的精神文化、制度文化和物质文化的结

合。公安文化是公安警察职业的灵魂,是公安警察职业形象的标志。① 公安文化的特征主要包括五个方面:一是具有牺牲精神,二是对公共安全具有高度敏感性,三是具有高度的保密意识,四是对党绝对忠诚的政治定力,五是坚持人民性与法治性相统一。② 公安文化建设是公安院校工作的灵魂和精神支柱,是公安院校凝聚力、向心力、创造力的源泉,是公安院校开展公安教育工作的思想保证、精神动力和智力支持。打造文武兼备、作风优良、深受人民喜爱的公安队伍后备人才,是公安文化建设的首要任务。

(三) 公安院校的公安文化建设需要铸牢忠诚警魂为核心

对在校学生、教师等群体开展牢固树立科学的公安文化观活动,以增强他们的文化育警、文化强警的意识,通过文化建设提高公安院校在校学生的整体素质和战斗力,即公安院校通过公安文化建设,以优良的公安文化来实现对全国公安行业的引领与示范。公安院校开展校园文化活动,首先,要牢牢把握习近平总书记提出的"对党忠诚、服务人民、执法公正、纪律严明"的总要求,始终把塑造忠诚警魂放在首位,大力加强人民警察核心价值体系建设,教育引导公安院校在校学生牢固树立"四个意识"、切实增强"四个自信",把政治坚定、对党忠诚铭刻在灵魂中、熔铸到血脉里,矢志不渝做中国特色社会主义事业的建设者、捍卫者。公安院校开展校园文化活动,其次要积极弘扬公安精神。公安院校要把公安精神作为永恒的主题,大力宣传弘扬人民警察核心价值理念和职业精神风范,举精神之旗、立精神之柱、建精神家园,进一步凝聚警心、激励斗志、鼓舞士气,不断增强在校大学生、研究生的职业荣誉感和自豪感,增强公安队伍的凝聚力、战斗力。公安院校开展校园文化活动,再次,要科学把握公安工作对公安校园文化建设的新要求,积极满足和适应广大民警乃至全社会对公安院校校园文化的新期待,以培育"忠诚、为民、公正、廉洁"人民警察核心价值观、全面提高公安队伍凝聚力和战斗力为根本任务,以构建和谐警营、和谐警民关系为基本目标,努力形成公安文明执法的公安廉政文化。公安院校开展校园文化活动,最

---

① 林平.公安高等院校大学文化的培育研究[M].南京:南京大学出版社,2013:5.
② 杨倩倩.公安文化建设的现状分析及对策研究[D].南昌:南昌大学,2019.

后，要把讲好警察故事作为不懈的追求，积极推进人民警察核心价值观文化建设，以高度的文化自觉应对挑战，引导公安院校在校学生推出更多公安题材优秀文化作品，深化公安文化理论研究，高扬主旋律、唱响正气歌、传播正能量，积极引领时代新风和社会思潮，为公安工作和队伍建设提供坚强思想保证和强大精神动力。

二、公安院校图书馆助力校园文化建设的途径

图书馆的文化魅力主要是通过管理制度、阅读环境、文献价值、服务品味、馆员人格等来呈现的。因此，公安院校图书馆助力校园文化建设的途径，主要由图书馆的制度文化建设、阅读环境建设、文献资源建设、馆员队伍建设等组成。

（一）完善公安院校图书馆制度文化建设

图书馆制度是图书馆在管理、服务活动中形成的带强制性的规范，是实现图书馆目标的有力措施和手段，包括图书馆制度的规章制度、技术操作流程、工作标准等。[1] 公安院校图书馆是公安院校的一个文化组织，其文化特质处于校园文化和公安文化的涵盖之下。[2] 公安院校图书馆制度是图书馆及馆员共同的行为规范，也是图书馆维护正常工作秩序、营造积极向上的文化氛围的保障。公安院校图书馆的管理制度是公安院校图书馆使命、价值、理念、文化等传递的方式和载体，是公安院校图书馆持续发展的重要保障，属于公安院校文化制度安排的范畴。因而，公安院校图书馆的制度文化需要体现公安院校的目标及价值观体系，具有权威性、规范性和相对稳定性等特征。公安院校在校学生和教师等读者群体在图书馆的学习、科研与学术交流过程中，不但能养成尊重秩序的价值观，而且能对秩序形成机制产生尊重，因为公安院校图书馆的管理制度本身就是一套融于公安院校日常管理的规则体系。

公安院校图书馆的制度文化是在公安院校的办学宗旨下形成的，是公安院校警务管理制度的重要内容。公安院校图书馆制度，是公安院校在校本科生、

---

[1] 王黎,秦红.高校图书馆文化论[M].成都:西南交通大学出版社,2007:232.
[2] 黄建铭.图书馆文化研究[M].福州:海风出版社,2007:174.

研究生和教师等读者群体在利用图书馆文献资源过程中必须遵守的行为规则，是公安院校的文化制度安排之一。公安院校图书馆在制定和完善规章制度时，应该在符合国家和主管部门规定的基础上，根据学校特色、学科特点、人才培养规格等因素，制定符合公安院校的图书馆工作规定和实施细则，从而实现公安院校图书馆制度建设与制度文化建设在浅层表征上通过同一活动予以推进和展现，在深层内涵上相辅相成、相互促进，以促进图书馆工作，丰富公安院校的校园文化。公安院校图书馆在实施规章制度时，需要协调好学校多个部门之间的关系，① 建立图书馆管理与专职管理的联动机制，以增强图书馆教育和服务读者的实效。例如，云南警官学院图书馆建立文明读书、爱心捐书、诚信取书接力站，师生可将自己购买或阅读过的各类书籍以捐赠的形式把书放在接力站，需要的同学可将图书取走阅读，阅读完后再放回；若确需其中某本书籍，可为己所有，但需再将自己不读的等同数量书籍放入接力站，再供其他人接力。此接力站背后的图书馆制度文化，大大培养了学生的文明和诚信意识。

（二）完善公安院校图书馆的阅读环境

高校图书馆建筑本身（如建筑风格、人文景观、空间布置、信息设施等）是校园文化的一道风景线，尤其是图书馆的门厅、借阅大厅、各类书库、期刊报纸阅览室、学术报告厅等现代化信息设施，在给予人美感和对知识向往的同时，给予读者一个现代世界和多元化的信息仓。② 因此，完善公安院校图书馆的阅读环境，是公安院校图书馆助力公安院校文化建设的重要内容。

首先，公安院校图书馆在阅读环境建设与完善方面，要体现公安院校的校园文化性质与特征。公安院校图书馆的位置和建筑风格，以及阅览室、书库、电子阅览室、自习室等各类功能厅的布局，都是文化符号，并在一定程度上反映公安院校文化的整体风貌与形象。各地公安院校图书馆突出了庄重、严谨、气派等文化性质与特征。例如，南京警察学院图书馆位于该校地形较高的方位（见图6-1），且与学校大门通过一条宽敞的大道连接，学校行政楼、警体馆、教学楼、侦查楼都布局在这条大道的两边，学生宿舍则布局在图书馆附近。这

---

① 宋爱林.试谈公安院校图书馆教育管理职能[J].安徽警官职业学院学报,2009(4):89-91.
② 刘生元.公安院校图书馆与校园文化建设[J].湖北警官学院学报,2003(4):78-80.

种建筑布局不但方便读者到图书馆阅读、借阅文献或检索文献，而且凸显图书馆在该公安院校学科建设与人才培养等方面的重要地位。南京警察学院图书馆大门上方的警徽，图书馆门口的警旗，明亮而整洁的书库（见图6-2），都是公安文化的充分体现，能够让读者在进入图书馆之前就感受到公安院校警务化管理的氛围与公安文化的魅力。

图6-1　南京警察学院图书馆鸟瞰图

图6-2　南京警察学院图书馆书库

其次，公安院校图书馆在阅读环境建设与完善方面，要体现公安院校的文化先进性与特征。公安院校图书馆作为公安院校的重要信息设施或信息中心，既是公安院校建设公安文化的重要载体，也是传承公安文化的重要场所，还是公安院校开展公安文化活动的中心之一。信息技术的快速发展，不但促进图书馆从传统图书馆转型到数字化图书馆，而且正在加速向智慧图书馆转型。现代高校图书馆信息化建设不仅是各种先进信息技术的引入与应用，而且涉及整个图书馆从管理体制到人文环境的深刻变革，在一定程度上影响图书馆文化建设。因此，公安院校图书馆阅读环境的信息化（包括文献资源数字化、阅读设备信息化、图书馆服务智慧化）状况，是公安院校图书馆助力校园文化建设的重要组成部分。公安院校图书馆的信息资源与信息设备等组成的图书馆阅读环境，不仅能够满足公安院校不同读者的文献资源借阅需求，而且能够让读者在进入图书馆后感受到公安院校现代化的氛围与先进公安文化的魅力。

越来越多的公安院校图书馆，为读者提供移动数字化阅读服务。例如，贵州警察学院图书馆购买了先进的电子书借阅机、自助借还机、电子图书阅读一体机、朗读亭、电子存包柜等设备设施，使学院师生能够使用手机平台进行阅读。这种做法优化了图书馆服务的时间和空间，在给全院师生带来方便、快捷借阅服务的同时给学生带来现代电子科学技术创新与应用的全新体验。

（三）加强公安院校文献资源建设

公安文化既是中国特色社会主义文化的重要组成部分，也是公安事业发展进步的重要力量源泉，还是公安院校实现公安教育目标的重要根基。公安院校培养的学生如果只是具有行政或刑事执法专业知识，是不够的。因为缺乏公安文化或公安行业职业的文化熏陶，将制约公安院校大学生、研究生在公安行业的健康成长与全面发展。公安院校教育的最终目标是培育适应社会需求的公安人才。公安院校图书馆既是公安院校培养公安队伍后备人才的重要基地，也是公安院校建设公安文化的重要场地，其馆藏文献资源对于公安院校在校学生和教师等读者群体的价值观塑造具有重要影响。打造创新型公安人才培养所需要的信息资源平台，助力建设公安文化是公安院校图书馆的重要职责。因此，公安院校图书馆不仅要按照《中华人民共和国公共图书馆法》《普通高等学校图书馆规程》的规定建设大学校园文化，而且要建设公安文化。因为具有浓厚公安特色的校园文化，对于公安院校人才培养、学科建设、科学研究具有特别重要的价值与意义。公安院校图书馆在文献资源建设实践中，需要围绕培养和提高在校本科生、研究生和教师等读者群体的政治素质、文化素质、业务素质等人才培养目标，结合公安院校的学科建设、科学研究方向等，精心设计与规划图书馆的馆藏图书文献信息资源结构，建立具有公安院校学科特点的馆藏体系；在采购图书文献资源时，关注图书文献资源中的政治观点、政治立场；同时根据各地公安院校的专业学科建设，特别是公安高校教学与培训的需要来采购、收集整理文献信息资源，调整馆藏的学科结构，重点收藏政法类专业资料，适当加强社科类、计算机科学和语言类图书收藏。

（四）丰富图书馆文化活动

公安院校图书馆开展的各类与公安文化相关的活动，发挥了公安文化育人的重要平台作用。公安院校图书馆不但向在校学生、教师提供刑事侦查、治安管理、公安政工、信息技术、刑事技术等专业期刊与图书文献，而且组织与公安行业职业相关的读书节等活动内容，邀请公安行业的领导、专家来馆举办学术讲座，邀请优秀毕业生回校交流，从而促进公安行业职业文化在公安院校的融入与传播。

（五）加强图书馆馆员队伍建设

加强图书馆馆员队伍建设，对于发挥图书馆在校园文化建设中的功能具有重要意义。首先，公安院校图书馆馆员需要注重法律意识的养成和提升。熟悉《中华人民共和国公共图书馆法》《普通高等学校图书馆规程》等法律法规，公安院校的章程、办学宗旨，图书馆馆员的道德规范，公安院校图书馆的馆员就能增强对图书馆的归属感和职业荣誉感，从而强化图书馆的凝聚力。其次，公安院校图书馆馆员需要持续提升自身的专业技能和业务素质。公安院校图书馆的发展依赖于图书馆馆员队伍的发展。公安院校图书馆助力公安院校文化建设离不开图书馆馆员的热情工作和积极创造。因此，公安院校图书馆需要持续提升馆员的各项专业技能和业务水平。借助一定的培养计划和激励机制，公安院校图书馆馆员将个人发展与图书馆的发展相融合，更加积极主动地投入公安院校图书馆事业、公安院校的教育事业，公安院校的文化建设中。

（六）建设校史馆，促进公安院校图书馆与校史馆的融合发展

公安院校图书馆和校史馆是公安教育事业不可替代的育人领域，具有特有

的文化、资源、环境等基本功能，可以与公安院校的其他教学、科研、管理部门一起向公安院校的在校大学生、研究生等读者群体传授公安文化知识与价值，培养公安人才。

中国人民警察大学在 2023 年 10 月 23 日组织新生参观了该校校史馆，增强了全体新生对学校的认同感、融入感和使命感；中国刑事警察学院在 2023 年 6 月组织研究生新生参观该校校史博物馆，使得他们深深感受到学校办学 75 年来的历史沉淀，实现了加强研究生思政教育、传承弘扬警院精神的目标；山东警察学院在建设校史馆之初，就重视对学生讲解员的培训，旨在帮助学生讲解员掌握校史馆的概况、学校的建校背景与理念、学校的建校历程等，进而可以向更多的学生、校友展现新时代学校争创一流、奋勇争先的积极态度。

发挥公安院校校史馆的文化育人功能。校史馆是公安院校开展校史校情教育活动的重要场所，是展示学校办学模式、办学实力、发展轨迹、学校精神、文化特色、荣誉成果等的特定场所，它积淀了学校在办学过程中创造的大量物质文化和精神文化，体现着高校的核心价值观，承载着学校的魂和根，是公安院校师生的共同价值目标，更是引领社会前行的灯塔。公安院校校史馆可以通过收集与展示公安院校从无到有、从小到大的成长过程中的相关文字、图片以及实物，并采用多媒体科技手段，实现校史馆的数字浏览、数字展示、互动体验，帮助在校学生与教师等读者群体了解学校不断发展变化的最新成就成果，增强爱校护校自豪感、荣誉感和责任感。我们可以让校友、校外嘉宾全面了解学校发展的历史文化底蕴和鲜明的办学特色，使校史馆成为承载对内对外文化育人功能的重要窗口。

第七章　公安院校图书馆建设评估

美国著名教育评论理论专家拉尔夫·泰勒认为，教育评价就是对预定结果与实际结果进行比较，看其在多大程度上实现了教育目标。① 作为高等教育的重要组成部分，公安院校图书馆在新形势下进一步做好评估工作，对于其服务公安院校的教学科研、人才培养、文化建设具有重要意义。

评价作为管理的重要手段，近四十年来在图书馆界受到了广泛的重视。1987年，国家教育主管部门制定的《普通高等学校图书馆规程》为高等学校设置图书馆评估项目和指标提供了基本依据。② 2004年1月，教育部在《关于印发〈普通高等学校基本办学条件指标（试行）〉的通知》规定的办学条件中再次明确了关于高校图书馆的"生均图书"指标概念与外延。2015年12月，教育部在修订后的《普通高等学校图书馆规程》第45条中规定"高等学校应鼓励图书馆积极开展业务评估评价活动，不断提高办馆效益和水平"。2018年1月1日起施行的《中华人民共和国公共图书馆法》第47条规定："国务院文化主管部门和省、自治区、直辖市人民政府文化主管部门应当制定公共图书馆服务规范，对公共图书馆的服务质量和水平进行考核。考核应当吸收社会公众参与。考核结果应当向社会公布，并作为对公共图书馆给予补贴或者奖励等的依据。"

公安院校图书馆评价，是用定性和定量的方法，对公安院校实现其目标和满足读者需求程度所进行的评价和测度，目的在于改进公安院校图书馆工作，提升公安院校图书馆的服务水平，促进公安院校图书馆的科学发展，从而更好地满足公安教育事业的需求。公安院校图书馆评价，首先，需要明确公安院校图书馆的各项工作目标和考核指标；其次，需要系统收集公安院校图书馆图书

---

① 张其志.西方教育评价发展的心理学基础[J].教育评论，2010(1)：166-168.
② 柴晓娟，代根兴.高校图书馆评估与管理[M].北京：北京图书馆出版社，2006：1.

文献资源建设、图书馆服务创新、助力公安院校文化建设等相关信息与数据；再次是在此基础上采用定量与定性分析相结合的方法，对公安院校图书馆活动是否达到设定目标进行判断与测评。近年来，公安本科院校通过编制《年度本科教学质量报告》等方式，实现对公安院校图书馆的建筑情况、馆藏图书文献情况、数字资源情况等相关数据与信息的采集与评估。同时，在接受教育行政主管部门的本科教育教学审核评估过程中，公安院校图书馆的各项工作也接受了评估。这些评估持续提升了公安院校图书馆的文献资源保障能力与服务水平。尤其是作为本科教学质量评估的重要内容，公安院校在本科教学质量评估过程中对其图书馆的评价或评估，有力地推动了包括公安院校图书馆在内的公安教育事业的创新与发展。

第一节 高校图书馆评估体系

20世纪80年代中期，随着我国高等教育事业的快速发展，高校图书馆建设也迎来了飞速发展的机会。为了促进高校图书馆事业的发展，提升高校图书馆的服务能力，一些省份开始对高校图书馆进行评估。例如，1987—1989年，全国有8个省、自治区、直辖市对高校图书馆进行评估。2004年5月，教育部发布了修订后的《普通高校本科教学工作水平评估方案（修订）》和《普通高等学校基本办学条件指标（试行）》，进一步推动了高校图书馆评估体系的科学化。2010年3月，教育部高等学校图书情报工作指导委员会组织拟订了《普通高等学校图书馆评估指标（初稿）》；2015年12月，教育部印发了修订后的《普通高等学校图书馆规程》。

一、高校图书馆评价的意义

图书馆评价的意义或目的，主要在于检测图书馆各项业务的开展情况：一是为改进图书馆工作提供依据；二是在收集、分析图书馆文献资源建设、读者服务、学科服务等数据与信息基础上，制定图书馆发展规划；三是提高读者对图书馆活动的认知，激发阅读兴趣；四是激发馆员的工作热情。

就公安院校图书馆而言，公安院校图书馆评估同样具有上述意义与价值。因此，一个科学、合理的图书馆评估指标体系，不但有助于对公安院校图书馆各项业务开展测评，而且可以促进公安院校图书馆的科学发展，从而更好地满足公安院校学科建设、人才培养、科学研究、校园文化建设等需求。

二、高校图书馆评价指标体系

目前，教育部关于高校图书馆评价指标体系，主要包括《普通高等学校基本办学条件指标（试行）》《普通高等学校图书馆评估指标》《普通高等学校图书馆规程》。

（一）《普通高等学校基本办学条件指标（试行）》

2004年1月，教育部《关于印发〈普通高等学校基本办学条件指标（试行）〉的通知》发布了修订后的《普通高等学校基本办学条件指标（试行）》，其中包括了对高校图书馆的考核评估指标（见表7-1）。

表7-1　《普通高等学校基本办学条件指标（试行）》中涉及图书馆的指标

学校类别	本科		高职（专科）	
	生均图书/册·生	生均年进书量/册	生均图书/册·生	生均年进书量/册
综合、师范、民族院校	100	4	80	3
工科、农、林、医学院校	80	3	60	2
语文、财经、政法院校	80	4	80	3
体育院校	75	3	50	2
艺术院校	80	4	60	3

《普通高等学校基本办学条件指标（试行）》主要用于普通高等学校核定年度招生规模，确定限制、停止招生普通高等学校，并对普通高等学校办学条件进行监测。在该指标体系中，涉及高校图书馆馆藏文献资源的指标有两个：一个是生均图书，另一个是生均年进书量。[①]

生均图书是衡量普通高等学校基本办学条件和核定年度招生规模的重要依

---

① 刘革.对高校本科教学工作水平评估中有关图书馆评估指标的几点看法[J].图书馆学刊，2005(2)：36-37.

据。丰富的图书资源可增加学生获取知识的途径。生均图书值越高说明学校的图书资源越丰富，有利于学生拓宽视野、增加阅历。其衡量指标就是图书馆藏书资源总量与在校生数量之比。图书资源总量包括图书及数字资源，其中图书是指学校图书馆及资料室拥有的正式出版书籍；数字资源包括电子图书（包括与图书类似的出版物，如研究报告、会议论文集、标准等）、电子期刊（包括与期刊类似的连续出版物）、学位论文（包括本校原生的和付费购买的学位论文）及音视频（包括自建的和付费购买的音视频资料）。试用的数字资源和免费使用的数字资源及随纸本书刊所配的光盘以及非书资料等不作为数字资源计量。数字资源折合后计入图书资源总量，且所占比例最高不超过图书资源总量的40%。

而生均年进书量是监测办学条件指标，其计算方法就是用当年新增图书的数量除以折合在校生数量。生均年进书量作为监测办学条件指标，是基本办学条件指标"生均图书"的补充，为全面分析普通高等学校办学条件和引进社会监督机制提供依据。同时这些指标还可反映普通高等学校基本办学条件的改善、更新情况，对提高教学质量和高等学校信息化程度等具有积极的指导作用。

对生均图书的基本办学条件指标低于限制招生规定要求的学校给予限制招生（黄牌）的警示，以维持基本办学条件不再下滑，并促进其尽快改善办学条件。限制招生的学校的招生规模不得超过当年毕业生数。

《普通高等学校基本办学条件指标（试行）》已经被各高校的年度《本科教学质量评估报告》所采用。

（二）《普通高等学校图书馆评估指标》

2010年3月，教育部高等学校图书情报工作指导委员会根据教育部颁发的《普通高等学校图书馆规程（修订）》第39条的规定，为加强对高等学校图书馆建设的指导和检查，教育部高等学校图书情报工作指导委员会组织拟订了《普通高等学校图书馆评估指标（初稿）》。[①]《普通高等学校图书馆评估指标》共设三级84个评估指标，包括一级指标、二级指标和三级指标。其

---

① 周瑞华,张鹏翔.《普通高等学校图书馆评估指标》对图书馆资源建设的促进[J].图书馆学刊,2010(9):4-5.

中，一级指标有 5 个，分别是办馆条件，文献资源建设，自动化、网络化、数字化建设，读者服务，科学管理；二级指标共 19 个；三级指标共 60 个（见表 7-2）。

表 7-2　《普通高等学校图书馆评估指标》指标体系

一级指标	二级指标	三级指标
A. 办馆条件	A1 体制	A11 领导体制
		A12 组织机构
		A13 图书情报工作整体化
	A2 队伍建设	A21 队伍建设规划及落实
		A22 人员数量
		A23 人员素质
	A3 经费	A31 校拨正常经费
		A32 其他来源经费
		A33 经费使用情况
	A4 馆舍	A41 独立馆舍
		A42 阅览座位
		A43 设施与环境
B. 文献资源建设	B1 馆藏	B11 馆藏情况
		B12 生均文献量
		B13 文献资源特色
	B2 加工、整序	B21 加工周期
		B22 标准化程度
		B23 质量
		B24 揭示报道
		B25 数据库建设
	B3 保存维护	B31 纸质文献典藏管理
		B32 其他载体文献管理
		B33 数据库维护与更新
	B4 资源共建	B41 文献购置协调
		B42 文献加工合作

（续表）

一级指标	二级指标	三级指标
C. 自动化、网络化、数字化建设	C1 硬件	C11 服务器
		C12 工作站
		C13 网络设备
		C14 其他设备
	C2 系统软件	C21 服务器操作系统
		C22 网络管理系统
		C23 数据库管理系统
	C3 应用软件	C31 集成管理系统
		C32 WEB 应用
		C33 数字图书馆应用
D. 读者服务	D1 基本服务	D11 开馆时间
		D12 开架率
		D13 生均外借/下载量
		D14 网上服务
	D2 信息咨询服务	D21 信息咨询
		D22 馆际互借和文献传递
		D23 信息编译报道或推送
	D3 信息素质教育	D31 读者入门教育
		D32 信息素质教育
		D33 校园文化建设
		D34 学生参与服务
	D4 读者评价	D41 读者问卷调查
		D42 读者座谈会调查
		D43 读者意见征集
E. 科学管理	E1 规章制度	E11 业务规章制度
		E12 服务规章制度
		E13 管理规章制度

(续表)

一级指标	二级指标	三级指标
E. 科学管理	E2 民主管理	E21 馆员参与决策
		E22 馆员参与管理
	E3 业务统计	E31 统计数据
		E32 档案资料
	E4 学术研究	E41 学术成果
		E42 学术会议
		E43 科研课题
		E44 学术组织成员

评估采用 100 分为满分分值。二级和三级设权重，按权重来确定分值。考虑到地区之间的差异和各地评估时的侧重点会有不同，二级指标未给出权重。各二级指标的分值是其下各三级指标实测分值乘以权重系数所得分值相加之和；一级类目的实得分值是二级指标的分值乘以权重系数所得分值相加之和。

（三）《普通高等学校图书馆规程》

2015 年 12 月，教育部印发修订后的《普通高等学校图书馆规程》不但规范了高校图书馆的各项管理与服务，也规定了高校图书馆的专业馆员的数量、在教学时间内的开放时间等相关业务指标。[①] 如《普通高等学校图书馆规程》第 11 条规定了专业馆员在馆员总数中的比例，"专业馆员的数量应不低于馆员总数的 50%"；第 29 条规定了高校图书馆在"学校教学时间内开馆每周应不低于 90 小时，假期也应有必要的开放时间，有条件的学校可以根据实际需要全天开放；网上资源的服务应做到全天 24 小时开放"。这两个指标是所有高校图书馆可以实现也是必须实现的。《普通高等学校图书馆规程》的相关评估指标体系（见表 7-3）。

---

① 孙金娟,郑建明.高校图书馆评估制度体系的构建与发展[J].图书情报工作,2019(21)：16-24.

表 7-3 《普通高等学校图书馆规程》的相关指标体系

一级指标	二级指标	具体要求	法律依据
工作人员	图书馆馆长	原则上应由具有高级专业技术职务者担任,并应保持适当的稳定性	第 10 条
	图书馆专业馆员	专业馆员的数量应不低于馆员总数的 50%	第 11 条
	工作人员考核	定期对工作人员进行考核	第 15 条
经费、馆舍、设备	经费(文献信息资源购置费、运行费和专项建设费)	高等学校要把图书馆的经费列入学校预算,并根据发展需要逐年增加	第 17 条
	图书馆馆舍	馆舍建筑面积和馆内各类用房面积须达到国家规定的校舍规划面积定额标准	第 19 条
	信息基础设施	高等学校应有计划地为图书馆配备服务和办公所需的各种家具、设备和用品,重视自动化、网络化、数字化等现代信息基础设施建设	第 20 条
文献信息资源建设	文献信息资源发展规划和实施方案	图书馆应根据学校人才培养、科学研究和学科建设的需要,以及馆藏基础和资源共建共享的要求,制订文献信息资源发展规划和实施方案	第 22 条
	资源共建共享	图书馆应积极参与国内外文献信息资源建设的馆际协作,实现资源共建共享	第 24 条
	数字信息资源管理和服务	参与校园信息化建设和学校学术资源的数字化工作,建立数字信息资源的长期保存机制,保障信息安全	第 27 条

(续表)

一级指标	二级指标	具体要求	法律依据
图书馆服务	开放时间	学校教学时间内开馆每周应不低于90小时，假期也应有必要的开放时间，有条件的学校可以根据实际需要全天开放；网上资源的服务应做到全天24小时开放	第29条
	学科化服务	图书馆应积极拓展信息服务领域，提供数字信息服务，嵌入教学和科研过程，开展学科化服务，根据需求积极探索开展新服务	第30条
	信息素质教育	加强信息素质课程体系建设，完善和创新新生培训、专题讲座的形式和内容	第31条
	社会服务	图书馆应在保证校内服务和正常工作秩序的前提下，发挥资源和专业服务的优势，开展面向社会用户的服务	第37条
管理制度	统计工作	图书馆应注重统计工作，如实填报各类统计数据，做好统计数据的保存和分析	第41条
	文书档案管理	图书馆应建立文书和档案管理制度	第42条
	业务评估评价	高等学校应鼓励图书馆积极开展业务评估评价活动，不断提高办馆效益和水平	第45条
	科学研究制度	图书馆应鼓励馆员申报各级各类科研项目，有条件的可根据需要自行设立科研课题	第40条

但由于不同地区、不同高校之间差异很大，因而为评估所有高校图书馆而提供一个简单而统一的评估标准的难度很大。① 在高校图书馆评估的实践中，不同省（区、市）为适应当地经济和高等教育现状而在评估指标设置及不同指标的权重方面采用的方法不完全相同。但这些评估体系与评估指标，都促进了高校图书馆的职能完善与服务方式的创新，切实推动了高校图书馆的发展。

三、公安院校图书馆评估的内容

公安院校图书馆是高校图书馆的组成部分，因而办馆条件、文献资源建设、信息化建设、读者服务、科学管理等高校图书馆的相关评估指标是公安院校图书馆评估体系的重要内容。公安院校因自身的特殊性，如强调政治性且需要将其贯穿馆员队伍建设以及图书馆其他工作中，因而公安院校图书馆在评估体系上也有不同于普通院校图书馆评估的相关指标。

（一）队伍建设

公安院校图书馆馆员既是公安院校教职工队伍的重要组成部分，也是公安院校图书馆服务的承担者。公安院校图书馆要依据本馆的岗位设置，构建馆员能力的评价体系，引进具有专业背景的高学历人才，推动政治过硬、技术精湛、服务热情的馆员队伍建设。因而，队伍建设是公安院校图书馆评估的一个重要的一级指标。在馆员能力评价指标设定上，可以分为基础能力和岗位能力等二级指标。其中，基础能力是图书馆馆员都应当具备的能力，包括政治立场、职业素养、图书馆相关专业学科知识和沟通写作能力等指标；而岗位能力是结合岗位需要的专业能力，包括情报分析能力、馆藏管理能力、信息与知识服务能力、阅读推广能力、信息技术管理能力等指标。②

（二）办馆条件

公安院校图书馆评估体系中的办馆条件是一个一级指标，可以借鉴普通高

---

① 孙金娟.我国高校图书馆评估的困境分析与对策研究[J].常熟理工学院学报,2022(6)：66-72.
② 卜淼."双一流"背景下公安院校图书馆转型与创新[J].辽宁警察学院学报,2020(2)：117-122.

校办馆条件的评估指标。在办馆条件指标下，可以包括图书馆管理体制、经费投入、馆舍期刊等二级指标。

(三) 文献资源建设

文献资源建设是公安院校图书馆评估体系中的一级指标。在文献资源建设下，可以包括馆藏、特色资源、加工整序、保存维护、资源共建等二级指标。

(四) 信息化建设

信息化建设既是智慧图书馆建设的基础，也是公安院校图书馆评估体系中的一个重要一级指标。在信息化建设的一级指标下，可以包括硬件情况、软件情况、保密情况等二级指标。

(五) 读者服务

读者服务是公安院校图书馆评估体系中的一个重要的一级指标。在读者服务的一级指标下，可以设置基本服务、信息咨询服务、信息素质教育、读者评价、校园文化建设等二级指标。

(六) 科学管理

科学管理是公安院校图书馆评估体系中的一级指标。在科学管理的一级指标下，可以设置规章制度、民主管理、业务统计、学术研究等二级指标。

第二节　公安院校图书馆评估体系

一、公安院校图书馆评估的原则

公安院校图书馆评估，是促进公安院校图书馆建设的一种重要手段。公安院校图书馆的评估工作，既要遵循高校图书馆评估的一般原则，又要考虑公安院校图书馆在公安人才培养、公安科学研究、公安行业服务等方面的特殊性问题。总体而言，需要遵循以下原则。

（一）政治性原则

《公安机关组织管理条例》第 2 条明确规定，"公安机关是人民民主专政的重要工具"。公安院校的根本任务是培养公安专门人才，当然也具有鲜明的政治属性。公安院校在学科建设、人才培养、科学研究和社会服务过程中需要坚持党的领导。作为公安院校的图书文献资源中心和公安文化建设的重要阵地，公安院校图书馆在文献资源建设、学科服务、助力校园文化建设等工作中要坚持正确的政治立场。因此，我们在评估公安院校图书馆时当然需要坚持政治性原则。

（二）科学性原则

科学性原则主要体现在对公安院校图书馆的评估指标体系方面，即所制定的各项评估指标应当有科学的依据，既要符合图书馆工作的规律，又需要反映公安院校图书馆发展的实际情况。因此，普通高校图书馆评估指标体系中的办馆条件、文献资源建设、自动化建设（智慧图书馆建设）、读者服务、科学管理等，已成为公安院校图书馆评估的重要内容。

（三）可操作性原则

可操作性原则，就是要求公安院校图书馆评估工作应具有规范性、程序性。同时在不影响评估效果的前提下，评估工作能够实现降低成本的目的。为坚持可操作性原则，公安院校图书馆评估过程中的数据采集，既需要统计、调取图书馆管理中的各种统计资料与档案，还可以考虑问卷调查等便于操作的方法。同时，公安院校图书馆评估应当与公安院校其他中心工作密切配合，以提高公安院校图书馆评估工作的效率与效益。

（四）以评促建原则

教育部在实施本科教学水平评估工作中要求贯彻"以评促建、以评促管、评建结合、重在建设"的原则。这一原则同样可以适用于公安院校图书馆的评估。公安院校图书馆评估的根本目的是了解公安院校图书馆建设的现状，发现存在的共性问题，最终促进公安院校图书馆的建设与发展，提升公安院校图书馆的馆藏文献质量和服务水平。为坚持以评促建原则，公安院校图书馆可以结合公安院校具体情况对评估指标适当微调，例如，根据2021年度本科教学质量报告的统计数据，公安院校图书馆文献资源建设的"生均图书"都超过了100册。今后公安院校图书馆评估可以适当上调文献资源建设中的生均图书指标，以切实推动公安院校图书馆的发展。

二、公安院校图书馆评估的价值取向

（一）提升公安院校图书馆文献资源保障能力与服务水平

公安院校图书馆是公安院校教育的重要组成部分，是公安院校的图书文献资源中心和为公安院校教学科研服务的学术性机构，是公安院校为社会服务的重要窗口。公安院校图书馆的主要任务是收集公安院校人才培养和科学研究所需要的图书文献资源，并有效地提供读者服务。公安院校图书馆的作用与效益的价值评断标准，就在于其被利用的程度，或者说在于其馆藏图书文献资源的质量和为读者提供服务的质量。因此，评估公安院校图书馆需要坚持以提升其文献资源保障能力与服务水平为价值目标。

（二）促进公安院校图书馆增强办馆特色

我国公安院校教育的特色，整体而言在于其政治属性，即坚持党对公安机关的领导、坚持党对公安教育的领导。同时公安院校教育本身也具有鲜明的职业教育特色。[1] 从全国公安院校来看，不同的公安院校在我国公安教育体系中有自己的办学思路与人才培养目标定位方面的特色。如中国人民公安大学的办学思路是"五个结合"，即高教与培训相结合、教书与育人相结合、教学与科研相结合、理论与实战相结合、调研与智库相结合。[2] 因而，公安院校图书馆的馆藏建设必须与其所在公安院校的办学思路、学科建设、人才培养和科学研究目标相适应。公安院校图书馆在为培养具有公安业务技术专长的合格优秀人

---

[1] 李传良.育警铸剑，赓续初心：中国公安教育的历史、特色及经验[J].山东警察学院学报，2022(2)：147-153.

[2] 程琳.创建国际一流警察大学　培养造就合格优秀警官——关于公安大学办学思路和培养特色的几点思考[J].公安教育，2010(1)：9-14.

才提供文献资源保障的基础上,还需要为体现公安院校特色的学科建设、人才培养、科学研究提供有效支持。

为了形成公安院校图书馆的馆藏特色,每所公安院校图书馆需要围绕自己所在院校重点建设的学科,全方位地收藏各种有价值的图书文献资源。评估公安院校图书馆时应该促进公安院校图书馆的办馆特色。

三、公安院校图书馆馆舍设施评价

公安院校图书馆的馆舍与设施,是公安院校图书馆提供服务的前提条件。图书馆只有具备一定的面积,能够容纳一定数量的座位和书架,才能满足读者的阅读需求。同时,图书馆馆舍还应具有一定的文化功能。因此,对公安院校图书馆的馆舍等硬件设施进行评价,有助于促进公安院校图书馆建设,有助于推动图书馆功能的发挥。

(一)图书馆馆舍设施评价的概念

图书馆馆舍设施评价是对公安院校图书馆现有的馆舍等建筑功能、布局、智能化、艺术性等方面的评价,其目的主要是研究图书馆与读者需要之间的关系,以创造一个满足读者需要的图书馆阅读硬件环境。

表 7-4 公安院校图书馆馆舍设施评估指标

一级指标	二级指标	三级指标
图书馆馆舍	阅览室	阅览室面积
	书库	书库面积
	内部业务用房	采编室面积
		业务咨询辅导室面积
		业务资料编辑室面积
	技术设备用房	微机室面积
		图书消毒室面积
		复印室面积
		声像控制室面积

（二）图书馆馆舍设施评价的原则

一是应当以公安院校的学科发展规划和学生培养目标为依据，结合公安院校读者的需求，据此对馆舍设施进行评价。二是依据教育部等主管部门的相关政策，结合公安院校图书馆的实际情况进行馆藏评价。三是馆舍设施评价应有利于与学校主管领导、院系和职能部门之间的交流，使他们了解馆舍功能和图书馆服务的情况。四是馆舍设施评价应有利于与其他图书馆的交流与协调，促进公安院校图书馆馆舍设施等硬件的进一步改善，推动图书馆各项业务与管理工作的进一步改进。

（三）图书馆馆舍设施评价的基本方法

图书馆馆舍设施评价方法可以分为两大类：数量评价法和使用状况评价法。在具体运用中，每个图书馆应根据自己的特殊情况，有区别地选择各种评价方法并综合运用，尽量达到准确、细致和客观。

1. 数量评价法

公安院校图书馆的馆舍面积、阅读座位数量，是图书馆馆舍设施评价的硬指标。合理的馆舍面积、阅读座位数量等是图书馆评价馆舍设施的标准之一。馆舍设施数量评价的数据比较容易统计，可将馆舍面积与在校学生的数量进行对比测算。根据《普通高等学校建筑规划面积指标》第 18 条的规定，法学类院校的馆舍规划面积与学生数量密切相关，如果在校学生数量在 3 000 人以上的，则人均馆舍面积不宜超过 1.99 平方米；如果在校学生数量在 5 000 人以上的，则人均馆舍面积不宜超过 1.77 平方米。

2. 使用状况评价法

公安院校图书馆的馆舍使用状况，即馆舍满足读者需求的状况。公安院校图书馆的馆舍面积、阅读座位与公安院校学生数量的比较，可以评价图书馆的馆舍设施使用情况。

四、公安院校图书馆文献资源建设评价

公安院校图书馆的文献资源建设既是公安院校图书馆适应公安学、公安技术等相关学科建设的重要内容，同时也是推动公安院校图书馆发展的重要举

措。文献资源建设评价（馆藏评价）既是公安院校图书馆图书文献资源建设的日常工作内容之一，也是文献资源建设评估的重要一环。它的重要性不仅在于通过评价正确描述文献资源建设的成果，并获得有关馆藏图书文献资源的范围、深度、可支持教学和科学研究程度等可靠信息，还能确认发现前一阶段公安院校图书馆文献资源建设的优势与不足，把过去一个时间段里馆藏发展工作的情况反馈给图书馆管理人员和工作人员，对制定或修改馆藏发展政策，开展馆藏补充、复审、滞书剔除等一系列工作起到直接或间接的指导作用。

（一）文献资源建设评价的概念

文献资源建设评价是对公安院校图书馆现有的馆藏体系所进行的评价。评价内容包括对馆藏数量、馆藏结构、馆藏本身的学术价值以及馆藏使用效果等各个指标进行综合分析与总体评价。

对公安院校图书馆的馆藏文献资源进行评价，可以帮助公安院校图书馆了解馆藏发展是否符合本馆的方针任务，是否可以满足读者对文献信息的需求，是否可以支持本校的教育、科研和学科建设；可以对图书馆过去的馆藏发展状况进行回顾与总结，以便做好馆藏发展工作。

（二）文献资源建设评价的原则

一是应当以公安院校的学科发展规划和学生培养目标为依据，结合公安院校的教学科研计划和读者的需求，据此对馆藏进行评价。二是根据公安院校图书馆的实际情况进行馆藏评价。评价的对象，既可以是馆藏的一部分，也可以是全部馆藏。例如，可以单独对馆藏电子文献进行评价。三是根据公安院校图书馆的不同需要，采用不同方法对馆藏进行评价。例如，可以从馆藏数量、馆藏质量、使用状况和使用成本等各个方面进行评价。四是馆藏评价应有利于与学校主管领导、院系和职能部门之间的交流，使他们了解馆藏发展和图书馆服务的情况。五是馆藏评价应有利于与其他图书馆的交流与协调，促进文献资源共建共享。

（三）文献资源建设评价的基本方法

印刷型文献资源评价方法可以分为三大类：馆藏数量评价法、书目对比分析法、馆藏结构分析法。在具体运用中，每个图书馆应根据自己的特殊情况，有区别地选择各种评价方法并综合运用，尽量达到准确、细致和客观。

1. 馆藏数量评价法

图书馆的馆藏图书文献数量既是图书馆文献收藏规模的标志，也是文献收藏质量的依托和保障，因此，合理的馆藏数量是图书馆评价馆藏的标准之一。馆藏数量评价的数据比较容易统计，可以用来对本馆不同时期的馆藏增长进行纵向比较或与他馆进行横向比较，方便图书馆对馆藏的规模进行测量。其缺点是无法测量馆藏的质量和效用。

2. 书目对比分析法

书目对比分析法是将公安院校图书馆的馆藏与一些标准书目、核心书目或权威性机构制定的馆藏目录进行比较，检查本馆的馆藏文献在品种、数量、语种以及某些重要著作收藏方面有何不足，从而评价馆藏的质量。在实际操作中，一般将图书馆的书目与标准书目或核心书目逐一进行对比，检查馆藏文献在品种、数量、语种及某些重要著作收藏方面的差异，以评价馆藏的质量。所谓标准书目，主要是指由有关权威机构或专家编制的进行有关学科的学习或研究所必须具备的文献目录，或专门为有关图书馆编制的必备书刊目录。核心书目是由有关单位编制的、反映具有较高学术价值或读者经常利用的书刊目录。这些书刊将构成图书馆馆藏的核心部分，例如，《中文核心期刊要目总览》、《国外人文社会科学核心期刊总览》、国家图书奖目录等。

3. 馆藏结构分析法

馆藏结构分析法是依据公安院校图书馆馆藏发展政策，对本馆馆藏的学科、收藏等级和文献语言结构等进行定性分析。①学科结构，即各学科馆藏的比例，是否和本馆读者需求相适应及相适应的程度。②等级结构，本馆收藏的各学科、各类型文献是否与馆藏发展政策中规定的等级结构相符合，能否体现出一定的层次级别。③文种结构，统计馆藏书刊的文种比例，分析这些比例是否与馆藏发展的规定相符合，是否与本馆读者掌握的语种状况相符合。对研究型大学图书馆来说，大多数情况下，某学科外文文献收藏的比例越高，间接地证明了支持该学科科学研究的能力就越强。④文献类型结构，印刷型文献与电子文献、非书资料经费、入藏数量的比例，印刷型文献中图书与期刊的比例以及它们与读者需求相符合的程度。⑤时间结构，主要考查新入藏文献的比例状况。只有新书占总馆藏的比例达到一定的数值，才能保证馆藏的信息知识含量和被利用的活力。

五、公安院校图书馆的读者服务评价

公安院校图书馆读者服务是指公安院校图书馆组织在校学生、教师等读者群体利用图书文献信息资源的各项活动，具体而言，就是公安院校图书馆根据各项读者服务制度的规定所提供的文献信息查询及借阅、参考咨询、阅读推广、公益性讲座、培训和展览等服务的总称。服务质量是公安院校图书馆工作的核心。公安院校图书馆的读者服务评价的目的，旨在评估公安院校图书馆读者服务的整体水平，包括基础设施、服务质量、读者参与度、服务创新等方面，从而为图书馆改进读者服务提供参考。

（一）读者服务评价的概念

读者服务评价，是指对公安院校图书馆的读者服务工作体系所进行的评价，评价内容包括读者管理制度、流通借还制度、读者培训制度、阅读推广制度、参考咨询制度等的执行情况与效果。在服务质量方面，评估图书馆员工的服务态度、服务效率、知识水平及沟通能力等。在读者参与度方面，评估图书馆举办的各类活动是否能够满足读者需求，以及图书馆的互动性和便利性等。在服务创新方面，评估图书馆在服务内容、服务方式、服务技术上的创新程度。

（二）读者服务评价的原则

一是应当以公安院校图书馆已有的管理制度为依据，结合公安院校的教学科研计划和读者的需求，对图书馆的读者服务工作进行评价。二是根据公安院校图书馆的不同需要，采用不同方法对读者服务进行评价。例如，可以从读者管理、接待到馆读者情况、文献流通情况等各个方面进行评价。三是读者服务评价应有利于与学校主管领导、院系和职能部门之间的交流，使他们了解图书馆读者服务的情况。四是读者服务评价应有利于与其他图书馆的交流与协调，促进图书馆读者服务水平的提升。

(三) 读者服务评价的基本方法

读者服务评价的基本方法包括问卷调查法、访谈法以及数据分析法。

1. 问卷调查法

问卷调查法，主要是通过设计问卷，调查读者对公安院校图书馆的服务工作的满意度。具体方法包括问题的设计，确定样本数量和采样方式；开展问卷调查，收集读者评价信息；对回收的问卷进行整理和分析调查数据，并对各项评价内容进行打分。

2. 访谈法

访谈法，主要是通过对不同的读者群体开展访谈，听取他们对图书馆读者服务工作的意见和建议，形成访谈资料。具体方法包括访谈对象范围与数量的确定，访谈程序与时间安排；访谈资料的整理和分析，以及对访谈反馈情况进行打分。

3. 数据分析法

数据分析法，主要是通过收集公安院校图书馆读者服务的相关业务文书及台账数据，如评估时间阶段内的读者管理数据、每周开馆时间数据、接待到馆总人次、文献外借册次、文献流通率等数据，并对照其他公安院校的相关数据进行比较分析，以对各项评价内容进行打分。

六、公安院校图书馆的参考咨询评价

参考咨询服务是公安院校图书馆针对读者用户的需求，依据相关法律法规及图书馆参考咨询制度而提供的一种文献信息服务。其服务的内容，主要是由图书馆的参考馆员帮助和指导读者用户检索所需信息或提供相关数据、文献资料、专题内容等多种形式的信息服务模式。而参考咨询评估，则是公安院校图书馆为了贯彻"以读者为中心"的服务原则而定期对参考咨询服务工作情况进行的评估。

（一）参考咨询服务评价的概念

参考咨询服务评价，是依据特定评估指标，对公安院校图书馆的参考咨询工作体系、参考咨询服务质量管理体系、参考咨询服务效能等进行评估，从而为图书馆改进参考咨询服务提供依据。

（二）参考咨询服务评价的原则

一是应当以公安院校图书馆已有的参考咨询管理制度为依据，结合公安院校的教学科研计划和读者的需求，据此对图书馆的参考咨询服务工作进行评价。二是根据公安院校图书馆的不同需要，采用或选用相应的参考咨询评价指标体系（见表7-5）进行评价。例如，从参考咨询服务的管理角度来看，可以对参考馆员队伍配备（参考馆员的数量及占图书馆工作人员总数的比例）及参考服务咨询能力（参考馆员的资格、业务能力），参考咨询的信息源建设情况（如参考咨询的信息源是否权威），参考咨询软件系统建设（如易用性或易用程度、系统稳定性、功能完备性等）等方面进行评价；从参考咨询服务流程的角度来看，可以对参考馆员提供咨询的服务方式、服务态度等方面进行评价；从参考咨询的结果角度来看，可以对参考咨询的数量（如服务多少人/次）、响应时间与解答时限情况、参考咨询质量等方面进行评价。三是参考咨询服务评价应有利于与学校主管领导、院系和职能部门之间的交流，使他们了解图书馆参考咨询服务的情况。四是读者服务评价应有利于与其他图书馆的交流与协调，促进图书馆读者服务水平的提升。

表7-5 参考咨询评价指标一览表

一级指标	二级指标	三级指标
参考咨询服务管理	参考馆员	数量
		资格
		业务能力
	参考咨询信息源	丰富性
		可靠性
	参考咨询系统平台	易用性
		稳定性
		完备性
		规范性
		安全性
		扩展性

(续表)

一级指标	二级指标	三级指标
参考咨询服务流程	参考咨询服务方式	数量
		便利性
		交互性
	参考咨询服务的程序	明确性
	参考咨询馆员服务态度	仪容仪表
		礼貌用语
		耐心细致
	参考咨询服务响应	及时性
参考咨询结果	参考咨询质量	客观性
		规范性
		价值型
		指导性
	参考咨询报告	完整性

（三）参考咨询服务评价的方法

参考咨询服务评价的方法包括问卷调查法、访谈法以及数据分析法。

1. 问卷调查法

为了获取读者对于公安院校图书馆参考馆员的服务态度、参考咨询系统等的满意度，可以采用问卷调查法。具体方法包括问题的设计，确定样本数量和采样方式等；开展问卷调查，收集读者的评价信息；对回收的问卷进行整理和分析调查数据，并结合通用标准对各项评价内容进行打分。

2. 访谈法

访谈法，主要是通过对公安院校内不同的读者群体开展访谈，听取他们对图书馆参考咨询服务工作的意见和建议，形成访谈资料。具体方法包括访谈对象范围与数量的确定，访谈程序与时间安排；访谈资料的整理和分析，对访谈反馈情况进行打分。

3. 数据分析法

数据分析法，主要是通过收集公安院校图书馆参考咨询服务的相关业务文书及台账数据，如参考咨询系统评价建设情况，评估时间阶段内的参考咨询服务人/次数据，响应时间与解答时限数据，参考咨询服务队伍的参考咨询员配备数据，参考咨询的信息源相关统计数据，以及参考咨询过程中形成的馆际互借和文献传递数据，并对照其他公安院校的相关数据进行比较分析，以对各项评价内容进行打分。

第三节 公安院校图书馆评估方式

公安院校图书馆的评价方式，可以根据评估主体、评估内容的不同，做不同的分类。其中，根据评估主体不同，可以分为行业或上级主管部门的管理评价、读者用户评价和图书馆的自我评价；根据评价内容不同，可以分为单项评价与综合评价。

一、公安院校图书馆的自我评估

公安院校图书馆的自我评估，是指以公安院校图书馆为评估主体，对本馆文献资源建设情况、图书馆服务情况等进行的一种评估；其目的是通过图书馆的自我评估，发现图书馆日常工作中存在的不足，并根据评估结果有针对性地改进和提高。

（一）制定或选定评估指标体系

明确评估的目的和指标，例如，文献资源建设计划的执行情况、评估学生的阅读习惯、图书馆的服务质量、图书馆特定项目的绩效等。

（二）收集评估相关的信息与数据

公安院校图书馆在自我评估过程中，可以根据评估的指标要求，确定评估的时间节点和范围，并收集和统计图书馆的馆藏文献数据、图书文献的流通数据、读者服务的相关数据等。对于读者服务情况的评估，公安院校图书馆可以采取问卷调查、访谈等方法来收集数据。在数据收集后，公安院校图书馆首先对所收集的数据进行整理（如去掉无效数据和重复数据等），将不同来源的数据进行整合，形成完整的数据集；然后将数据按照一定的分类方法进行划分，便于统计和分析；最后按照评估要求进行打分，并撰写评估报告。评估报告应包括以下内容：引言（介绍评估的目的和背景）、方法（详细描述评估过程和方法）、结果（展示评估结果，包括数据分析和结论）、讨论和建议（对评估结果进行解释和讨论，提出改进建议和未来发展方向）、结论（总结评估结果，强调图书馆的价值和贡献以及未来发展的前景）等。

（三）分析图书馆评估的结论

在评估完成后，公安院校图书馆需要分析图书馆评估的结论。结论可以包括以下方面：学生的阅读习惯（评估学生的阅读频率、阅读偏好和获取资源的途径），图书馆的服务质量（评估图书馆员的服务质量、信息检索系统和图书馆设施），学术影响力（评估图书馆对公安院校读者学术研究的影响和贡献，对学科建设的影响和贡献等）。

二、普通高等学校本科教育教学审核评估中的公安院校图书馆评估

（一）公安本科院校是普通高等学校本科教育教学审核评估的对象

为深入学习贯彻习近平总书记关于教育的重要论述和全国教育大会精神，落实中共中央、国务院印发的《深化新时代教育评价改革总体方案》和中共中央办公厅、国务院办公厅印发的《关于深化新时代教育督导体制机制改革的意见》，引导高校遵循教育规律，聚焦本科教育教学质量，培养德智体美劳全面发展的社会主义建设者和接班人，教育部在 2021 年 1 月制定并印发了《普通高等学校本科教育教学审核评估实施方案（2021—2025 年）》。根据其第 3 条的规定，所有经国家正式批准独立设置的普通本科高校均应参加审核评估，其中新建普通本科高校应先参加普通高等学校本科教学工作合格评估，原则上获得"通过"结论的五年后方可参加本轮审核评估。因此，所有公安本科院校都在审核评估的范围当中。

（二）普通高等学校本科教育教学审核评估的程序

根据《普通高等学校本科教育教学审核评估实施方案（2021—2025年）》第4条的规定，审核评估程序包括评估申请、学校自评、专家评审、反馈结论、限期整改、督导复查。

在评估申请阶段，部属公安本科院校需要向教育部提出申请；地方公安本科院校需要向当地省级教育行政部门提出申请，包括选择评估类型和评估时间。

在学校自评阶段，公安本科院校需要成立由主要负责人任组长的审核评估工作领导小组，落实主体责任，按要求参加评估培训，对照评估重点内容和指标体系，结合实际和上一轮评估整改情况，制订工作方案，全面深入开展自评工作，形成自评报告并公示。其中，涉及公安院校图书馆的评估指标，主要是一级指标"3. 教学资源与利用"下的二级指标"3.1 设施条件"中的图书馆资源建设情况，以及一级指标"7. 教学成效"下的二级指标"7.3 保障度"中的图书馆经费情况。

在专家评审阶段，评估专家统一从全国审核评估专家库中产生，人数为15～21人。原则上，外省（区、市）专家人数不少于评估专家组人数的三分之二，专家组组长由外省（区、市）专家担任。采取审阅材料、线上访谈、随机暗访等方式进行线上评估，在全面考察的基础上，提出需要入校深入考察的存疑问题，形成专家个人线上评估意见。专家组组长根据线上评估情况，确定5～9位入校评估专家，在2～4天内重点考察线上评估提出的存疑问题。综合线上评估和入校评估总体情况，制订问题清单，形成写实性审核评估报告。

在反馈结论阶段，教育部和各省级教育行政部门分别负责审议审核评估报告，通过后作为评估结论反馈给高校，并在一定范围内公开。对于突破办学规范和办学条件底线等问题突出的高校，教育部和有关省级教育行政部门要采取约谈负责人、减少招生计划和限制新增本科专业备案等问责措施。教育部每年向社会公布完成审核评估的高校名单，并在完成评估的高校中征集本科教育教学示范案例，经教育部评估专家委员会审议后发布，做好经验推广、示范引领。

在限期整改阶段，公安本科院校应在评估结论反馈30日内，制定并提交整改方案。评估整改坚持问题导向，找准问题原因，排查薄弱环节，提出解决举措，加强制度建设。建立整改工作台账，实行督查督办和问责制度，持续追踪整改进展，确保整改取得实效。原则上，高校需在两年内完成整改并提交整改报告。在督导复查阶段，公安本科院校可以成立专项工作组，接受教育部或省教育厅组织的高等学校本科教育教学审核评估整改完成情况的抽检。

（三）公安院校图书馆配合普通高等学校本科教育教学审核评估

在学校自评阶段，公安院校图书馆需要对照《普通高等学校本科教育教学审核评估指标体系》的相关指标，认真收集图书馆经费相关数据、图书馆馆藏相关数据、图书馆读者服务相关数据，并撰写与图书馆相关的自评报告。

在专家评审阶段，公安院校图书馆需要针对专家组的存疑问题，提供图书馆工作相关情况的说明。

在限期整改阶段，针对相关问题，公安院校图书馆需要在院校党委、行政的领导下，与相关部门合作，坚持问题导向，找准问题原因，排查薄弱环节，提出解决举措，加强制度建设。建立整改工作台账，实行督查督办和问责制度，持续追踪整改进展，确保整改取得实效。

公安院校图书馆评估，目的在于改进公安院校图书馆工作，提升公安院校图书馆服务水平，促进公安院校图书馆的科学发展，以更好地满足公安教育事业需求。各地公安本科院校图书馆尤其要坚持"以评促建、以评促改、以评促管、以评促强"的工作方针，以建设综合优势明显、办学特色鲜明、符合学院学科建设需要的一流公安本科图书馆为目标，实施常态化的专业评估机制，全面、客观地考察图书馆各项建设的现状、规划，存在的问题和持续改进计划，有针对性地引导学科、专业主动适应公安院校学科建设，促进图书馆各方面能力与服务水平的提升与特色发展。

附 录

1. 中华人民共和国公共图书馆法

(2017年11月4日第十二届全国人民代表大会常务委员会第三十次会议通过)

目 录

第一章 总 则
第二章 设 立
第三章 运 行
第四章 服 务
第五章 法律责任
第六章 附 则

第一章 总 则

第一条 为了促进公共图书馆事业发展，发挥公共图书馆功能，保障公民基本文化权益，提高公民科学文化素质和社会文明程度，传承人类文明，坚定文化自信，制定本法。

第二条 本法所称公共图书馆，是指向社会公众免费开放，收集、整理、保存文献信息并提供查询、借阅及相关服务，开展社会教育的公共文化设施。

前款规定的文献信息包括图书报刊、音像制品、缩微制品、数字资源等。

第三条 公共图书馆是社会主义公共文化服务体系的重要组成部分，应当将推动、引导、服务全民阅读作为重要任务。

公共图书馆应当坚持社会主义先进文化前进方向，坚持以人民为中心，坚持以社会主义核心价值观为引领,传承发展中华优秀传统文化,继承革命文化,发展社会主义先进文化。

第四条 县级以上人民政府应当将公共图书馆事业纳入本级国民经济和社会发展规划,将公共图书馆建设纳入城乡规划和土地利用总体规划,加大对政府设立的公共图书馆的投入,将所需经费列入本级政府预算,并及时、足额拨付。

国家鼓励公民、法人和其他组织自筹资金设立公共图书馆。县级以上人民政府应当积极调动社会力量参与公共图书馆建设,并按照国家有关规定给予政策扶持。

第五条 国务院文化主管部门负责全国公共图书馆的管理工作。国务院其他有关部门在各自职责范围内负责与公共图书馆管理有关的工作。

县级以上地方人民政府文化主管部门负责本行政区域内公共图书馆的管理工作。县级以上地方人民政府其他有关部门在各自职责范围内负责本行政区域内与公共图书馆管理有关的工作。

第六条 国家鼓励公民、法人和其他组织依法向公共图书馆捐赠,并依法给予税收优惠。

境外自然人、法人和其他组织可以依照有关法律、行政法规的规定,通过捐赠方式参与境内公共图书馆建设。

第七条 国家扶持革命老区、民族地区、边疆地区和贫困地区公共图书馆事业的发展。

第八条 国家鼓励和支持发挥科技在公共图书馆建设、管理和服务中的作用,推动运用现代信息技术和传播技术,提高公共图书馆的服务效能。

第九条 国家鼓励和支持在公共图书馆领域开展国际交流与合作。

第十条 公共图书馆应当遵守有关知识产权保护的法律、行政法规规定,依法保护和使用文献信息。

馆藏文献信息属于文物、档案或者国家秘密的,公共图书馆应当遵守有关文物保护、档案管理或者保守国家秘密的法律、行政法规规定。

第十一条 公共图书馆行业组织应当依法制定行业规范,加强行业自律,维护会员合法权益,指导、督促会员提高服务质量。

第十二条 对在公共图书馆事业发展中作出突出贡献的组织和个人,按照国家有关规定给予表彰和奖励。

第二章 设　立

第十三条 国家建立覆盖城乡、便捷实用的公共图书馆服务网络。公共图书馆服务网络建设坚持政府主导，鼓励社会参与。

县级以上地方人民政府应当根据本行政区域内人口数量、人口分布、环境和交通条件等因素，因地制宜确定公共图书馆的数量、规模、结构和分布，加强固定馆舍和流动服务设施、自助服务设施建设。

第十四条 县级以上人民政府应当设立公共图书馆。

地方人民政府应当充分利用乡镇（街道）和村（社区）的综合服务设施设立图书室，服务城乡居民。

第十五条 设立公共图书馆应当具备下列条件：

（一）章程；

（二）固定的馆址；

（三）与其功能相适应的馆舍面积、阅览座席、文献信息和设施设备；

（四）与其功能、馆藏规模等相适应的工作人员；

（五）必要的办馆资金和稳定的运行经费来源；

（六）安全保障设施、制度及应急预案。

第十六条 公共图书馆章程应当包括名称、馆址、办馆宗旨、业务范围、管理制度及有关规则、终止程序和剩余财产的处理方案等事项。

第十七条 公共图书馆的设立、变更、终止应当按照国家有关规定办理登记手续。

第十八条 省、自治区、直辖市人民政府文化主管部门应当在其网站上及时公布本行政区域内公共图书馆的名称、馆址、联系方式、馆藏文献信息概况、主要服务内容和方式等信息。

第十九条 政府设立的公共图书馆馆长应当具备相应的文化水平、专业知识和组织管理能力。

公共图书馆应当根据其功能、馆藏规模、馆舍面积、服务范围及服务人口等因素配备相应的工作人员。公共图书馆工作人员应当具备相应的专业知识与技能，其中专业技术人员可以按照国家有关规定评定专业技术职称。

第二十条 公共图书馆可以以捐赠者姓名、名称命名文献信息专藏或者专题活动。

公民、法人和其他组织设立的公共图书馆，可以以捐赠者的姓名、名称命名公共图书馆、公共图书馆馆舍或者其他设施。

以捐赠者姓名、名称命名应当遵守有关法律、行政法规的规定，符合国家利益和社会公共利益，遵循公序良俗。

第二十一条　公共图书馆终止的，应当依照有关法律、行政法规的规定处理其剩余财产。

第二十二条　国家设立国家图书馆，主要承担国家文献信息战略保存、国家书目和联合目录编制、为国家立法和决策服务、组织全国古籍保护、开展图书馆发展研究和国际交流、为其他图书馆提供业务指导和技术支持等职能。国家图书馆同时具有本法规定的公共图书馆的功能。

第三章　运　行

第二十三条　国家推动公共图书馆建立健全法人治理结构，吸收有关方面代表、专业人士和社会公众参与管理。

第二十四条　公共图书馆应当根据办馆宗旨和服务对象的需求，广泛收集文献信息；政府设立的公共图书馆还应当系统收集地方文献信息，保存和传承地方文化。

文献信息的收集应当遵守有关法律、行政法规的规定。

第二十五条　公共图书馆可以通过采购、接受交存或者捐赠等合法方式收集文献信息。

第二十六条　出版单位应当按照国家有关规定向国家图书馆和所在地省级公共图书馆交存正式出版物。

第二十七条　公共图书馆应当按照国家公布的标准、规范对馆藏文献信息进行整理，建立馆藏文献信息目录，并依法通过其网站或者其他方式向社会公开。

第二十八条　公共图书馆应当妥善保存馆藏文献信息，不得随意处置；确需处置的，应当遵守国务院文化主管部门有关处置文献信息的规定。

公共图书馆应当配备防火、防盗等设施，并按照国家有关规定和标准对古籍和其他珍贵、易损文献信息采取专门的保护措施，确保安全。

第二十九条　公共图书馆应当定期对其设施设备进行检查维护，确保正常运行。

公共图书馆的设施设备场地不得用于与其服务无关的商业经营活动。

第三十条　公共图书馆应当加强馆际交流与合作。国家支持公共图书馆开展联合采购、联合编目、联合服务，实现文献信息的共建共享，促进文献信息的有效利用。

第三十一条　县级人民政府应当因地制宜建立符合当地特点的以县级公共图书馆为总馆，乡镇（街道）综合文化站、村（社区）图书室等为分馆或者基层服务点的总分馆制，完善数字化、网络化服务体系和配送体系，实现通借通还，促进公共图书馆服务向城乡基层延伸。总馆应当加强对分馆和基层服务点的业务指导。

第三十二条　公共图书馆馆藏文献信息属于档案、文物的，公共图书馆可以与档案馆、博物馆、纪念馆等单位相互交换重复件、复制件或者目录，联合举办展览，共同编辑出版有关史料或者进行史料研究。

第四章　服　务

第三十三条　公共图书馆应当按照平等、开放、共享的要求向社会公众提供服务。

公共图书馆应当免费向社会公众提供下列服务：

（一）文献信息查询、借阅；

（二）阅览室、自习室等公共空间设施场地开放；

（三）公益性讲座、阅读推广、培训、展览；

（四）国家规定的其他免费服务项目。

第三十四条　政府设立的公共图书馆应当设置少年儿童阅览区域，根据少年儿童的特点配备相应的专业人员，开展面向少年儿童的阅读指导和社会教育活动，并为学校开展有关课外活动提供支持。有条件的地区可以单独设立少年儿童图书馆。

政府设立的公共图书馆应当考虑老年人、残疾人等群体的特点，积极创造条件，提供适合其需要的文献信息、无障碍设施设备和服务等。

第三十五条　政府设立的公共图书馆应当根据自身条件，为国家机关制定法律、法规、政策和开展有关问题研究，提供文献信息和相关咨询服务。

第三十六条 公共图书馆应当通过开展阅读指导、读书交流、演讲诵读、图书互换共享等活动，推广全民阅读。

第三十七条 公共图书馆向社会公众提供文献信息，应当遵守有关法律、行政法规的规定，不得向未成年人提供内容不适宜的文献信息。

公共图书馆不得从事或者允许其他组织、个人在馆内从事危害国家安全、损害社会公共利益和其他违反法律法规的活动。

第三十八条 公共图书馆应当通过其网站或者其他方式向社会公告本馆的服务内容、开放时间、借阅规则等；因故闭馆或者更改开放时间的，除遇不可抗力外，应当提前公告。

公共图书馆在公休日应当开放，在国家法定节假日应当有开放时间。

第三十九条 政府设立的公共图书馆应当通过流动服务设施、自助服务设施等为社会公众提供便捷服务。

第四十条 国家构建标准统一、互联互通的公共图书馆数字服务网络，支持数字阅读产品开发和数字资源保存技术研究，推动公共图书馆利用数字化、网络化技术向社会公众提供便捷服务。

政府设立的公共图书馆应当加强数字资源建设、配备相应的设施设备，建立线上线下相结合的文献信息共享平台，为社会公众提供优质服务。

第四十一条 政府设立的公共图书馆应当加强馆内古籍的保护，根据自身条件采用数字化、影印或者缩微技术等推进古籍的整理、出版和研究利用，并通过巡回展览、公益性讲座、善本再造、创意产品开发等方式，加强古籍宣传，传承发展中华优秀传统文化。

第四十二条 公共图书馆应当改善服务条件、提高服务水平，定期公告服务开展情况，听取读者意见，建立投诉渠道，完善反馈机制，接受社会监督。

第四十三条 公共图书馆应当妥善保护读者的个人信息、借阅信息以及其他可能涉及读者隐私的信息，不得出售或者以其他方式非法向他人提供。

第四十四条 读者应当遵守公共图书馆的相关规定，自觉维护公共图书馆秩序，爱护公共图书馆的文献信息、设施设备，合法利用文献信息；借阅文献信息的，应当按照规定时限归还。

对破坏公共图书馆文献信息、设施设备，或者扰乱公共图书馆秩序的，公共图书馆工作人员有权予以劝阻、制止；经劝阻、制止无效的，公共图书馆可以停止为其提供服务。

第四十五条 国家采取政府购买服务等措施，对公民、法人和其他组织设立的公共图书馆提供服务给予扶持。

第四十六条 国家鼓励公民参与公共图书馆志愿服务。县级以上人民政府文化主管部门应当对公共图书馆志愿服务给予必要的指导和支持。

第四十七条 国务院文化主管部门和省、自治区、直辖市人民政府文化主管部门应当制定公共图书馆服务规范，对公共图书馆的服务质量和水平进行考核。考核应当吸收社会公众参与。考核结果应当向社会公布，并作为对公共图书馆给予补贴或者奖励等的依据。

第四十八条 国家支持公共图书馆加强与学校图书馆、科研机构图书馆以及其他类型图书馆的交流与合作，开展联合服务。

国家支持学校图书馆、科研机构图书馆以及其他类型图书馆向社会公众开放。

第五章　法律责任

第四十九条 公共图书馆从事或者允许其他组织、个人在馆内从事危害国家安全、损害社会公共利益活动的，由文化主管部门责令改正，没收违法所得；情节严重的，可以责令停业整顿、关闭；对直接负责的主管人员和其他直接责任人员依法追究法律责任。

第五十条 公共图书馆及其工作人员有下列行为之一的，由文化主管部门责令改正，没收违法所得：

（一）违规处置文献信息；

（二）出售或者以其他方式非法向他人提供读者的个人信息、借阅信息以及其他可能涉及读者隐私的信息；

（三）向社会公众提供文献信息违反有关法律、行政法规的规定，或者向未成年人提供内容不适宜的文献信息；

（四）将设施设备场地用于与公共图书馆服务无关的商业经营活动；

（五）其他不履行本法规定的公共图书馆服务要求的行为。

公共图书馆及其工作人员对应当免费提供的服务收费或者变相收费的，由价格主管部门依照前款规定给予处罚。

公共图书馆及其工作人员有前两款规定行为的，对直接负责的主管人员和其他直接责任人员依法追究法律责任。

第五十一条 出版单位未按照国家有关规定交存正式出版物的，由出版行政主管部门依照有关出版管理的法律、行政法规规定给予处罚。

第五十二条 文化主管部门或者其他有关部门及其工作人员在公共图书馆管理工作中滥用职权、玩忽职守、徇私舞弊的，对直接负责的主管人员和其他直接责任人员依法给予处分。

第五十三条 损坏公共图书馆的文献信息、设施设备或者未按照规定时限归还所借文献信息，造成财产损失或者其他损害的，依法承担民事责任。

第五十四条 违反本法规定，构成违反治安管理行为的，依法给予治安管理处罚；构成犯罪的，依法追究刑事责任。

第六章 附 则

第五十五条 本法自 2018 年 1 月 1 日起施行。

2. 教育部关于印发《普通高等学校图书馆规程》的通知

教高〔2015〕14 号

各省、自治区、直辖市教育厅（教委），新疆生产建设兵团教育局，有关部门（单位）教育司（局），部属各高等学校：

为适应高等学校图书馆事业发展需要，更好地指导和规范高等学校图书馆工作，我部对 2002 年发布的《普通高等学校图书馆规程（修订）》进行了修订。现将修订后的《普通高等学校图书馆规程》印发给你们，请遵照执行。

教育部
2015 年 12 月 31 日

普通高等学校图书馆规程

第一章 总 则

第一条 为促进高等学校图书馆的建设和发展，指导和规范高等学校图书馆工作，依据《中华人民共和国教育法》《中华人民共和国高等教育法》及相关规定，制定本规程。

第二条 高等学校图书馆（以下简称"图书馆"）是学校的文献信息资源中心，是为人才培养和科学研究服务的学术性机构，是学校信息化建设的重要组成部分，是校园文化和社会文化建设的重要基地。图书馆的建设和发展应与学校的建设和发展相适应，其水平是学校总体水平的重要标志。

第三条 图书馆的主要职能是教育职能和信息服务职能。图书馆应充分发挥在学校人才培养、科学研究、社会服务和文化传承创新中的作用。

第四条 图书馆的主要任务是：

（一）建设全校的文献信息资源体系，为教学、科研和学科建设提供文献信息保障；

（二）建立健全全校的文献信息服务体系，方便全校师生获取各类信息；

（三）不断拓展和深化服务，积极参与学校人才培养、信息化建设和校园文化建设；

（四）积极参与各种资源共建共享，发挥信息资源优势和专业服务优势，为社会服务。

第二章 体制和机构

第五条 高等学校应由一名校级领导分管图书馆工作。图书馆在学校授权范围内实行馆长负责制。学校在重大建设和发展事项的决策过程中，对于涉及文献信息保障方面的工作，应吸收图书馆馆长参与或听取其意见。

第六条 高等学校应根据图书馆实际工作需要设置图书馆内部组织机构和岗位，明确各组织机构和岗位的职责。

第七条 高等学校可根据学校校区分布或学科分布设立相应的总图书馆、校区分馆、学科分馆和院（系、所）分馆（资料室），分馆（资料室）受总图书馆领导或业务指导，面向全校开放。

第八条 高等学校可根据需要设立图书馆工作委员会，作为全校图书馆工作的咨询和协调机构。

图书馆工作委员会由学校相关职能部门负责人、教师和学生代表组成。学校主管图书馆工作的校领导担任主任委员，图书馆馆长担任副主任委员。

图书馆工作委员会应定期召开会议，听取图书馆工作报告，讨论全校文献信息工作中的重大事项，反映师生的意见和要求，向学校和图书馆提出改进工作的建议。

第三章 工作人员

第九条 图书馆工作人员应恪守职业道德，遵守行业规范，认真履行岗位职责。

第十条 图书馆设馆长一名、副馆长若干名。

图书馆馆长应设置为专业技术岗位，原则上应由具有高级专业技术职务者担任，并应保持适当的稳定性。

馆长主持全馆工作，组织制订和贯彻实施图书馆发展规划、规章制度、工作计划、队伍建设方案及经费预算。副馆长协助馆长负责或分管相应工作。

第十一条 高等学校应根据发展目标、师生规模和图书馆的工作任务，确定图书馆工作人员编制。

图书馆馆员包括专业馆员和辅助馆员，专业馆员的数量应不低于馆员总数的50%。专业馆员一般应具有硕士研究生及以上层次学历或高级专业技术职务，并经过图书馆学专业教育或系统培训。辅助馆员一般应具有高等教育专科及以上层次学历，具体聘用条件根据工作岗位的要求和学校的人事管理制度确定。

第十二条 高等学校新聘用图书馆工作人员，按照规定应当面向社会公开招聘的，按照规定执行。

图书馆工作人员按照国家有关规定，实行专业技术职务聘任制和岗位聘任制，享受相应待遇。

第十三条 高等学校应将图书馆专业馆员培养纳入学校的人才培养计划，重视培养高层次的专家和学术带头人。鼓励图书馆工作人员通过在职学习和进修，提高知识水平和业务技能。

第十四条 高等学校对于在图书馆从事特种工作的人员，按国家规定给予相应的劳保待遇。

第十五条 高等学校应根据图书馆工作特点，制定考核办法，定期对工作人员进行考核，考核结果作为调整工作人员岗位、工资以及续订聘用合同等依据。

第四章 经费、馆舍、设备

第十六条 高等学校应保证图书馆正常运行和持续发展所必需的经费和物质条件。

图书馆应注重办馆效益，科学合理地使用经费。

高等学校应鼓励社会组织和个人依法积极向图书馆进行捐赠和资助。

第十七条 高等学校要把图书馆的经费列入学校预算，并根据发展需要逐年增加。

图书馆的经费包括文献信息资源购置费、运行费和专项建设费。运行费主要包括设备设施维护费、办公费等。

第十八条 图书馆的文献信息资源购置费应与学校教学和科学研究的需要相适应，馆藏文献信息资源总量和纸质文献信息资源的年购置量应不低于国家有关规定。全校文献信息资源购置费应由图书馆统筹协调、合理使用。

第十九条 高等学校应按照国家有关法规和标准，建造独立专用的图书馆馆舍。馆舍应充分考虑学校发展规模，适应现代化管理的需要，满足图书馆的功能需求，节能环保，并具有空间调整的灵活性。

馆舍建筑面积和馆内各类用房面积须达到国家规定的校舍规划面积定额标准。

第二十条 高等学校应有计划地为图书馆配备服务和办公所需的各种家具、设备和用品，重视自动化、网络化、数字化等现代信息基础设施建设。

第二十一条 高等学校应做好图书馆馆舍、设备的维护维修，根据需要持续改善图书馆的服务设施，重视图书馆内外环境的美化绿化，落实防火、防水、防潮、防虫等防护措施。

第五章 文献信息资源建设

第二十二条 图书馆应根据学校人才培养、科学研究和学科建设的需要，以及馆藏基础和资源共建共享的要求，制订文献信息资源发展规划和实施方案。

第二十三条 图书馆在文献信息资源建设中应统筹纸质资源、数字资源和其他载体资源；保持重要文献、特色资源的完整性与连续性；注重收藏本校以及与本校有关的各类型载体的教学、科研资料与成果；寻访和接受社会捐赠；形成具有本校特色的文献信息资源体系。

第二十四条 图书馆应积极参与国内外文献信息资源建设的馆际协作，实现资源共建共享。

第二十五条 图书馆应根据国家和行业的相关标准规范，对采集的信息资源进行科学的加工整序，建立完善的信息检索系统。

第二十六条 图书馆应合理组织馆藏纸质资源，便于用户获取和利用；应加强文献保护与修复，保证文献资源的长期使用。

第二十七条 图书馆应注重建设数字信息资源管理和服务系统，参与校园信息化建设和学校学术资源的数字化工作，建立数字信息资源的长期保存机制，保障信息安全。

第六章 服　务

第二十八条 图书馆应坚持以人为本的服务理念，保护用户合法、平等地利用图书馆的权利，健全服务体系，创新服务模式，提高服务效益和用户满意度。

第二十九条 图书馆在学校教学时间内开馆每周应不低于 90 小时，假期也应有必要的开放时间，有条件的学校可以根据实际需要全天开放；网上资源的服务应做到全天 24 小时开放。

第三十条 图书馆应不断提高文献服务水平，采用现代化技术改进服务方式，优化服务空间，注重用户体验，提高馆藏利用率和服务效率。

图书馆应积极拓展信息服务领域，提供数字信息服务，嵌入教学和科研过程，开展学科化服务，根据需求积极探索开展新服务。

第三十一条 图书馆应全面参与学校人才培养工作，充分发挥第二课堂的作用，采取多种形式提高学生综合素质。

图书馆应重视开展信息素质教育，采用现代教育技术，加强信息素质课程体系建设，完善和创新新生培训、专题讲座的形式和内容。

第三十二条 图书馆应积极参与校园文化建设，积极采用新媒体，开展阅读推广等文化活动。

第三十三条 图书馆应制定相关规章制度，引导用户遵守法律法规和公共道德，尊重和保护知识产权，爱护馆藏文献及设施设备，维护网络信息安全。

第三十四条 图书馆应为学生提供社会实践的条件，设置学生参与图书馆管理与服务的岗位，支持与图书馆有关的学生社团和志愿者的活动。

第三十五条 图书馆应通过加强无障碍环境建设等，为残障人士等特殊用户利用图书馆提供便利。

第三十六条 图书馆应加强各馆之间以及与其他类型图书馆之间的协作，开展馆际互借和文献传递、联合参考咨询等共享服务。

第三十七条 图书馆应在保证校内服务和正常工作秩序的前提下，发挥资源和专业服务的优势，开展面向社会用户的服务。

第七章　管　理

第三十八条 高等学校应秉持改革与创新的理念，确定图书馆办馆宗旨。

图书馆应根据学校发展目标制订图书馆发展规划，建立健全各项规章制度。

第三十九条 高等学校应推动图书馆严格遵循相关的专业标准，不断完善业务规范和考核办法，改进和优化业务管理。

第四十条 高等学校应支持图书馆有计划地开展学术研究，组织和参与国内外学术交流活动，发表研究成果。支持图书馆积极参加专业学术团体，按国家有关规定申请加入国际学术组织。

图书馆应鼓励馆员申报各级各类科研项目，有条件的可根据需要自行设立科研课题。

第四十一条 图书馆应注重统计工作，如实填报各类统计数据，做好统计数据的保存和分析。

第四十二条 图书馆应建立文书和档案管理制度，制订管理规范，妥善收集、整理和保存文书档案资料。

第四十三条 图书馆应重视馆藏文献等资产的管理，建立完整的资产账目和管理制度。

第四十四条 高等学校应重视图书馆公共安全管理，采取多种防护措施，制订突发事件应急预案，保护人身安全。

第四十五条 高等学校应鼓励图书馆积极开展业务评估评价活动，不断提高办馆效益和水平。

第八章　附　则

第四十六条 本规程适用于全日制普通高等学校。各高等学校可依据本规程并结合学校的办学层次、学校性质、学科特点、学校规模、所在地区等具体因素，制订本校图书馆的工作规定和实施细则。

第四十七条 教育部高等学校图书情报工作指导性专家组织可根据本规程制订各类型高等学校图书馆的建设与服务方面具体规定，指导各类型高等学校图书馆的发展和评估评价工作。

第四十八条 本规程自发布之日起施行。原《普通高等学校图书馆规程（修订）》（教高〔2002〕3号）同时废止。

3.《普通高等学校图书馆评估指标》及评估办法

教育部高等学校图书情报工作指导委员会
2010年3月16日

一、根据教育部教高〔2002〕3号文件颁发的《普通高等学校图书馆规程（修订）》第三十九条的规定，为加强对高等学校图书馆建设的指导和检查，教育部高等学校图书情报工作指导委员会组织拟订了《普通高等学校图书馆评估指标（初稿）》（以下简称"评估指标"）。

二、对普通高等学校图书馆的评估一般由各省、自治区、直辖市教育厅或教育委员会来组织实施，由各地高校图工委根据本地区的实际情况制订实施细则和具体评分办法及分值。教育部在适当时机组织专家组进行检查指导。各地既可以开展全面评估，也可以开展专项评估。

三、评估指标设置主要依据教育部颁发的《普通高等学校图书馆规程（修订）》，限于经验及参考资料的不足，肯定有不尽合理、完善之处，有待于通过评估实践，在获得各地的反馈意见后，再组织专家进行修改，使之趋于合理、完善。

四、《规程》所提出的各项要求，有的是作为当前必须具备的水平，有的是今后随着事业发展和工作进步应达到的目标。评估的目的就是检测目前已达到的水平及找出尚未达标的差距，从而促进高校图书馆的发展；另一方面，由于地区之间、高等学校之间存在发展的不平衡，难以用完全一致的标准去衡量，因此，评估指标的设定及分值的计算具有一定的导向性和灵活性，在实施上注重可操作性。各地可在实施评估时自行确定和调整。

五、考虑到不同高等学校在发展上的不同要求，建议按"985高校"、"211高校"、本科院校、专科院校分为四类，可以采取不同的权重或记分标准，也可以在总评时对不同类型的学校划分不同的分数段。

六、评估指标设三级，一级指标采用100分为满分分值。二级和三级设权重，按权重来确定分值。考虑到地区之间的差异和各地评估时的侧重点会有不同，二级指标未给出权重。各二级指标的分值是其下各三级指标实测分值乘以权重系数所得分值相加之和；一级类目的实得分值是二级指标的分值乘以权重系数所得分值相加之和。

七、评估时，各地可对二、三级指标的权重系数自行确定或调整，也可以对三级指标中的内涵说明进行增项或减项，每项的分值及计分方法也由各地自行确定。

八、进行高等学校图书馆评估，很难全部以定量来计分，但是评估指标又必须量化，才能测出一个比较一致的分数来进行比较。因此，在评估中也可以采用分两步走的办法，即：第一步先给一个模糊量化的等级概念；第二步从这个模糊量化界定的数量范围内（如A等界定为90—100分；B等界定为80—89分等），给出一个相对恰当的分数。

一级指标	指标值	二级指标	权重	三级指标	权重	具体项目及评分办法
A. 办馆条件	100	A1 体制		A11 领导体制	0.40	有主管副校长（30分），有校图书馆工作委员会（30分），馆长符合《规程》的相关规定（40分）
				A12 组织机构	0.40	机构设置适应工作需要、符合"精简""效能"的原则（50分），部室负责人称职（50分）
				A13 图书情报工作整体化	0.20	全校实行统一的业务和服务制度（80分），实行分馆制（20分）
		A2 队伍建设		A21 队伍建设规划及落实	0.40	有定编且符合教育部关于师生比的要求（25分），实行聘任制（25分），有成文的岗位资格和职责（25分），有在职培训和进修的计划和具体措施（25分）
				A22 人员数量	0.20	符合定编的情况（在编数不大于或不小于10%定编数50分），年龄结构（在各年龄段没有过多或过少的情况50分）
				A23 人员素质	0.40	学历结构（符合学校相关规定30分），学科结构（符合本校教学科研需要20分），职称结构（高：中：初＝2：4：4，50分）
		A3 经费		A31 校拨正常经费	0.60	列入学校预算（20分），占学校办学经费（不包括基建、科研）的比例（5%及以上60分），每年有所增长（20分）
				A32 其他来源经费	0.20	与校拨正常经费之比（20%及以上，100分；10%—20%，70分；10%以下，40分；无其他来源经费0分）
				A33 经费使用情况	0.20	按预算执行（60分），审计没有问题（40分）

(续表)

一级指标	指标值	二级指标	权重	三级指标	权重	具体项目及评分办法
A. 办馆条件	100	A4 馆舍		A41 独立馆舍	0.30	有独立馆舍（40分），生均建筑面积*（2.0平方米/生，60分）
				A42 阅览座位	0.30	阅览座位与学生数之比（1:4及以上，100分）
				A43 设施与环境	0.40	有防寒防暑防灾设施（40分），阅览室照度符合规定**（30分），绿化、美化、卫生好（30分）
B. 文献资源建设	100	B1 馆藏		B11 馆藏情况	0.30	中外文书年更新率（新书品种与馆藏种数之比为3%及以上，50分），中外文现刊订购量（种数与读者数之比为40%及以上，50分）（电子版去重后按1:1换算）
				B12 生均文献量	0.50	a. 生均册数（100册/生及以上，50分）；b. 近五年的生均年购新书量（5/研究生、4/本科生、3/专科生及以上，50分）（电子版按种1:1换算）
				B13 文献资源特色	0.20	文献资源符合本校学科建设和教学科研需要（50分），有长期积累、独具特色的资源（50分）
		B2 加工、整序		B21 加工周期	0.20	书、刊及其他文献从收登到提供服务的时间（书4周以内，40分；刊1周以内，40分；其他文献2周以内，20分）
				B22 标准化程度	0.20	采用哪些国际/国内标准（每种10分，最多60分），符合标准的程度（完全符合40分）
				B23 质量	0.10	数据差错率（1%及以下100分，多0.1%扣10分）

(续表)

一级指标	指标值	二级指标	权重	三级指标	权重	具体项目及评分办法
B.文献资源建设	100	B2 加工、整序		B24 揭示报道	0.30	各种资源的报道（有定期新书报导，20分；有完整的数据库介绍，20分；有导读，20分），总馆、分馆、资料室资源统一报道（20分），整合印刷资源和数字资源（20分）
				B25 数据库建设	0.20	有自建数据库并正常维护更新（50分），机读目录占馆藏目录比例为100%（50分，每低10%减10分）
		B3 保存维护		B31 纸质文献典藏管理	0.30	一般文献、特色文献、珍贵文献的保护和清点（各占50分）
				B32 其他载体文献管理	0.30	缩微资料，磁、光介质资料等文献的保护和清点（各占50分）
				B33 数据库维护与更新	0.40	备份情况（在线、近线、离线，增量备份、总体备份，各种备份的周期）和更新情况（是否按不同数据库的更新周期及时更新）（各占50分）
		B4 资源共建		B41 文献购置协调	0.40	参与集团采购（50分），参与外刊订购协调（50分）
				B42 文献加工合作	0.60	参与联机编目（B级以上40分，C级30分，D级20分），承担特色数据库等数字资源建设任务（1项10分，最多60分）

(续表)

一级指标	指标值	二级指标	权重	三级指标	权重	具体项目及评分办法
C.自动化、网络化、数字化建设	100	C1 硬件		C11 服务器	0.25	服务器按时更新（四年以内，40分），数量满足需要（30分），性能满足需要（30分）
				C12 工作站	0.25	用于读者服务和业务工作的工作站满足需要（各30分），完好率（95%以上，40分；每降低5%减10分）
				C13 网络设备	0.25	主干带宽（1 000兆，40分），桌面带宽（100兆，20分），接入点数满足需要（40分）
				C14 其他设备	0.25	存储设备满足需要（40分），打印机（20分），不间断电源（20分），扫描设备（20分）
		C2 系统软件		C21 服务器操作系统	0.30	系统类型为主流操作系统（30分），为最新版本（30分），满足需要（40分，每年出一次故障减5分）
				C22 网络管理系统	0.35	系统类型为主流系统（30分），为最新版本（30分），满足需要（40分，每年出一次故障减5分）
				C23 数据库管理系统	0.35	系统类型为主流系统（30分），为最新版本（30分），满足需要（40分，每年出一次故障减5分）
		C3 应用软件		C31 集成管理系统	0.30	功能完备（40分），网络服务能力强（40分），开放性好（20分）
				C32 WEB应用	0.50	网页功能完备（40分），定期维护更新（30分），界面实用、方便、美观（30分）
				C33 数字图书馆应用	0.20	有应用系统（20分），系统功能齐全（40分），正常投入使用（40分）

(续表)

一级指标	指标值	二级指标	权重	三级指标	权重	具体项目及评分办法
D. 读者服务	100	D1 基本服务		D11 开馆时间	0.30	读者可获得图书馆服务的时间（借阅时间70小时/周以上，50分；网上访问时间140小时/周以上，50分）
				D12 开架率	0.10	开架服务的书刊文献占全部馆藏文献的比例（70%以上100分，每降低5%减10分）
				D13 生均外借/下载量	0.20	年读者借书量（40册/人，50分），年下载电子书刊量（200篇/人，50分）
				D14 网上服务	0.40	通过网络提供的服务项目（按《规程》逐项算分，最高100分）
		D2 信息咨询服务		D21 信息咨询	0.40	咨询服务项目（逐项算分，最高50分），年定题或专题服务量（包括查新）（逐个算分，最高50分）
				D22 馆际互借和文献传递	0.35	年馆际互借和文献传递量（按次或篇算分，最高70分），需求满足率（60%，10分；70%，20分；80%及以上，30分）
				D23 信息编译报道或推送	0.25	年印发或网上发布的编、译篇（条）数（期数）或推送服务人数（信息量）（最高100分）
		D3 信息素质教育		D31 读者入门教育	0.20	年接受教育读者数（按新读者比例算分，最高60分），每年编印读者手册并免费发给每个新读者（40分）

(续表)

一级指标	指标值	二级指标	权重	三级指标	权重	具体项目及评分办法
D. 读者服务	100	D3 信息素质教育		D32 信息素质教育	0.40	年听课人数（按占在校生比例算分，最高50分），通过考试人数（按占听课人数比例，最高30分），使用专门教材（20分）
				D33 校园文化建设	0.20	年办讲座数（按次算分，最高50分），办宣传栏、展览数（按次算分，最高50分）
				D34 学生参与服务	0.20	年使用学生工（时）数（按小时或人次算分，最高80分），学生服务效果（"好"为20分，"中"为10分，"差"不得分）
		D4 读者评价		D41 读者问卷调查	0.30	年调查次数（每次10分，最高30分），公布调查结果（每次10分，最高30分），根据调查改进工作（40分）
				D42 读者座谈会调查	0.30	同上
				D43 读者意见征集	0.40	有实物意见箱（10分）收集意见数（按份数算分，最高20分），有电子意见箱（10分）收集意见数（按条数算分，最高30分），根据意见改进工作（30分）
E. 科学管理	100	E1 规章制度		E11 业务规章制度	0.35	有完备成文的规章制度（40分），及时修订更新（30分），定期检查执行情况（30分）
				E12 服务规章制度	0.35	同上
				E13 管理规章制度	0.30	同上

(续表)

一级指标	指标值	二级指标	权重	三级指标	权重	具体项目及评分办法
E. 科学管理	100	E2 民主管理		E21 馆员参与决策	0.50	参与制订发展规划、规章制度（50分），参与人员聘任、晋升的考评等（50分）
				E22 馆员参与管理	0.50	年度考核、总结等透明、公开（50分），对馆内重大决策实行民主监督（50分）
		E3 业务统计		E31 统计数据	0.50	每年各种统计数据完备（50分），准确（50分）
				E32 档案资料	0.50	每年各种档案整理及时、完备、系统（100分）
		E4 学术研究		E41 学术成果	0.40	在海外发表学术成果（篇或个/年，15分，最高30分），在国内发表学术成果（篇或个/年，5分，最高30分），获省部级奖（个/年，20分），获学会或校级奖（个/年，10分）
				E42 学术会议	0.20	主办国际学术会议（每次/年20分），主办国内学术会议（每次/年15分），主办省内学术会议（每次/年10分），主办馆内学术会议（每次/年5分）
				E43 科研课题	0.20	完成省级以上课题（每个/年，20分，最高40分），完成校级课题（每个/年，10分，最高40分），完成馆级课题（每个/年，5分，最高20分）
				E44 学术组织成员	0.20	参加国际学术团体（20分/个），参加国内学术团体（10分/个），参加省内学术团体（5分/个），在国际学术团体任职（20分/个），在国内学术团体任职（10分/个），在省内学术团体任职（5分/个）

说明：1. 三级指标后的"具体项目及评分标准"为百分制的示范性评分办法，各地可参照此办法，结合本地情况，自行确定项目和评分。

2. E4学术研究一项可作为附加评分。

注：＊详见教育部1992年修订的《普通高等学校规划面积定额》

＊＊详见建设部1998年修订的《图书馆建筑设计规范》

4. 普通高等学校图书馆文献采选原则与标准编制指南

0 指南说明

文献采选原则与标准是图书馆进行文献资源建设的首要环节，是图书馆文献资源建设与发展的基础制度。编制文献采选原则与标准的目的是为文献采选人员、图书馆工作人员、读者和管理人员明确图书馆文献资源建设的基本思路，明确参与文献资源建设人员的责任，明确文献选择的标准与优先顺序，保证文献资源发展的一致性与稳定性，明确文献资源建设的基本操作程序，并使之规范化、制度化。

制订本指南的目标是：（1）确定文献采选原则与标准文件的基本内容；（2）建立文献采选的基本标准模式；（3）确定文献采选原则与标准编制的指导原则和程序。

本指南可单独使用，编制单独的文献采选原则与标准；也可作为《文献资源发展政策编制指南》的一个组成部分，在编制文献资源发展政策时，对文献采选原则与标准做详细的规定。

1 引 言

介绍文献采选原则与标准的基本内容、编制目的、适用情况。

2 文献采选责任

依据《高校图书馆文献资源发展政策编制指南》之"文献资源建设责任"，着重说明图书馆各有关人员，如馆长、采访主任、学科馆员、采访人员等，在建章立制、文献信息搜集、文献选择、订单审核、文献订购、文献补缺、文献采选统计分析等文献采选诸环节的具体职责、权利和义务。

3　文献采选主要相关因素

（1）经费分析与分配

文献采选需要的经费分析；各类型文献采选经费的预算和分配等。可参照《文献经费预算与分配方案编制指南》。

（2）出版发行环境分析

出版发行文献的结构、数量、适合采选的文献情况；主要采选源；主要出版机构文献采选情况等。

（3）馆藏结构分析

描述本馆馆藏文献的学科结构和类型结构。学科文献结构，包括主要优势学科和主要研究方向、一般研究学科等；根据现实需要对各类型文献采选比例进行描述。

（4）读者分析及其需求

描述本馆读者的基本构成及其主要需求。

（5）文献采选质量要求

文献内容应该符合学科研究和教学需要，符合馆藏体系建设需要。

（6）补缺要求

描述可能存在的文献缺失状态，对缺失文献的补缺措施和机制等。

4　文献采选的程序及其操作内容

（1）文献采选信息源

描述文献采选信息源，分析各类信息源在文献采选中的地位和作用。

（2）文献选择

阐述文献选择的详细规则及基本操作程序。

（3）文献查重

说明查重方式和步骤。

（4）订单审核

说明审核的内容和程序。

（5）文献订购

说明订购信息具体内容和订购环节具体操作内容。

(6) 文献验收

说明验收工作内容、验收的基本程序、验收工作和采访工作的沟通和反馈机制、退货因素、验收统计、验收财务规定等。

(7) 催缺补缺

说明定期通过验收统计进行催缺，无法到货的文献进行补缺的工作内容、程序和办法。

(8) 采访统计

阐述采访统计的内容，分析采访统计数据的方式；结合验收统计分析，完善采访工作内容。

5 文献采选基本原则

(1) 目标性原则

描述文献采选应该努力达到的目标。针对馆藏特点、学科设置、科研方向、服务对象确定文献的收藏范围与重点。

(2) 重点保障原则

说明从馆藏结构、优势学科等方面应该优先采购和重点保障的文献。

(3) 文献协调原则

学科覆盖性与重点性协调、文献与读者需求协调、主体需求与个体需求协调、文献类型协调、普通收藏与特色收藏协调、学术性文献与通用性文献协调、传统模式与新变化的协调等。

(4) 系统性原则

文献本身的连续性、学科文献的系统性以及整体文献的系统性等。

(5) 教育性原则

高校图书馆对学生具有教育功能。所收藏的文献，特别是满足学生日常阅读需求的文献，应体现出对学生的积极引导，有些文献应设一些阅读权限的限制。

(6) 多种载体一体化原则

各种载体的文献合理协调配置。

6 文献采选标准

概略叙述各类型文献采选标准，包括各类型文献的基本特点，必须遵守的采选原则，各馆藏级别文献采选的要求，采选的具体步骤程序，复本标准等，明确规定全面采选、重点采选、适当采选、不予采选的原则和范围。

6.1 文献采选的范围与重点

根据图书馆的任务方针和读者的类型而划分，根据专业设置和发展方向，教学科研利用的需要，形成具有专业特色的馆藏体系。

（1）重点采选

对于重点学科文献、特藏文献进行重点采选，也可以根据学校具体情况对某些类型的文献进行重点采选。重点学科文献、特藏文献等重点采选文献级别应该达到研究级甚至完整级，要求做到针对性强、系统性好并具有稳定性。

（2）一般采选

除收藏相关学科专业的图书外，应视读者需求和条件适当收藏读者数量大，流通率较高的各学科通用图书。

6.2 文献采集计划与复本标准

（1）制订文献采集计划

遵照本馆馆藏任务、馆舍空间和经费情况，通过调查研究，制订文献采集方案，并确定本馆的复本标准。

（2）复本参考标准

合理的复本标准可参考《图书采购复本动态模型》研究成果，根据本馆相关指标实际数据确定，此处仅简要描述。

① 文献与读者人数比例

可依据各类文献出版种数、各类文献采选种数、学科文献购置经费、学生人均图书拥有量等，确定图书复本数量。

② 专业图书

各学科专业的核心文献，包括专著、会议录、研究报告、学位论文、部分教材和工具书等。可根据使用、馆舍等具体情况设定复本标准。

③ 通用图书

通用图书包括素质教育类图书（科普、社科综合性读物），理科习题集，英语学习图书、文艺小说等，可根据流通阅览部门的设置情况制订复本标准。

6.3 各类型文献采选标准

6.3.1 各类型文献采选的一般标准

对文献外形特征和基本内容特征的判断标准，是采选文献一般标准。判断文献外形特征一般从文献类型、尺寸、装帧、纸张、出版社等方面进行；判断文献的基本内容特征则可以从文献名称、作者（主要是为人熟知的核心作者）、使用对象、内容介绍和文献等方面进行。实际文献采选中，可以将一般标准一一细列，供工作时参照。

6.3.2 学术图书采选标准

大学图书馆为教学和科研提供文献保障，必须建立完整的专业图书体系。专业图书即各学科专业的核心图书，它记载着学科专业的系统研究成果，代表学科的发展水平，是文献采选的重点之一。

（1）学科标准，依照学校的学科专业设置，充分了解其专业和专业方向设置的基础上，对专业图书进行判断和取舍。

（2）图书类型标准，按照图书的类型设立适当的选择标准，如：专著、会议录、政府出版物、工具书、教材等，每一个学科都可以根据情况设立具体文献类型的采选标准。

（3）馆藏级别标准，馆藏级别是专业图书采选的一个重要参照指标，各馆藏级别都对收藏专业文献有具体要求，应该参照文献资源发展政策中有关学科专业馆藏选择标准进行。

6.3.3 通用图书选择标准

通用图书包括素质教育类图书（科普、社科综合性读物），理科习题集，计算机应用、英语学习图书、文艺小说等。通用图书是学生学习类图书，直接关系学生读者主体的需求满足程度，是图书采选的主要内容之一。

（1）通用图书因其出版量大、同类书多的特点，在选择上具有较强的灵活性；

（2）从馆藏保障体系角度考虑，通用图书大多时效较短，不是馆藏体系的核心部分；

（3）经费许可时，可对不同类型的通用图书设立不同的标准，如：科普图书选择标准、社科综合图书选择标准、计算机读物选择标准、英语学习图书选择标准等，可以从读者适用面、学习需要、出版社、畅销图书等各种角度确定标准。

6.3.4 各学科门类图书采选标准

具体学科门类图书选择标准，依照《普通高等学校文献资源发展政策编制指南》有关学科文献资源描述制订。其中馆藏级别制订后，成为具体门类图书采选的基本参照标准。

（1）馆藏文献级别采选标准

制订文献资源发展政策后，相应学科门类的文献收藏级别就是采选该类文献的主要参照标准。用陈述、纲目或陈述和纲目结合的方式描述各学科文献采选标准。（见《文献资源发展政策编制指南》5.3"学科（主题）文献资源描述"）

（2）具体门类图书采选的其他标准

具体门类文献除依照文献馆藏级别采选外，具体操作中还必须对一些特殊细节制订采选标准，如：

① 特定形式文献的采选标准：如技术档案、政府出版物、专利、技术标准等；

② 特定内容文献的采选标准：如人物传记、年谱、家谱、年鉴等；

③ 特定编著方式文献的采选标准：如教材、文集选集全集等。

7 特藏采选政策

（1）特藏定义

（2）特藏的馆藏基础

描述包括文献类别（形式）、特藏发展的藏书基础、学科基础、特藏读者群、特藏保护和延续等。

（3）特藏经费

陈述经费的来源，使用规定。

（4）特藏采选的基本原则

结合特藏具体实际，描述采选的主要原则。

（5）特藏采选的标准

描述本馆特藏采选的基本标准。

8　赠送与交换政策

（1）接受赠送来源与交换单位的选择

确定接受赠送的来源和渠道，选择文献交换单位的依据

（2）赠送交换基本原则

确定接受或拒绝捐赠文献的原则与标准；确定文献交换文献的类型、交换原则等。

主要参考文献

一、专著类

[1] 谢灼华.中国图书和图书馆史[M].武汉:武汉大学出版社,2005.

[2] 彭拓夫,王红艳,王笑梅.高校图书馆文化建设研究[M].长春:吉林人民出版社,2021.

[3] 程静,鲁丹,陈金传.技术视角下高校图书馆创新实践[M].上海:上海社会科学院出版社,2021.

[4] 柴晓娟,代根兴.高校图书馆评估与管理[M].北京:北京图书馆出版社,2006.

[5] 皇甫军,包海艳,杨静.高校图书馆学科资源建设理论与实践[M].北京:文化发展出版社,2020.

[6] 容海萍,赵丽,刘斌.图书馆信息资源建设[M].广州:世界图书出版公司,2019.

[7] 云玉芹.新时代高校图书馆社会化服务与创新[M].长春:吉林人民出版社,2021.

[8] 牛根义.现代图书馆评价研究[M].武汉:武汉大学出版社,2018.

[9] 张睿丽.数字图书馆资源管理与建设[M].长春:吉林人民出版社,2019.

[10] 谢薛芬.浅谈高校图书馆工作[M].杭州:浙江工商大学出版社,2018.

[11] 卢家利.美国公共图书馆管理与服务[M].北京:中国商务出版社,2018.

[12] 黄如花,司莉,吴丹.图书馆学研究进展[M].武汉:武汉大学出版社,2017.

[13] 黄娜.高校图书馆与学科建设[M]长春:吉林人民出版社,2019.

[14] 黄建铭.图书馆文化研究[M]福州:海风出版社,2007.

[15] 蔡鸿新.医学院校图书馆理论与实践[M].厦门:厦门大学出版社,2017.

[16] 褚倩倩.现代图书馆文献信息资源建设与利用研究[M].昆明:云南科技出版社,2022.

[17] 陈珊珊.高校图书馆创新服务实践与指导研究[M].成都:电子科技大学出版社,2018.

[18] 陈陶平,赵宇,蔡英.现代高校图书馆管理与服务探究[M].北京:九州出版社,2018.

[19] 杨静,包海艳,王跃飞.高校图书馆深层次嵌入式学科服务理论与实践[M].赤峰:内蒙古科学技术出版社,2018.

[20] 胡赛.高校图书馆管理与创新实践[M].沈阳:万卷出版公司,2022.

[21] 金川.警察教育有效性实证研究:以警校教育与毕业生生职业成就关系为视角[M].

北京:中国政法大学出版社,2013.

[22] 姜南.林业生态安全与濒危野生物保护执法研究[M].北京:中国人民公安大学出版社,2018.

[23] 贾虹.智慧图书馆及其服务创新研究[M].北京:中国农业出版社,2022.

[24] 贾霄燕.高校校园文化建设探索[M].石家庄:河北人民出版社,2015.

[25] 马家伟,杨晓莉,姜洋.图书馆与图书馆学概论[M].长春:吉林科学技术出版社,2016.

[26] 隋春荣,刘华卿.图书馆信息平台的理论基础与技术开发[M].成都:电子科技大学出版社,2017.

[27] 卢家利.21世纪美国高校图书馆管理与服务[M].桂林:漓江出版社,2017.

[28] 吴建中.无所不在的图书馆:转型与超越[M].上海:上海大学出版社,2012.

[29] 张荣,金泽龙.图书馆学基础[M].成都:电子科技大学出版社,2015.

[30] 吴民祥.从启蒙到学术:百年中国大学图书馆功能演变[M].杭州:浙江大学出版社,2017.

[31] 王志华.跨文化背景下中美高校图书馆比较[M].北京:中国广播影视出版社,2017.

[32] 王敏,吕巧枝.图书馆服务创新与育人:基于高职院校的实践[M].北京:中国农业出版社,2019.

[33] 王振伟.新时期高校图书馆读者服务工作研究[M].北京:北京理工大学出版社,2019.

[34] 王广泽.当前我国高校图书馆服务与管理探微[M].成都:电子科技大学出版社,2020.

[35] 王秀琴,郑芙玉,浮肖肖.高校图书馆管理创新研究[M].长春:吉林人民出版社,2021.

[36] 王世伟.智慧图书馆引论[M].上海:上海大学出版社,2022.

[37] 王黎,秦红.高校图书馆文化论[M].成都:西南交通大学出版社,2007.

[38] [苏]斯多利亚洛夫,[苏]阿列菲也娃.图书馆藏书[M].赵世良,译.北京:书目文献出版社,1983.

[39] 郭晶,余晓蔚.大学图书馆学科服务案例精选[M].上海:上海交通大学出版社,2014.

[40] 陈进.大学图书馆变革发展思考[M].上海:上海交通大学出版社,2015.

[41] 韩丽.高校图书馆学科化服务的实践发展[M].昆明:云南大学出版社,2014.

[42] 刘爱荣.图书馆的未来[M].北京:当代世界出版社,1999.

[43] 刘祁宪.公安教育学[M].北京:警官教育出版社,1998.

[44] 严栋.智慧图书馆概论[M].大连:辽宁师范大学出版社,2021.

[45] 尚海永.公共图书馆的转型与社会责任研究[M].延吉:延边大学出版社,2017.

[46] 郭文丽.公安文化建设新论[M].北京:中国人民公安大学出版社,2011.

[47] 林平.公安高等院校大学文化的培育研究[M].南京:南京大学出版社,2013.

[48] 林岚.特色资源库建设概述[M].长春:东北师范大学出版社,2012.

[49] 陶功美.智慧图书馆建设及新兴技术的应用研究[M].长春:吉林人民出版社,2021.

[50] 唐文惠,潘彤声.高校图书馆文献资源建设与评价[M]武汉:武汉大学出版社,2009.

[51] 周爱民.森林公安数字文献资源建设与利用指南[M].北京:中国政法大学出版社,2019.

[52] 杨勇.图书馆转型的思考:云南大学图书馆学术论文集[M].昆明:云南大学出版社,2000.

[53] 杨威理.西方图书馆史[M].北京:商务印书馆,1988.

[54] 黄进,何稼男.中国近代警察教育法规选编:1901—1949[M]北京:中国人民公安大学出版社,2021.

[55] 蔡鸿新.医学院校图书馆理论与实践[M].厦门:厦门大学出版社,2017.

[56] 佐斌,王朝晖.结合学校特色 推进数字文献资源建设与服务创新[M]//佐斌.教育文献信息资源建设 2008 年.武汉:华中师范大学出版社,2008.

二、期刊论文类

[1] 卜淼."双一流"背景下公安院校图书馆转型与创新[J].辽宁警察学院学报,2020,22(2):117-122.

[2] 蔡成龙.公安院校图书馆文献资源建设与公安学科融合研究[J].江苏警官学院学报,2019,34(5):104-107.

[3] 蔡红.大数据时代公安院校图书馆的数字资源共享策略探讨[J].才智,2018(33):232-233.

[4] 蔡史霓.《中文公安期刊全文数据库》建设的实践及思考[J].情报探索,2006(6):44-46.

[5] 晁明娣,袁思本.基于办学特色的公安院校文献资源建设研究:以南京森林警察学院为例[J].科技情报开发与经济,2014,24(15):116-188,122.

[6] 邓松火.浅谈公安院校内部资料的建设[J].图书馆理论与实践,2001(4):35-36.

[7] 丁宇.我国公安院校图书馆学科服务研究[J].数字图书馆论坛,2012(6):66-70.

[8] 范慧娟.公安院校图书馆服务模式的改革与创新[J].广西警官高等专科学校学报,2008(2):82-83.

[9] 方小苏.公安院校图书馆为特色教学服务的思考[J].时代教育(教育教学),2012(1):87-88.

[10] 高婧,张蕾华.大数据时代公安院校图书馆信息化建设研究[J].兰台内外,2020(34):64-66.

[11] 郭婷婷.公安院校图书馆服务新型公安智库策略研究[J].辽宁警察学院学报,2022,24(4):125-128.

[12] 郭晓柯.云技术环境下公安院校智慧图书馆建设初探[J].四川警察学院学报,2019,31(6):134-139.

[13] 侯晓娜.公安院校图书馆思想政治教育职能的5W1H分析[J].武警学院学报,2021,37(7):71-75.

[14] 胡波,李福恩.公安院校图书馆在校园文化建设中的作用[J].河南公安高等专科学校学报,2003(3):61-64.

[15] 胡军.公安院校图书馆现代化建设现状及其展望[J].图书馆学刊,2003(S1):107-108.

[16] 黄宗忠.图书馆学的过去、现在与未来[J].图书情报工作,2009,53(23):5-11.

[17] 纪蔚蔚,潘有能.文献数据库质量控制系统的实现[J].公安大学学报(自然科学版),2002(5):49-52.

[18] 季梵,刘宇初,徐月,等.数字时代图书馆的坚守、创新与融合:"牛津大学图书馆700周年研讨会"的启示[J].大学图书馆学报,2020,38(5):5-10.

[19] 金胜勇,于淼.基于共建共享的文献信息资源建设理论构建[J].中国图书馆学报,2006(4):72-75.

[20] 姜南,晁明娣,韩瑜.公安院校图书馆特色馆藏资源建设探讨[J]森林公安,2023(4):17-20.

[21] 李艳.试论公安院校数字图书馆建设[J].北京人民警察学院学报,2004(4):77-79.

[22] 李义芬.关于公安院校图书馆自动化发展的思考[J].广西公安管理干部学院学报,1999(1):44-47.

[23] 梁建文.浅议知识管理时代公安院校图书馆知识服务创新[J].科技情报开发与经济,2006(22):75-77.

[24] 梁曦."双一流"背景下的公安院校图书馆学科服务模式探索:以中国人民公安大学图书馆为例[J].中国人民公安大学学报(自然科学版),2019,25(1):50-53.

[25] 林世勇.增强公安院校图书馆吸引力的基本途径分析[J].兰台世界,2009(22):78-79.

[26] 林媛.人工智能技术在图书馆中的应用与展望[J].信息记录材料,2022,23(8):84-87.

[27] 刘崇奎.略论清末的警察教育[J].江苏警官学院学报,2014,29(6):121-128.

[28] 刘革.对高校本科教学工作水平评估中有关图书馆评估指标的几点看法[J].图书馆学刊,2005(2):36-37.

[29] 刘皓.基于问卷调查的公安院校智慧图书馆新型服务模式研究[J].电视技术,2019,43(18):23-24,63.

[30] 刘莉.公安院校特色数据库建设可持续发展的思考[J].大学图书馆学报,2006(6):49-53.

[31] 刘莉.网络环境下的公安文献资源建设[J].江苏图书馆学报,1999(1):58-59.

[32] 刘平.从千年学府岳麓书院看中国书院藏书特点[J].高校图书馆工作,2010,30(4):57-60.

[33] 刘生元.公安文献信息资源保障体系中资源建设的思考[J].湖北警官学院学报,2004(6):68-71.

[34] 刘玉寒.高校图书馆专项评估与文献资源建设工作探讨[J].信息系统工程,2013(12):127-128.

[35] 马建刚.关于公安院校图书馆服务工作的思考[J].四川警察学院学报,2017,29(5):125-129.

[36] 毛赣鸣.图书馆起源及上古文献传承[J].河南科技学院学报,2016,36(11):30-37.

[37] 聂敏.谈谈公安院校图书馆的现代化建设[J].山东公安专科学校学报,1999(3):61-62.

[38] 潘东霞.影响公安院校图书馆文献信息资源建设的因素[J].辽宁警专学报,2002(2):72-73.

[39] 钱洁.公安院校警务化管理与学生人格塑造[J].江苏警官学院学报,2006(1):195-197.

[40] 邱明.利用期刊更好地为教学和科研服务[J].山东公安丛刊,1994(2):56-57.

[41] 任丽丽.浅谈公安院校图书馆文献资源数字化建设[J].情报杂志,2009,28(S2):119-120.

[42] 任林茂.公安新型智库建设路径探究:以铁道警察学院为例[J].法制博览,2017(16):42-45.

[43] 容海萍.文献信息资源建设视域下新媒体时代公安院校图书馆信息素养教育创新研究[J].才智,2021(28):36-39.

[44] 时琴,胡世群.公安本科院校图书馆开展学科服务的思考[J].公安教育,2019(11):71-73.

[45] 孙金娟.我国高校图书馆评估的困境分析与对策研究[J].常熟理工学院学报,2022,36(6):66-72.

[46] 孙玉丽.试论公安院校图书馆数据库建设[J].图书馆学研究,1998(2):50-51.

[47] 索传军,戎军涛.图书馆学研究对象的历史演变与成因分析[J].中国图书馆学报,2022,48(5):28-42.

[48] 唐德权,周海兵.公安院校图书馆特色资源建设与安全保障研究[J].湖北警官学院学报,2013,26(8):172-174.

[49] 唐德权.基于云服务平台的公安院校图书馆特色资源建设[J].辽宁警专学报,2014,16(4):102-105.

[50] 唐先辉.《普通高等学校基本办学条件指标(试行)》与高校图书馆[J].情报资料工作,2004(6):65-66.

[51] 汪洋.18世纪哥廷根大学图书馆的成功及其启示[J].情报探索,2006(11):92-94.

[52] 王灿根.新建公安本科院校图书馆建设策略:以浙江警察学院图书馆为例[J].才智,2011(28):347-348.

[53] 王东,樊夏红.公安院校图书馆公安专业文献信息资源保障研究[J].北京警察学院学报,2016(2):112-118.

[54] 王东.11所公安院校图书馆情况透视[J].公安教育,1997(4):47-49.

[55] 王新红.CALIS与公安院校图书馆文献资源建设[J].湖北警官学院学报,2004(4):90-91.

[56] 翁翠玲.加强整体建设 实现公安院校校内文献资源共享[J].情报探索,2001(2):13-14.

[57] 肖朗,施峥.日本教习与京师警务学堂[J].近代史研究,2004(5):31-37,315.

[58] 肖丽华.网络环境下公安院校图书馆的可持续发展[J].吉林公安高等专科学校学报,2002(1):71-72.

[59] 肖琳峰.公安院校图书馆建设中应注意的几个问题[J].公安教育,1997(6):46-47.

[60] 谢少俊,高波.公安院校图书馆资源共享机制研究[J].图书馆学研究,2010(14):68-72.

[61] 谢小梅.试论我国公安院校图书馆特色数据库建设[J].图书馆工作与研究,2005(2):62-63.

[62] 徐名涓.公安院校图书馆与素质教育[J].公安大学学报(社会科学版),1999(3):102-103.

[63] 徐文,黄爱英.浅论现代化的公安院校图书馆管理[J].湖北警官学院学报,2005(2):87-88.

[64] 易星,黄美,刘如娣.红色文化传播视角下的智慧图书馆建设[J].工程技术研究,2021,6(23):187-190.

[65] 袁玉英,潘向泷.公安院校图书馆特色数据库建设的思考:基于国内21所公安本科院校的调查[J].图书情报研究,2017,10(1):73-77.

[66] 张惠霞.谈公安院校的图书馆管理工作[J].中国管理信息化,2011,14(15):48.

[67] 赵冰.云计算环境下公安院校图书馆个性化服务研究[J].科技情报开发与经济,2015,25(9):68-70.

[68] 赵泉,高树龙.公安院校图书馆的自动化网络化建设[J].辽宁警专学报,2001(4):44-46.

[69] 赵雯,苗琳.铁路公安特色数据库建设研究[J].铁道警官高等专科学校学报,2011,21(3):23-26.

[70] 周爱民.公安院校图书馆教育信息资源之整合[J].江苏警官学院学报,2008,23(6):198-200.

[71] 周彬.广西警察学院建设公安特色新型智库的战略思考[J].广西警察学院学报,2018,31(2):1-6.

[72] 周瑞华,张鹏翔.《普通高等学校图书馆评估指标》对图书馆资源建设的促进[J].图书馆学刊,2010,32(9):4-5.